中国社会科学院创新工程学术出版资助项目

中国社会科学院重点学科·民族学人类学系列

宗教信仰与民族文化（第六辑）

Religionary Faith and Ethnic Culture (6)

中国社会科学院民族学与人类学研究所

郭宏珍 ● 主编

社会科学文献出版社
SOCIAL SCIENCES ACADEMIC PRESS (CHINA)

总　序

郝时远

　　中国社会科学院民族学与人类学研究所是一个多学科、综合性的研究机构。从学科的设置和专业方向来看，包括了马克思主义研究、历史学、语言学、民族学、社会文化人类学、经济学、宗教学、文献学、政治学、法学、国际关系、影视人类学、民俗学、古文字学等，还包括蒙古学、藏学、突厥学等专门的学科。这些学科和专业方向的多样化构成了研究所的多学科、综合性特点，而这些学科的研究对象则是人类社会民族现象及其发展规律，着重于对不同历史阶段和不同含义的民族共同体（people、ethnos、nationality、nation、ethnic group）及其互动关系的研究，显示了研究所诸多学科的共同指向。研究所以民族学和人类学冠名的目的是为多学科建构一个共同的学术平台，在研究对象统一性的基础上实现多学科的互补与整合，在多学科的视野中建立综合性研究优势，增强中国民族学和人类学的学科性发展。

　　人类社会的民族现象及其所伴生的民族问题，是人类社会最普遍、最复杂、最长久，也是最重要的话题之一。中国是世界上古代文明延续不断的东方国度，也是统一的多民族国家。在数千年的发展进程中，多民族的互动关系不仅是历朝各代最突出的社会现象之一，而且也是统一的多民族国家形成和不断发展的重要动能。因此，中国几千年来的民族现象和各民族的互动关系，为我们解读人类社会的民族现象及其规律性运动提供了一个相当完整的古代模式。《礼记·

王制》中说：

> 凡居民材，必因天地寒暖燥湿，广谷大川异制，民生其间者异俗；刚柔、轻重、迟速异齐，五味异和，器械异制，衣服异宜。修其教不易其俗，齐其政不易其宜。中国戎夷，五方之民，皆有性也，不可推移。东方曰夷，被发文身，有不火食者矣；南方曰蛮，雕题交趾，有不火食者矣；西方曰戎，被发衣皮，有不粒食者矣；北方曰狄，衣羽毛穴居，有不粒食者矣；中国、夷、蛮、戎、狄，皆有安居、和味、宜服、利用、备器；五方之民，言语不通，嗜欲不同；达其志、通其欲，东方曰寄，南方曰象，西方曰狄，北方曰译。

这就是中国先秦文献中所记载的"五方之民"说，可谓中国最早具有民族志意义的记录。它所提示的内涵，对我们今天认识和理解民族现象也是启迪颇多的。例如，构成民族特征的文化差异的自然基础是生态环境，即在"天地寒暖燥湿""广谷大川"等不同生态环境中生存的人类群体"皆随地以资其生"所表现的"异俗"，"五方之民"在民居、饮食、服饰、工具、器物等方面的"异制"，不同的语言、不同的价值观念及其相互沟通的中介（翻译）等。其中也包括了处理"五方之民"互动关系的古代政治智慧，即"修其教不易其俗，齐其政不易其宜"。可以说，中国是一个有民族学传统且民族学资源十分丰富的国家。

古往今来、时过境迁，今天的中国已经自立于世界民族之林，正在为实现中华民族的伟大复兴推进中国特色社会主义现代化进程。这一进程正在展示现代民族进程的发展前景，它同样会对现代人类社会的民族现象及其发展前景提供一种范式，也就是中国解决民族问题的成功例证。当然，我国正处于社会主义初级阶段的发展进程中，在解决民族问题方面，我们不仅面对着中国56个民族共同发展繁荣的历史重任，而且也面对着全球化时代多民族的大千世界。无论是内政治理，还是融入国际社会，广义的民族问题仍旧是我们需要高度重视的课题。当代中国民族问题的基本特征和普遍反应是经济文化的发展问题，这是由当代中国社会所处的发展阶段及其基本矛盾所决定的。同时，我们也面对着一些棘手的问题，如"台独"问题、达赖集团问题、"东突"分裂势力和国际恐怖主义问题，以及世界范围和周边国家民族问题的交互影响。这两个方面的问题为我们提出了责无旁贷的研究任务。履行这一职责需要我们付出多方面的艰辛努力，其中学科建设是最重要的保障。

科学化是学科建设题中之义，任何一门学科只能在科学化的过程中实现发展。中国的学术传统源远流长，也形成了诸多学科性的研究领域。近代以来，随着西学东渐，中国的学术事业在不断吸收西方科学规范的过程中逐步形成了现代学科的分化，其中民族学、人类学也取得了很大程度的发展。自 20 世纪 70 年代末中国改革开放以来，中国的哲学社会科学事业在与世界学术领域交流互动的过程中取得了新的发展和显著的成就，哲学社会科学在认识世界、传承文明、创新理论、资政育人、服务社会等方面的不可替代作用，得到了党和国家的充分肯定。但是，能否充分地发挥哲学社会科学各学科的这种作用，涉及诸多因素，而学科建设所包含的指导思想、基本概念和范畴、学科理论、研究方法和学术规范等方面的内容是具有重要意义的。体现这些基本要素的研究成果，不仅对推进学科建设至关重要，而且也是繁荣发展哲学社会科学事业不可或缺的内在条件。中国社会科学院重点学科建设工程的启动，是进一步繁荣发展哲学社会科学事业的重要举措。我所推出中国社会科学院重点学科建设工程丛书·民族学人类学系列是贯彻落实这一重要举措所做出的一种尝试。

如上所述，我研究所是一个多学科、综合性的研究机构，经过学科调整和研究室重组，研究所内的大部分学科都纳入了重点学科建设工程，如民族理论、民族历史、民族语言、语音学和计算语言学、民族学（社会文化人类学）、世界民族和诸多专业方向。因此，这套丛书的出版及其所关涉的研究内容也体现了多学科的特点。这套丛书根据基础研究和应用研究并重的学科建设要求，或以学科或以专题反映我研究所科研人员新近的研究成果。根据中国社会科学院重点学科建设工程协议的要求，在今后几年中，我研究所列入工程范围的学科和专业方向将完成一系列具有重要理论价值和现实意义的研究课题，而这套丛书则主要反映这一过程中的阶段性学术成果。

2003 年，我国获得了 2008 年国际人类学民族学世界大会的举办权，这对中国的民族学和人类学以及广义的民族研究事业来说是一次重大的发展机遇，也是与来自世界各国的民族学家、人类学家进行广泛对话和空前交流的机会，同时这也意味着是一次挑战。我们不仅需要展现中国各民族的现代发展成就，而且需要在民族学、人类学研究方面推出一批又一批引人注目的高水平研究成果。因此，加强民族学、人类学的学科建设，整合传统民族研究的学科性资源，做好充分的学术准备，是今后几年我国民族学、人类学界的重要任务。从这个意义上说，这套丛书的陆续出版，在一定程度上也将体现我研究所为迎接这次世界大会所进行的学术准备。

在此，我们非常感谢社会科学文献出版社对这套丛书的出版给予大力支持和真诚帮助，也期待着广大读者给予关注和指正。

2004 年 6 月

Foreword

Hao Shiyuan

The Institute of Ethnology and Anthropology of the Chinese Academy of Social Sciences is a multi-disciplinary and comprehensive research institution. In terms of disciplinary arrangement, the institute covers Marxist studies, history, linguistics, ethnology, socio-cultural anthropology, economics, religion, historical records, politics, law, international relations, video anthropology, folklore, and ancient scripts, as well as some special learning like Mongol studies, Tibetology and Turk studies. The disciplinary diversification forms the multi-disciplinary, comprehensive feature of the institute. All these disciplines have one thing in common, that is, they all study minzu (a general word in Chinese for people, ethnos, nationality, nation and ethnic group) phenomenon and their evolutionary law in the human society, with the emphasis on minzu communities in different historical stages and with different meanings, as well as on the interaction between various minzus. The institute is named with the term of ethnology and anthropology for the purpose to build a common academic platform for all disciplines it involves, to realize the mutual complementarity and integration of all the disciplines, to form the advantage of the comprehensive studies, and to foster the development of ethnology and anthropology in China.

The minzu phenomenon and the problems resulted from the phenomenon have been among the most widespread, most complicated, most prolonged and most important subjects in the human society. China is an Oriental country with ancient civilization that never discontinued. Also, it is a unitary country with ethnic plurality. In the course of several thousand years, the ethnic interaction was not only a social highlight in each historical dynasty, but also a motivator for the formation and continuous development of a unitary country with ethnic plurality. So, the minzu phenomenon and ethnic interaction in China's long history of several thousand years provide us with a full ancient model for understanding the minzu phenomenon and their law in the human society.

In China's Pre-Qin historical literature, there is a term of "wu fang zhi min", literally, five-direction peoples. It comes from the following paragraph:

The material used for shelter must vary with different climate, cold or warm, dry or moist, and with different topography, such as wide valley or large river. And people living in different environment have different customs. They may have different character, behaving way, dieting habit, instruments and clothes. It is proper to civilize the people without changing their customs and to improve their administrative system without changing those suitable to them. Wu fang zhi min (people inhabiting in five directions), either in middle plain or in frontier, all have their own character, which can not be transformed. People in the east, known as Yi, grow long hair hanging down over the neck and have tattoos, and some of them have their food without cooking. People in the south, known as Man, tattoo their foreheads and cross their feet when sleeping, and some of them have their food without cooking. People in the west, known as Rong, grow long hair hanging down over the neck and wear pelt, and some of them do not have grain as their food. People in the north, known as Di, wear feather and live in caves, and some of them do not have grain as their food. Both people in middle plain and the Yi, Man, Rong and Di have their own shelter, diet, dress, instruments and carriers. The people in five directions can not understand each other and may have different desires. The way to make each other's ideas and desires understood is called ji in the east, xiang in the south, didi in the west and yi in the north. (cited from Liji, an ancient Chinese book.)

This may be regarded as the earliest record with ethnographical sense in China.

The citation suggests a lot for us to understand today's minzu phenomenon. For one thing, the cultural difference that usually constitutes the ethnic feature has its natural foundation in ecological environment. Human groups living in different ecological environment, like different climate (cold or warm, dry or moist) and topography (wide valley or large river), all depend upon their local resources and thus may have different customs. As mentioned above, the people in five directions varied in shelter, diet, dress and instrument, and people speaking different languages with different values can be communicated only through the medium of translation. Also, here is displayed the ancient political wisdom to deal with the relations of the people in five directions, namely, to civilize the people without changing their customs and to improve their administrative system without changing those suitable to them. So it shows that China is a country with ethnological tradition and rich ethnographical resources.

Now, old time has passed and the situation has been changed. Today, as an independent member of the international community, China is promoting the modernization with Chinese characteristics in order to realize the great rejuvenation of the Chinese nation. This development has revealed the prospect of the modern minzu process. And at the same time, it will also provide a pattern, that is, the successful example in which China deals with the minzu problem, for the minzu phenomenon and their evolution of the human society in the modern time. Of course, China still remains at the initial stage of socialism. So far as the minzu problem is concerned, we are now faced with not only the historical task of common development and prosperity for the 56 nationalities in China, but also the ethnically plural, complicated world in the time of globalization.

The ethnic problem in broad sense still remains to be a subject to which we should pay much attention, either in the management of internal affairs or in the merging to the international community. In contemporary China, the fundamental feature of or the widespread response to the ethnic problem is how to promote the economic and cultural development. This is determined by the current developmental stage as well as the fundamental contradiction of the contemporary Chinese society. At the same time, we are confronted with certain difficult problems, such as Taiwan's attempt for "independence", the problem of the Dalai clique, the issue of "East Turkistan", the international terrorism, as well as the influence of ethnic problems both in our neighboring countries and all over the world in general. The problems in the two larger respects put forth our duty-bound tasks for research. To perform this duty, we should make our efforts in many aspects, among which, disciplinary construction serves as the most important guarantee.

Disciplinary construction calls for scientific spirit, only with which can a discipline realize its development. China has its academic traditions of long standing, and a number of academic domains developed in the history. Since the influence of the Western learning went eastward, Western norm of science has been introduced and the disciplinary division in modern sense gradually came into being in China. And it is just in this process that ethnology and anthropology acquired development to large extent. Since the late 1970s when China began to take reforms and open up to the outside world, new development and remarkable achievement have been made in China's philosophy and social sciences through the exchange with foreign academia. The Party and the State highly appreciate the irreplaceable role of philosophy and social sciences in understanding the world, passing on civilization, innovating the theory, consulting for government and educating the young, and serving for the society.

However, the full play of the role of philosophy and social sciences involves many factors. And in this respect, disciplinary construction is of importance, such as in the guiding thought, fundamental concepts and categories, disciplinary theories, research methods and academic norm. The research achievements that represent these fundamental factors will not only be of vital importance in promotion of disciplinary construction, but also make up the indispensable inherent conditions for prospering and fostering philosophy and social sciences. The launch of the construction project for prior disciplines at the Chinese Academy of Social Sciences is a significant move for further prospering and fostering philosophy and social sciences. And the Series of the Construction Project for Prior Disciplines at the Chinese Academy of Social Sciences our institute has put out is just an attempt to carry out the significant move.

As mentioned above, our institute is a multi-disciplinary and comprehensive research institution. Since the discipline adjustment and research department restructuring, most disciplines in the institute, such as ethnic theory, ethnic history, ethnic linguistics, phonetics and computational linguistics, ethnology (socio-cultural anthropology) and world ethnic-national studies, have been brought into the construction project for prior disciplines. So, the series and the content involved reflect the feature of multi-disciplines, too. Placing emphasis both on basic and applied studies, the series reflects recent research achievements either in the unit of a discipline or in a special topic. In accordance with the requirement from the agreement on the construction project for prior disciplines at the Chinese Academy of Social Sciences, our institute will complete in the next few years a series of research projects both with important theoretical value and actual significance. So, the series mainly reflects the academic products at the current phase.

In 2003, China succeeded in bidding for the host for the 2008 Conference of the International Union of Anthropological and Ethnological Sciences (IUAES). This will be a significant developmental opportunity, not only to China's ethnology and anthropology, but to ethno-national studies in general as well. Also, it will be an opportunity of widespread dialogue and unprecedented exchange with ethnologists and anthropologists from various countries in the world. At the same time, however, it means a challenge. We need to exhibit the developmental achievements of the nationalities in China, and moreover, we need to exhibit plenty of striking research achievements with a high level. Therefore, it will be the important task of China's ethnology and anthropology in the next few years to strengthen the disciplinary construction, integrate the disciplinary resources of traditional ethno-national studies, and make full academic preparation. In this sense, the publication of the series in succession can be regarded to some extent as the academic preparation made by our institute for the coming congress of IUAES.

Finally, we appreciate very much the vigorous support and sincere assistance of the Social Sciences Literature Press to the publication of the series. And we also expect the attention and criticism from the readers.

June 2004

目 录

CONTENTS

文化人类学田野调查的
特点、原则与类型

何星亮　杜　娟*

田野调查是现代人类学的基本方法。自人类学引入中国后，田野调查也成为人类学有别于其他学科的一个主要标志。田野调查方法在中国人类学民族学界已有 80 多年的发展历程，取得了不少成就，但也存在不少问题。熟悉、掌握田野调查方法，发展和完善西方学术界形成的田野调查方法，并使之中国化，形成适合中国社会和历史的田野调查方法，是当代人类学的重要任务之一。本文主要分析田野调查的特点、原则和类型，并提出一些个人的看法。

一　人类学田野调查的特点

不少学科都有实地调查的方法，如社会学、心理学、经济学、法学等。人类学的实地调查与其他学科的实地调查有什么不同之处？有哪些自己的特色？

（一）长期性

长期性是人类学田野调查的主要特点之一。从事人类学研究者，必须经过

---

* 何星亮，中国社会科学院民族学与人类学研究所研究员。杜娟，中国社会科学院民族学与人类学研究所博士后，助理研究员。本文部分内容发表于《云南民族大学学报》2014 年第 4 期。

严格的训练，通常要求初次做田野工作的人居留在调查点一年或半年的时间。许多中外人类学者都曾在研究对象所在地生活数月甚至数年。例如，著名英国人类学家马林诺夫斯基曾于 1914 年至 1918 年多次到新几内亚的梅鲁（Mailu）和特罗布里恩德（Trobriand）等岛屿进行田野调查，与这些岛屿的土著民族共同度过近 4 年的时间。另一位英国著名人类学家 A. R. 拉德克利夫 – 布朗（A. R. Radcliffe-Brown）于 1906 年至 1908 年曾在印度洋孟加拉湾的安达曼群岛调查岛上居民。自 20 世纪 20 年代开始，中国许多人类学者也曾在边疆民族地区调查数月、半年甚至数年的时间。笔者曾在新疆、西藏、云南、广西、贵州、四川等地调查数十次，其中时间较长的有两次，一次是 1981 年 3 ～ 8 月在新疆伊犁新源县哈萨克牧区调查 5 个月，与哈萨克牧民同吃同住同劳动。另一次是 1983 年 6 ～ 11 月到新疆阿勒泰地区哈萨克族和图瓦人（现属蒙古族）中调查了 5 个月的时间。

（二）参与性

"参与观察"是人类学田野调查的基本特征，也是人类学田野调查的最大特色。走马观花并非参与观察，只能看到一些表面的东西，难以深入，结果容易失真。参与观察者不仅要作为旁观者深入观察当地人社会文化生活的方方面面，而且要相当程度地参与到他们的日常生活和各种活动之中，以求亲自体验当地人的文化，获得较细致、深入的感性材料，从而能够深入理解和把握该文化的全貌。

在参与式的田野调查中，调查者根据自己的情况，扮演不同的角色。参与式田野调查主要分为完全参与式观察和参与式观察两大类。完全参与式观察即研究者在研究场合中扮演与被调查者相同的角色，即与当地人长时间同吃、同住、同劳动，使自己成为被调查者中的一分子，不仅详细观察其行为、活动，而且亲身体验被调查者的日常生活经验。并且要学习被调查者的语言，不仅要会说，而且能使用他们的语言进行调查。采用这种角色定位，其优点在于能深入观察到细微情境，并能在该情境中获得体会，它是一种较具深度的实地研究方式。我国民族学界 20 世纪 50 年代的田野调查，大多是完全参与式观察，大多数人都与当地人实行"三同"，即同食、同住、同劳动，并参与当地的生产和生活。笔者于 1981 年 3 ～ 8 月在新疆伊犁新源县黑宰部落的调查，也属于完全参与式观察，笔者居住在哈萨克族家庭中，和他们同住一个毡房，与他们家的成员一起睡觉、吃饭，并参与各种牧业生产，如放羊、挤奶、做饭等。1983 年在阿勒泰地区调查图瓦人也一样，住在图瓦人的木屋里，和他们一起生活。

参与式观察即指研究者虽参与调查对象所经历的各种生活和生产情境，却扮演着观察者的角色。研究者虽然参与被调查者的生活和工作，但心态上却是以局外人自居，而且不隐瞒研究者的身份。英国著名人类学家马林诺夫斯基在新几内亚特罗布里恩德（Trobriand）群岛考察属于参与式观察。他并没有住在当地人家中，而是在这个岛上的一个村子里搭了一个帐篷单独生活。他学习当地土著民族的语言，直接观察土著民族生产和生活，观看当地的各种仪式，并与他们深入交谈，问得很细、很具体，并常问一些在当地人看来十分无聊的问题，从而获得大量第一手的资料。马林诺夫斯基在 1922 年出版的《西太平洋的航海者》（*Argonauts of the Western Pacific*，该书出版时译作马凌诺斯基）一书中，归纳了民族志调查方法的三条原则："首先，学者理所当然必须怀有科学的目标，明了现代民族志的价值与准则；其次，他应当具备良好的工作条件，主要是指完全生活在土著人当中无须白人介入；最后，他得使用一些特殊的方法来搜索、处理和核实他的证据。"①

（三）深入性

深入性是指人类学者长期参与被调查者的生活和活动，与他们建立良好的社会关系，融入当地居民的生活，亲身体验当地的人文风情和日常生活经验，详细观察其行为，深入了解其社会系统的运作过程，细致体会其心理活动。由于当地居民把调查者当作"自己人"，调查者可以亲身参加并详细观察一般人无法看到的神秘仪式或活动。因此，研究者能够在调查中透过表象看本质，由表及里，由浅入深，不仅调查表层的文化，而且调查、分析内在的观念、结构、规则和意义等，从而观察到当地居民的灵魂深处，熟悉其思维模式，理解其细微情境，发现其无意识层次的行为模式。因此，深入式调查是一种颇具深度的实地研究方式。

深度访谈是人类学田野调查的特色。田野调查之初，受访人往往十分警惕，

① 〔英〕马凌诺斯基：《西太平洋的航海者》，梁永佳、李绍明译，华夏出版社，2002，第 4 页。

许多事情不愿意谈，尤其是涉及私生活的问题。只有与受访人建立较为密切的关系，才有可能进行深度访谈。例如，我的一位硕士研究生在 1999 年调查北京的朝鲜族个体家族企业时，最初老板娘不愿意详谈家族企业的情况。后来，我让她到老板娘开的店里帮忙干活，并给老板娘的儿子补习英语，取得了很好的效果。老板娘对她十分热情，不但把家族企业来京之后的发展情况，而且还把自己和丈夫的隐私全部告诉她，甚至连自己丈夫的各种纠纷都讲了出来。

二 田野调查的基本原则

文化人类学的田野调查是科学认识社会和文化的一种方法，它虽然与一般意义上的社会调查不同，但与社会学、经济学等其他人文社会学科的调查也有共同的原则，因此，必须遵循科学调查研究的一般原则。离开科学研究一般原则的田野调查，是不可能获得真实可靠的资料的。

人类学田野调查的一般性原则，学术界也有不同的看法，通常有四大原则：一是客观性原则，二是科学性原则，三是系统性原则，四是尊重性原则。

（一）客观性原则

客观性即客观实在性，指事物的客观存在。客观性原则包括真实性和可靠性两方面。真实性要求调查资料必须与事实的实际状况相一致；可靠性要求做到不偏不倚，以客观的事实为依据，不为主观意志所左右。田野调查者必须客观地观察事物，不附加任何主观成分。调查的材料必须反复核对，不能只凭一人所说为根据，同一问题应该向多人了解，如果各人所说均一致，说明材料是可靠的。调查材料不求其多，但不能有假，以免假材料流传，贻误他人。调查者必须以事实为依据，让事实和数据"说话"。人的行为和心理现象是复杂多样的，不同族群或民族的行为和心理是各不相同的。必须克服各种形形色色的主观主义，既不能给各种客观事物注入自己主观臆想的成分，也不能被传统或流行的老框框禁锢，同时也不能根据某种理论或某"权威"人士的理论观点，任意歪曲调查事实。简单地说，客观性原则就是既不"唯己"，也不"唯他"；既不固执己见，也不唯他人马首是瞻，在事实面前敢于否定自己和他人或权威的错误理论和看法。客观性原则要求在田野调查中做到内容真实、数字准确和资料可靠，杜绝为了达到某种目的而捏造、伪造和弄虚作假。

国内外的田野调查均存在不少问题，有不少违背客观性原则。同一个地区同一个问题，不同的研究人员的调查研究结果却各不相同，有的甚至差别很大，因此而引起论争的不少。例如，我国学者李安宅对美国人类学家本尼迪克特关于祖尼人调查研究的批评①；德里克·弗里曼专门写了一本《米德与萨摩亚人的青春期》一书②，全面批驳玛格丽特·米德关于萨摩亚人的调查和研究；奥斯卡·刘易斯也曾根据自己的调查，写了一本名为《墨西哥乡村生活：特波兹特兰再研究》的专著，严厉批评著名人类学家罗伯特·雷德菲尔德关于墨西哥特波兹特兰村的调查严重失实，调查草率③。

另有一些研究人员不尊重客观事实，不重视真实性和可靠性；有些人为了证明自己的理论或观点，伪造事实，假造数据；有些人则是出于情感，不考虑客观性，有意夸大或美化客观事实。所有这些，都是违背客观性原则的。

（二）科学性原则

科学性原则是指研究结论的逻辑性和普遍性。科学结论所依据的事实必须是可靠的、真实的，具有内在的逻辑联系，重视因果关系、相关关系的调查和分析，在调查中多问"为什么"。此外，调查资料和结论必须具有普遍性，不是个别的或偶然的。不具有普遍性和逻辑性的事实，不能作为科学的根据。资料的收集必须全面、系统，不能东抓一把、西抓一把，以偏概全，否则就不可能获得科学、全面的资料。有些人为了说明自己的观点或理论，在调查中随意摘取不具有逻辑性的部分事实或片言只语作为例证，不是科学的态度。

坚持科学性原则，应该注意五点：一是要把握信息的全面性，切忌依据片面的信息作结论；二是把握信息的关联性，即因果关系、相关关系、结构功能关系等方面的调查；三是尊重客观事实的差异性，例如，同一个民族，不同支

---

① 参见〔美〕基辛《人类学与当代世界》，张恭启等译，巨流图书公司，1989，第 142 页；乔健：《美国历史学派》，周星等编《社会文化人类学讲演集》（上），天津人民出版社，1997，第 151～153 页。

② 〔澳〕德里克·弗里曼：《米德与萨摩亚人的青春期》，李传家、蔡曙光译，光明日报出版社，1990。

③ 参见〔美〕克莱德·M. 伍兹《文化变迁》，何瑞福译，河北人民出版社，1989，第 90 页。

系、不同地区的语言和习俗均不相同，忌用一个标准、一种方法、一种模式解释不同的文化现象；四是坚持理论与调查相结合，既重视以现有理论指导调查，也注重从调查中探讨新的理论；五是既要坚持人类学"参与观察""深度访谈"等基本原则，也要重视吸收社会学等学科定量、定性调查。

科学性原则要求调查资料具有信度（reliability）和效度（validity）。一个具有信度的调查研究成果，无论该项调查研究过程由谁操作，或进行多少次同样的实践操作，其结果总是一致的或稳定的。信度系数越高，即表示该研究的结果越一致、稳定与可靠。效度（validity）是调查研究成果的有效性，亦即研究成果的真实性和准确性。效度与调查研究的目标密切相关，调查研究结果与客观事实越吻合，则效度越高；反之，则效度越低。

我国人类学民族学的田野调查存在不少问题，其中最为严重的是科学性原则问题。大多数人只满足于一般现象的调查和描述，只问"是什么"，不重视问"为什么"。不调查了解客观事实的因果关系和相关关系，不重视各种客观事实之间以及与外部的逻辑联系，从而导致田野调查成果水平不高。

（三）系统性原则

系统性原则也是调查研究的重要法则。任何一种社会和文化现象，都是具有特定功能的、相互之间具有有机联系的许多元素所构成的系统。每一个相对独立的事物都是作为一个系统而存在。例如，在宗教中，原始宗教的图腾崇拜、自然崇拜、祖先崇拜等都是相对独立的系统，现代宗教如佛教、道教、伊斯兰教和基督教等，其独立性更强。在系统中，各种元素的性质和行为影响到系统的性质和行为，相反，系统的性质和行为也影响各种元素的性质和行为。因此，系统并不是各种元素之和，各种元素在孤立状态下没有任何功能，只有在相互联系的系统中，才发挥自己的功能和特性。系统的纵横联系形成纵横交错的网络，任何一种元素的变化都会影响系统的功能和其他元素。系统的整体性是事物的根本属性，在田野调查研究中，必须自觉遵循整体性。

系统性原则在田野调查中的运用，必须注重四点：其一，调查构成系统的结构要素。一个系统通常是由若干要素构成的，因此，首先必须调查构成事物的各种要素，例如，民间的祭祖习俗，通常由祭品、仪式、禁忌、时间、主持和参与人员等要素构成，必须调查清楚这些基本的构成要素。其二，调查系统的内部结构，即各种构成要素的排列组合方式，例如，南方民间制作年糕的方式，有各种原料和一套制作的流程。研究证明，系统的性质和功能，既与构成系统的各种要素密切相关，同时也与各种要素之间的结构不可分。例如，婚礼习俗，各地构成结构不同，有些地区较简单，有些地区较复杂。因此，调查研究各种要素的排列组合方式，是认识和了解系统的关键一环。其三，调查研究系统的整体特性和功能。系统的整体功能并不等于各种构成要素功能的总和，系统的整体功能主要取决于系统的总体联系、协调和控制，因此，必须深入调查和认识系统的整体特性和整体功能。其四，必须调查系统的外部环境。人类社会的万事万物都是相互关联的，每一个系统都不是封闭和孤立的体系，都与外部环境和其他系统存在紧密的联系。各个系统自身的生存和发展，必须与外界及其他系统进行物质、能量和信息的交换。例如，传统的居住习俗，南北差异较大，均与自然环境有关。因此，在调查研究中，客观、完整地认识系统，既要注重系统的内部结构和相互关系，也要注重系统的外部环境及其与其他系统的关系。

（四）尊重性原则

尊重被调查者，尊重当地人的文化和习俗，也是田野调查的重要原则之一。尊重对方，是田野调查者的职业道德。其一，必须尊重当地人的礼仪、习俗、禁忌和宗教信仰等，尤其是禁忌。调查者必须首先了解清楚，绝不能伤害当地人的感情。其二，不做不利于调查对象的任何事情，尊重他们的人格，前往观察或访谈必须征得当地人的同意，不能随意进入外人不能进的地方，如厨房、姑娘卧室等。有些民族甚至认为，如果男子坐在未出嫁姑娘的床上，表示愿与该姑娘成婚，甚至会引起纠纷。其三，尊重当地人的个人隐私权，本人不愿意公开的事，有义务为之保密，如果需要该材料说明问题，则应隐藏其真实姓名，以其他名称代替。其四，对当地古老的习俗，如男不娶、女不嫁、一妻多夫的婚姻习俗等，不能当面说他们落后或原始。

三　人类学田野调查的类型

田野调查的类型可以从不同角度划分。笔者综合有关内容，把田野调查分为五组基本类型。

（一）综合调查·专题调查·典型调查·个案调查

田野调查按研究对象和内容划分，可分为综合调查、专题调查、典型调查和个案调查四类。

综合调查是传统的、典型的田野调查，不少学者称之为"民族志调查"或"社区调查"。人类学者普遍把自然社区当作一个社会单元，认为一个村落或村镇就是"完整"的社会系统，影响个人行为的许多重要变量和因素都可以在这个系统内找到。因此，研究者以其专业素养，长期居住、生活于研究对象所在地，参与和观察当地居民的生活，作深入、系统、细致的调查，全面了解其文化和社会系统及其运行过程，收集第一手资料作为分析的依据。

综合调查通常是对当地社会、文化和生活进行全面、系统的调查，既调查其物质文化，也调查其制度文化和精神文化；既调查其自然环境，也了解其与其他社会的联系和交往；既调查其文化的功能和结构，也探讨其变迁和发展。总之，凡政治、经济、宗教、婚姻、家庭、语言、文学、艺术等，均在调查之列。例如，我国民族学研究者在 20 世纪 50 年代进行的民族大调查，大多是综合性调查。

专题调查即集中调查文化的某一个部分而不是文化整体，也就是对一个或几个群体或地区作专题调查，以了解某一问题的现状和发展趋势，或用以验证、检验某一理论的真伪。例如，宗教信仰、婚姻家庭等调查，都是专题调查。或者更小的专题，如宗教仪式、婚姻习俗等专题调查。例如，田汝康受吴文藻和费孝通的委派，于 1941 年到芒市调查傣族，他在芒市那木寨调查研究傣族的宗教仪式"摆"。经过 9 个多月的调查，他发现"摆"这个看似微小的宗教仪式，其实关联着傣族的整个生活，"在一个小小的宗教仪式中，竟容纳了整个摆夷（傣族——引者注）文化的全面影响，甚而还启示我们对现时许多经济、社会、政治问题产生一种新的看法"[①]，于是田汝康先生根据自己的调查报告完成了《芒市边民的摆》（又叫《摆夷的摆》）一书。该书由费孝通作序，1946 年由重庆商务印书馆出版。该书出版后，在学术界影响较大，成为人类学研究重大成果之一。1948 年田先生又根据该书写成博士论文"Religious Cults and Social

---

① 田汝康：《芒市边民的摆》，云南人民出版社，2008，第 5 页。

Structure of the Shan States of the Yunnan-Burma Frontier"（伦敦经济学院），1986年经修订由康奈尔大学出版社出版。

典型调查是从调查总体中有意识地挑选出少数具有代表性、较有特色的地点进行全面、深入的调查，以达到了解整体的特征和本质的调查形式。典型调查要求全面性和深入性，搞清所调查地区的各方面情况，并作系统、细致的解剖。典型调查具有鲜明的目的性和应用性。典型调查一般都采用参与观察、深度访谈和问卷等方法收集资料，实施典型调查的主要步骤：一是根据调查目的，通过多种途径了解研究对象的总体情况；二是从总体中初步选出备选单位，加以比较，慎重选出有较大代表性的典型；三是进入典型调查地点或单位进行调查，具体收集第一手资料；四是分析研究第一手资料，从感性的经验资料中归纳、总结，使之上升为理性认识。笔者曾在 20 世纪 90 年代参与中国社会科学院中国少数民族发展与现状调查研究，选择典型的少数民族聚居县市进行调查。调查内容其中一项是典型调查，即选择有代表性、有特色的乡村进行深入的调查，并写出典型调查报告。

个案调查是以某一个特定的社会单位作为对象而进行的详细深入的调查研究。个案可以是个人，也可以是家庭或家族。个案调查是一种定性的分析研究方式，在方法上强调细致、深入、全面，强调研究人员与调查对象之间的协调与合作。在个案调查中，一般采用参与观察、访谈和文献研究等方法来搜集资料。个案调查的优点主要有：一是可以作深入的定性分析，彻底把握对象的全貌；二是调查方法上不拘一格，可以灵活掌握；三是调查时间安排上不受限制，有一定的弹性。有不少学者就某一个宗教神职人员作过专门的调查研究，也有一些学者就某个具有特殊技术的家庭或家族进行过专门的调查研究。

四类调查各有特色，但并不是各自孤立的，而是彼此关联的。综合调查也往往包含专题调查和个案调查，而专题性调查也通常涉及文化整体的内容。从 20 世纪 20 ~ 60 年代，综合调查占有较大的比重。20 世纪 70 年代之后，学界较为重视专题调查和个案性调查。台湾人类学者唐美君在"文化人类学田野工作"词条中称："文化人类学田野工作之新趋势为：逐渐着重于特定问题及理论之试探，而渐少作传统之整体性研究。"①

---

① 芮逸夫主编《人类学》，台北，商务印书馆，1971，第 23 页。

（二）无理论假设的调查·有理论假设的调查

田野调查是否需要理论指导，是否需要有假设，学术界也有不同的看法。一种观点主张田野调查没有必要以某种理论作为指导，也没有必要为田野调查构建假设。进入田野之后，调查者完全融入当地人的社会和生活之中，客观观察各种现象，在充分熟悉和掌握当地的社会文化的基础上建构自己的理论或假设。

另一种观点认为，没有理论支撑的田野调查是盲目的调查，主张必须以理论或假设作为指导，否则不可能获得较好的田野调查资料。布朗认为："观察与假设的分离是完全错误的，只有当它们在像其他科学中一样结合起来，社会人类学才会取得应有的进步。"① 他说："新人类学还有一个重要特征，即坚持调查和理论决不能分离，而必须像其他学科一样将两者紧密地结合起来。"② 布氏坚持，事实必须是科学观察的结果，假设必须能够解释这些事实，并且必须接受更深入、更广泛的检验，从而能够解释普遍存在的同类现象。作为一个称职的社会人类学家，既要熟悉有关理论的发展情况，又要在田野工作上训练有素，至少要在他所研究的地区，与当地人共同生活一两年。"资料的观察、假设的阐述以及通过进一步的直接观察来验证这些假设，是一个过程的所有步骤，这一过程应尽可能由一个人来完成。"③

带着理论假设进行调查的典型事例可以美国人类学家米德关于新几内亚萨摩亚的调查为代表。关于青春期危机问题，有两种理论，一种是生物决定论，另一种是文化决定论。19 世纪下半叶至 20 世纪上半叶，有些生物学家和优生学家等都主张人类的基本人性是由生物性决定的，美国一些社会学家曾提出"青春期危机"的理论，他们认为，青春期象征人类一个动荡的过渡阶段，男女青少年一到青春期，就会紧张、烦躁、心绪不宁、冲动，从而导致少年寻衅肇事、破坏、犯罪等活动。因而认为少年犯罪具有生物性的一面，普遍存在于各民族之中。直至现在，仍有不少社会心理学家持这一观点。有些学者则持反对意见，

---

① 〔英〕拉德克利夫-布朗：《社会人类学方法》，夏建中译，华夏出版社，2002，第 31 页。
② 〔英〕拉德克利夫-布朗：《社会人类学方法》，夏建中译，华夏出版社，2002，第 70 页。
③ 〔英〕拉德克利夫-布朗：《社会人类学方法》，夏建中译，华夏出版社，2002，第 70 页。

认为其中基本人性是由文化决定的。美国历史学派的创始人博厄斯反对生物决定论，为了以确凿的证据来批驳生物决定论者，他让自己的博士研究生玛格丽特·米德进行有关的调查研究。为了回答这个问题，1925 年，24 岁的米德在导师博厄斯的支持下，孤身一人到波利尼西亚群岛的萨摩亚岛上进行长时间的调查。

米德在萨摩亚岛上住了 9 个月的时间，在三个毗邻的小村庄仔细调查访问了 50 个妇女。她和穿草裙的少女们生活在一起，从最深的一层去了解她们在青春期的生活。调查归来后写了一本轰动一时且不断再版的《萨摩亚人的成年》(Coming of Age in Samoa)。米德认为，萨摩亚的少女们并没有青春期的烦恼，更谈不上少年犯罪，这是由于萨摩亚人文化所决定的。一是萨摩亚的儿童教养方式绝不会引起压抑，儿童从小就受到很好的照顾，他们安心吃奶到两三岁，一哭就受到大人的安慰，稍大后即由兄姐陪伴，很少去吵闹大人，也很少受到大人的责罚。除去一些必要的社会规律外，萨摩亚儿童很少受到限制。二是社会祥和，知足常乐，随遇而安，互不竞争。他们从不去从事竞争性的行为，社会的理想是满足而不超高，不鼓励胜过别人。三是伦理道德、价值标准与西方完全不同，少女们的性生活自由而正常，她们从不感到有什么烦恼和冲突。她说：“在萨摩亚，青春期的青年男女并没有表现出任何危机或压抑，相反，他们却有条不紊地发展了一系列日趋成熟的兴趣和行为。姑娘们的头脑不因任何冲突所烦恼，不因任何哲理所迷茫，也不因任何不着边际的雄心大志所忧心忡忡，惶惶不可终日。”[1]

通过对萨摩亚人的研究，米德得出结论：少年期的烦恼和冲动并不是普遍的生物性决定的，而是由于若干特殊的教养方式所造成的，尤其在美国社会更为明显。在萨摩亚的儿童教养方式下，则不会出现少年期的烦恼。因此，它是文化的产物，而非生物性的。米德这本书的出版，引起社会各界极大的兴趣，科学界开始了解文化对人性塑模的程度，同时也促使大批人类学家、心理学家、精神病医生、教育学家以及法理学学家从事儿童教养方式对人类行为与人格的影响的研究。

---

[1] 〔美〕玛格丽特·米德：《萨摩亚人的成年》，周晓虹等译，浙江人民出版社，1988，第 125 页。

（三）无问题取向的调查·问题取向的调查

无问题取向的田野调查是早期田野调查的基本形式，其特点主要有：一是选择一个乡村或一个社区，长期居住于调查点内，与当地人一起生活，参与他们的各种活动，并与当地人交朋友，深入了解当地人各方面的情况；二是全面调查被调查点的社会文化生活的各个方面，包括人与自然、人与人、人与自我等方面的详细状况，完整地记录调查点的物质文化、制度文化和精神文化全貌；三是文字记录之外，通常还包括录音、录像、照相等。

无问题取向的典型代表是马林诺夫斯基于 20 世纪初关于新几内亚东北的特罗布里恩德岛（Trobriand）调查，以及拉德克利夫－布朗于 20 世纪初关于安达曼岛人的调查。他们长期生活在当地人中，系统、全面调查当地居民生活的方方面面，并分别形成著名的民族志调查报告《西太平洋上的航海者》和《安达曼岛人》。

笔者曾于 1981 年 3～8 月，到新疆伊犁新源县哈萨克黑宰部落进行为期 5 个月的田野调查，随着该部落由春牧场转到夏牧场（即现在著名的旅游区那拉提风景区），住在哈萨克族毡房里，与他们同食同住，观察他们的日常生活，与他们深入交谈各方面的情况。当时并没有问题意识，无论什么问题都感兴趣，都详细询问。

问题取向的田野调查的特点是带着问题进行调查。例如，美国著名人类学家米德关于新几内亚三个原始部落的性别与气质的调查，是典型的问题取向的田野调查。第一次世界大战期间，因男性缺乏而雇用许多女性代替其工作。战争结束后，被雇用的妇女大多都愿意继续留任，同时进行女权运动以争取女人也和男人一样拥有各种权利。当时，社会的反应激烈，大部分男性都认为女性参加工作对家庭影响极大，并以男女两性在体质和气质上的差别作为两性在工作上应有分别的理由。米德不同意男女两性在气质上的差异是生物性的，为了证明自己的观点，她提出计划，前往新几内亚调查三个距离不远，但文化差别很大的民族。根据这一次调查，米德写了另一本名著 *Sex and Temperament in Primitive Societies*（中译本译作《三个原始部落的性别与气质》），于 1935 年出版。这本书中，米德描述的三个民族由于文化不同，两性的气质与行为也各不相同。她根据三个民族的材料，得出结论：男女两性人格特征的许多方面，极少与生理性别差异本身有关。两性的人格的差异主要是由社会文化所致。文明社会的传统文化制度塑造的是男人刚强、勇武，女人温柔、贤惠。男人主外，女人主内。男子在社会上争名逐利，而女子在家中生儿育女、料理家务。那些背离这种社会规范的标准人格的人必将遭到社会的议论。而实际上这种文化制度是对女人情感与才华的浪费，同时也造成两性间的严重对立。米德主张，社会应允许同一性别的个体可以具有截然相反的气质，每一个个体不必为是否具有男子或女人气而顾虑重重，特别是女性，应当充分发挥自己的潜能，不受传统性别角色标准的羁绊。米德的这些观点，受到后来西方女权主义者的重视，并被进一步发挥。米德的理论被视为美国女权主义运动的先声。

（四）一点调查·多点调查

一点调查是传统的田野调查，一般选择一个社区进行长时间的调查，与当地人生活在一起，进行参与观察和深度访谈，记录他们日常的政治、经济、宗教等活动，探究他们的生活、态度和行为模式，以切身经验来理解他们的文化。传统观点认为，一个乡村或一个部落是相对独立的空间，对乡村社会或部落社会的研究常常采用的分析性概念就是"社区"，即通常所说的"微型社区研究法"。这一方法始自马林诺夫斯基在特罗布里恩德岛的调查经验。这种方法传播到中国，就是所谓的"微型社区研究法"。所以，传统人类学的田野调查，通常选择一个村落或一个部落作为长期的调查点，注重调查该社区的各种文化现象，根据相关的理论进行解释。另一种形式是选择一个墟镇作为调查点，如关于中国传统社会的研究，有些学者自 20 世纪 50 年代以来，选择墟镇作为主要的调查点，因为墟镇较村落更具独立性和封闭性，因而也更具代表性，各村落均以墟镇作为经济文化交流的主要地点，更能反映中国农村的生活。

多点调查即选择多个乡村调查，并进行比较研究。这种调查大多以专题调查为主，带着问题进行调查。例如，前述美国人类学家米德 1925 年对萨摩亚人的调查，她孤身一人到波利尼西亚群岛的萨摩亚岛上进行 9 个月的调查，调查了三个毗邻的小村庄。在 20 世纪 30 年代初，米德又前往新几内亚调查三个距离不远，但文化差别很大的民族，一是居住于山区的阿拉佩人（Arapesh），二是居住在河畔的蒙杜古马族人（Mundugumor），三是居于湖边的德昌布利族人（Tchambuli）。笔者 1983 年夏天在新疆阿勒泰地区北部调查图瓦人（阿尔泰乌梁海人）时，也采用多点调查的方法，一是哈巴河县北部边境地区的白哈巴村，二是布尔津县北部的喀纳斯村（即喀纳斯湖周边地区），三是布尔津县北部阿尔泰山中的禾木村。

我国著名人类学家费孝通也曾于 1938 年至 1942 年，与助手张之毅一起，利用 6 年时间完成了《云南三村》的调查，包括"禄村农田""易村手工业""玉村农业和商业"。其中的"禄村""易村""玉村"分别是指禄丰、易门、玉溪的一个村庄。三个村庄的调查报告，超过 30 万字。该书详细描述了 20 世纪三四十年代的农村社会生活，包括农作活动、土地利用、家庭消费、农村金融，甚至成年男子年产人粪、上门姑爷的经济因素等农村社会生活的方方面面，社会学家们均以翔实的数据、生动的实例、科学的剖析，具体而入微地调查出来。其中的细致程度，令人叹为观止。譬如在调查旱田冬作物的劳力费用时，社会学家们列表细分，蚕豆种植过程中的剥豆、挑豆、打豆、挖沟、按豆等项工序，每道需要多少男工，多少女工，每天工价多少，工时多少；计算嫁娶费用时，回婚、吃大箩、压定、过大礼、酒席各要多少钱，男方收支多少，女方又是多少；介绍土纸的制造时，甚至将舀纸房、炕纸房的全套工具，标明尺寸绘制下来。

多村落的田野调查超越狭小的村落社会，使人类学的视野从单个的村庄转向了对更大范围的区域社会的关注，从而为人类学提供进行比较研究的可能，也为理论建构和问题探讨提供了更为丰富的资料。

（五）历时性调查·共时性调查

从时间的角度来划分，田野调查可分为历时性调查与共时性调查两大类。历时性调查主要是根据当地文字记载、家谱或族谱、口耳相传的历史、家族史或个人史、文化交流和传播等，重构当地的历史。例如，20 世纪 50 年代围绕编写少数民族简史的调查，有相当部分的内容是历时性调查。笔者在 20 世纪 80 年代，为了撰写《哈萨克族简史》，于 1983 年到阿勒泰地区调查近半年，主要调查哈萨克族的历史情况，收集了大量的族谱资料、文物文书资料和老人的口述史资料。近十几年来，人类学和社会学界十分关注近 60 年中国社会变迁的调查，他们采用社区调查的方法，大量收集当地的档案资料和口述资料等，进行当代中国村落变迁的研究。

　　共时性调查主要围绕当地文化现状作静态的调查，包括调查文化的结构、功能或象征意义等。马林诺夫斯基对新几内亚特罗布里恩德岛的调查，属于共时性的静态调查，功能学派其他代表人物的调查，以及结构学派和象征学派的调查，也大多是共时性的调查。我国著名人类学家费孝通于 20 世纪 30 年代对江苏省吴江县开弦弓村的人类学调查，也属于共时性调查。在通过调查而形成的博士论文《江村经济》中，作者没有去深究村落的历史，也不期望通过村落的历史来找到解决农村现实问题的秘方。作者详尽地调查了开弦弓这一经济体系与特定地理环境，以及与所在社区的社会结构的关系，详细介绍了当地农民的消费、生产、分配和交易等体系。通过该书，读者能够看到当时这个正在变化着的乡村经济的动力和存在的问题。

　　另有一些调查往往是历时性调查与共时性调查相结合，既收集有关的历史资料，也收集现状资料。中国近百年来的田野调查，大多是历时性与共时性调查相结合的，例如，凌纯声的《松花江下游的赫哲族》，就属于此类调查。

结　语

　　我国人类学民族学界关于田野调查的方式和方法争论较多。笔者认为，当前和今后的田野调查，应注意如下几方面的问题。

　　第一，面面俱到的综合性调查不适合当代中国社会。专题调查和个案调查比较适合我国的国情，这两种调查方式有利于较深入地研究某一问题，可以避免空泛议论，可以避免村志、乡志、县志式的调研报告。

　　第二，带着问题调查有利于撰写高质量的调查报告。一是可以围绕该问题进行调研，全面收集与之相关的有价值的资料；二是可以集中精力思考该问题，并进行深入的分析，以调查资料论证自己的观点。调查结束后，很快就可以写成论文或专著。

　　第三，带着理论假设调查有利于检验理论、修正理论或创建新理论。通过调研，可以检验该理论是否科学，是否适合中国社会研究。如发现该理论不符合中国社会时，可以提出修正理论或独自创立与之完全不同的理论假设。

　　第四，多点调查有利于归纳理论或法则。在当代社会，一点调查已失去优势，一个村落或乡镇的文化现象，往往不具有普遍性，难以归纳出具有普遍性的规律或法则。而多点调查可以进行比较，比较差异，归纳规律或法则。多点调查可以超越狭小的村落社会，使人类学的视野从单个的村庄转向对更大范围的区域社会的关注，从而为人类学提供进行比较研究的可能，也为理论建构和问题探讨提供更为丰富的资料。

西方世界关于萨满教认识的演变

孟慧英[*]

西方人很早就发现了萨满教，并零散地记录了它的现象。但比较集中的记载大约发生在 500 年前，大量有关萨满教的记载是西方殖民主义时代的伴生物。从那时开始萨满教就处于这个文化之外的人们的猜测、理解和研究之中。总结萨满教被"他者"不断展示的历史，特别是 300 年来萨满教研究的历史是非常艰巨的任务，因为不论是萨满教展示还是萨满教研究，都被关注它的人放到他们自己的历史生活环境和社会政治、思想取向当中进行理解，他们说明的萨满教并非萨满教自身，而是他们理解的萨满教。因此，我们只有在广阔的世界历史、社会、思想潮流的背景下，特别是在西方社会历史环境中的科学、宗教学、人类学等学科发展的背景下，才能深入地理解关于萨满教的各种解释。这里依据萨满教研究的历史进展脉络，粗略地说明其中的几个阶段性特点或表现。其实在萨满教研究的任何阶段都充满着丰富的理解和解释，研究者不仅在立场、价值观上各不相同，也在研究取向和研究方法上各有差异。所以这里所说的阶段性特点是相对的，或说是抽象的，我们只是借助这样的梳理达到理解萨满教研究发展的一个便捷的进路。

一 萨满教为魔鬼异教

在整个西方文明变迁的过程中，基督教的宗教裁判所对于异端的迫害是人

---

* 孟慧英，中国社会科学院民族学与人类学研究所研究员。

类史上最丑陋、卑鄙、残酷的一幕。所谓异端不过是基督教历史上的各个阶段占主导地位的宗教思想和宗教权威对于与自己相左或相异的内部的宗教思想、宗教流派、和基督教以外的不同的宗教思想文化现象的认定。中世纪欧洲大陆宗教裁判所到处点燃罪恶之火。受到宗教裁判所迫害的不仅包括布鲁诺、伽利略这样的"神圣法庭"牺牲品，也包括农民和平民起义的"异教徒"，还有被当作"魔鬼后裔"的巫师。

1484 年，教皇英诺森八世颁布通谕，谴责巫术迷信，正式提出对施展魔法和巫术的人给予制裁。之后，德国宗教裁判所审判官员雅各布·施普伦格又出版了审判巫师的"圣经"《巫师之锤》，将猎巫运动推向了高潮。从 15 世纪末起，整个欧洲都被巫术大恐慌的氛围所笼罩。浸染在巫术恐慌中的欧洲人被灌输着这样的观念：那些唤醒神灵的巫师召唤的都是魔王撒旦统治下的恶灵。

在持续 200 多年的捕捉巫女和巫师的迫害中，裁判所消灭了 10 万以上的无辜者，其中大多数是妇女。因巫师而受牵连的其他受害者达数百万人。①

16 世纪前期，欧洲发生宗教改革运动，路德宗、加尔文宗、再洗礼派等新教教派兴起，原天主教一方面积极地进行内部调整，对抗新教在欧洲的发展，另一方面为了扩大其影响派出了大量的神父向世界其他地方传教。所以，在欧洲各国向外探险、殖民的队伍中，传教士的身影随处可见。随着西方征服者向新大陆进行殖民统治，殖民地土著人的宗教信仰被当作异教魔鬼的化身，遭受到彻底的否定和无情的摧毁。

16 世纪中叶，法国圣方济会修道士安德烈·塞维特（Andre Thevet）在巴西居住几个月，他搜集了这个地区土著人的习惯材料，出版了《法属南极地区的奇象》（*Singularities of Antarctic France*）一书。该书描述了一些叫作帕济（Page）的人，他认为，他们是拥有恶魔的人，土著人通过叫作帕济的使者来尊崇恶魔。帕济拒绝性交，自觉地离群索居，以便与精灵沟通。这些人由于离开真理，接受罪恶的精灵和他们梦的误导，让自己服务恶魔，并以此去欺骗自己的邻居。这些帕济是流浪汉，他们在森林和其他地方游荡，很少回到其他人中间。在某些时候，他们会为公共事务与精灵沟通，如果某些事情恰好如他们所说的发生了，他们就会得到一些重视和关心，不用做什么就能得到食物和照顾。如果帕

---

① 董进泉：《西方文化与宗教裁判所》，上海社会科学院出版社，2004，第 117 页。

济没有告诉实情，或者事情变成了和预言不同的样子，人们往往会处死他们，因为他们不配使用帕济名头并受到尊重。每个村庄不管是大还是小，总是养一两个这种值得尊敬的人。①

恪守宗教信仰和天职的神父们对这些"异教徒"发出深恶痛绝的批判："他们是如此远离真理，越过他们从恶灵那里受到的烦扰和他们梦想的错误——如此的没有理智，以至于他们通过叫作帕济的魔鬼主人而崇拜魔王"，"这些异教徒盲目得可悲，他们是真正的恶魔忏悔者，恶魔使他们在还活着的时候就提前遭受到地狱中的折磨。"② 对于土著的神职人员，神父们认为，因为他们试图获悉自然界的奥秘，而"这些秘密是上帝留给自己的，这样的好奇心代表着一种不完美的判断、无知以及好的宗教的缺失。所以，应该对他们处以极刑"③。

在对待非基督教信仰时，当时的一些学者也与牧师们保持了高度一致的态度。在 16 世纪早期西班牙的航海家和民族历史学者奥维也多（Gonzalo Fernandez de Oviedo）描写了伊斯帕尼奥拉岛（Hispaniola，拉丁美洲西印度群岛中部，即海地岛）土著人的习惯。

这个岛屿的印第安人为了分散自己的注意力采用特殊的方法——吸烟，直至失去知觉，躺到地上。这就是酋长或首领总是倒在地上，他的妻子们把其放到吊床上的原因。吸食烟草对他们来说是非常神秘的事情。他们不相信万能的上帝，相反他们信仰恶魔和幻象。他们用木头或泥土或其他材料绘制、雕塑一个叫作 ceml 的恶魔，非常丑陋和恐怖。在他们屋子的阴暗处有这些恶魔的像，由于信仰，那个地方是受人尊敬的。人们在那里祈祷，祈求他们渴望的东西——或是为土地和庄稼求雨，或为了丰收，或为了战争胜利。其中有个老印第安人根据他们的希望或根据与恶魔画像的沟通回答他们的祈求。人们认为恶魔进入了他的体内，就像通过使者一样通过他来讲话；同时他也像古老的占星家一样，告诉人们下雨的时间和其他有关自然界的信息。印第安人非常尊重老人，让他们随意吸烟，当他

---

① Jeremy Narby and Francis Huxley（ed.），*Shamans Through Time*：500 *Years on the Path to Knowledge*，United Kingdom：published by Thames & Hudson Ltd.，2000，p. 14.

② Jeremy Narby and Francis Huxley（ed.），*Shamans Through Time*：500 *Years on the Path to Knowledge*，United Kingdom：published by Thames & Hudson Ltd.，2000，p. 15.

③ Jeremy Narby and Francis Huxley（ed.），*Shamans Through Time*：500 *Years on the Path to Knowledge*，United Kingdom：published by Thames & Hudson Ltd.，2000，p. 15.

们醒来就会宣战或推迟战争，如果没有恶魔的意见他们什么都不会做。①

17 世纪，俄国人占领了西伯利亚，他们同样发现那里的人们有与精灵沟通的习俗，特别是在通古斯族群里，萨满十分普遍。这些萨满敲神鼓、唱神歌，穿着奇特；萨满在仪式表演中模仿动物的声音，作为巫师，他们还召唤恶魔来助己。从那以后，欧洲的观察者遍布世界各地，看到许多地区的土著人有与精灵沟通的习俗并由此指导生活和治疗疾病。②

萨满这个术语最早来自 17 世纪末俄国东正教首批观察者中的传教士。第一个在他出版的文稿里使用萨满这个词的人是彼得洛维奇（Avvakum Petrovich），他是 17 世纪下半叶俄国保守派神职人员的领导，彼得洛维奇在他的自传里描写了通古斯萨满，这个自传被认为是俄国最早的关于萨满的文字著作。1661 年夏天，沙皇驱逐彼得洛维奇到西伯利亚。③ 彼得洛维奇指出萨满是一种宗教角色，所从事的也是宗教职业。作为宗教职业者，彼得洛维奇认为，萨满是自己的对手。所以当萨满预测未来天气之时，大主教以自己的诚挚祈祷试图抵消萨满的预言。结果萨满预报的晴朗天气没有实现，代之以风雨大作。大主教觉得自己赢了。他认为这种不同的结果究其原因是他服务于上帝，而他的竞争者则服务于恶魔。从彼得洛维奇开始萨满教就被魔鬼化了。当时的观察者认为，萨满教实际应该是宗教，尽管是最低级的——野蛮、落后并且是恶魔般的。④

荷兰探险家尼古拉·维森（Nicolaas Witsen）在 1664～1665 年到俄罗斯旅行，收集了大量的地理资源材料和西伯利亚人的材料，通古斯萨满图像出现在他的书中，一个男人穿着动物皮毛戴着动物的爪子，正在疯狂跳舞。图片标题解释说，这是萨满，魔鬼的祭司。

从这些记录中不难发现，西方人对异族文化和对野蛮人宗教信仰带有偏见、轻蔑和粗暴的态度。检查 16、17 世纪关于萨满教的著作，非常明确，如果作者

---

① Jeremy Narby and Francis Huxley（ed.），*Shamans Through Time*：*500 Years on the Path to Knowledge*，United Kingdom：published by Thames & Hudson Ltd.，2000，p. 12.

② Jeremy Narby and Francis Huxley（ed.），*Shamans Through Time*：*500 Years on the Path to Knowledge*，United Kingdom：published by Thames & Hudson Ltd.，2000，preface.

③ Jeremy Narby and Francis Huxley（ed.），*Shamans Through Time*：*500 Years on the Path to Knowledge*，United Kingdom：published by Thames & Hudson Ltd.，2000，p. 19.

④ Roberte N. Hamayon，*A Three-Step History of A Long Scholarship on Shamanism*：*Devilization*，*Medicalization*，*Idealization*（教学打印稿）。

在其著述中不明确地对萨满教持否认态度，承认它是恶魔，就会招致被谴责为异教的危险，甚至遭受来自宗教方面的审判，或者他们的著作将会受到禁止。那是一个狂热的时代。

在美洲的中部和南部，殖民者和教会权威对成千从事巫术的人处以死刑。圣经中有这样的话：你不能允许"卡斯白柏"（kasbapb）活着，在希伯来语中这个词意味魔术师、占卜者，或者术士，或者一个带着家族精灵的人。这个时期圣经对"卡斯白柏"（kasbapb）这个词语的翻译是巫师。那个时期的欧洲人相信，那种与人沟通的精灵无疑就是恶魔。①

修士强迫那些信仰"魔鬼的偶像"的印第安人把魔鬼像埋在十字架下面，停止崇拜石头、太阳、月亮、树木等的活动。而那些拒绝认罪的部落领袖则被残忍地处决。

在欧洲范围内把萨满教妖魔化的早期记录受制于当时西方社会历史条件下的思想文化，强势的基督教思想统治导致人们把萨满教作为异教，把萨满作为奇怪的、不明智的，甚至不可救药的恶魔。所以，土著人的精神医生经常被妖魔化，被当作黑暗、邪恶力量的仆人。这些都反映了那个时代西方社会的普遍精神倾向和政治、宗教、思想环境。

二 萨满教是骗子的把戏

18世纪是欧洲启蒙思想占主导地位的时代。自从文艺复兴以来，充满激情的理性主义思想流派不断地冲击着中世纪以来基督教在精神和政治领域内的统治堤坝，无论是自然科学的发展，还是启蒙主义的流行，都不再把宗教当成不可侵犯的神圣物，开始了对它的理性思考、怀疑与批判。

在理性、进步观念的影响下，他们试图揭开萨满的真相。在他们大多数人的眼中，萨满的仪式活动不过是欺骗性的表演或魔术，而萨满则是低劣的魔法师或者荒谬的骗子，土著信仰者是被他们所蒙蔽的人。

法国人约瑟芬·弗朗索瓦·拉斐托对北美的易洛魁人和木伦人进行了考察，

---

① Jeremy Narby and Francis Huxley（ed.），*Shamans Through Time*：500 *Years on the Path to Knowledge*，United Kingdom：published by Thames & Hudson Ltd.，2000，pp. 9–10.

他对当地人深信的萨满超能力（如吞火、在燃烧的炭火上走过却不会被烧伤、将长长的木头吞进嗓子里、被刀砍却不觉得疼痛）充满怀疑。在观察萨满作法后，他指出所谓的萨满超能力就是萨满熟练地使用某些技巧、借助工具制作出来的特殊效果，类似于魔法师的表演。苏格兰外科医生约翰·贝利（John Bell）于1720年在西伯利亚西南部发现当地说突厥语的人中有很多萨满。他和他的同伴见到了当地著名的年轻女萨满。这位女萨满给他们看了她的仪式神器：被丝绸包裹的木质神偶和装饰着铜片、铁铃铛、彩色布条的萨满鼓，并邀请他们观看萨满仪式。贝利看到：女萨满和她的助手们击起鼓、唱起神歌，抖动着衣服上的铃铛，嘶喊着、跳跃着直到面色通红、口吐白沫，之后她们歇斯底里地召唤她的精灵附体；她用匕首刺进自己的身体，然后声称自己用神力止住了血，赢得了当地人的膜拜。在贝利他们看来，萨满的行为只不过是类似小丑的杂耍表演。德国化学和植物学教授约翰·格奥尔基（Johann Georgi）曾在西伯利亚地区进行探险，他将萨满的行为视为骗术。为了将他所谓的"骗术"公之于众，他付费让萨满进行表演，然后愤恨地说："最后我们确信这一切都是骗局，我们从心底里希望把他们流放到银矿去，让他们以终生劳作为代价为他们的所作所为进行偿还"①。

更有甚者，在殖民地，一些来自西方的启蒙主义者经常利用职权之便随意愚弄、羞辱萨满，让人用刀子划破他们的神服，逼迫他们签写自己是骗子的供罪状。如果有人稍有反抗，他们的神服和萨满鼓就会被没收。启蒙主义的理性论本来是用来对抗基督教神学统治的利器。当启蒙主义者面对所谓的边缘性的"他者"时，对抗蒙昧神秘主义的勇气与欧洲文化中心的优越感便被激发出来。他们将在西伯利亚观察到的萨满现象视为一种蒙昧、落后的行为，以一种高傲、蔑视的态度对其横加指责，称萨满为招摇撞骗的人，其行为荒诞不经、手法极其低劣。

俄国政府于18世纪30年代组织的包括各方面人员在内的考察就是其中规模较大的一次，长达十年时间。在此过程中，植物学家斯捷潘·彼得罗维奇在西伯利亚东部堪察加半岛考察时遇到了一名备受当地人敬重的萨满。在观看了这个萨满的仪式之后，斯捷潘声称"那只是一个拙劣的表演"。他这样写道：

---

① Jeremy Narby and Francis Huxley（ed.），*Shamans Through Time*：*500 Years on the Path to Knowledge*，United Kingdom：published by Thames & Hudson Ltd.，2000，p. 28.

"他用刀刺自己的肚子并且喝下流出来的血，但是他做这件事的时候显得非常笨拙，只有那些看不透这样笨拙的骗局的人才会迷失在这种迷信当中。他在下跪的同时就开始击鼓，在将刀子刺进肚皮后，他按压假设的伤口让其流血，他把手放在长袍的下面，再把手拿出来的时候手上就沾满了血，然后他再舔自己的手指。我在看他表演的时候，忍不住因为这拙劣的诡计而发笑。"①

另一位俄国语言学家卡斯特琳这么记述他们在西伯利亚地区观察的萨满，他写下了下面一段文字："在任何一种萨满的诡计中，他们都是很熟练的，他们善于用这种诡计来迷惑一群愚民，并且引起对他们自己的虔诚的信仰。托木斯克州萨满的最普通的诡计之一就是玩弄下列的戏法并用这种戏法来使俄罗斯人和萨莫耶德人吃惊。巫师坐在一张铺在地中央的干鹿皮上，让在场的人把他的手脚捆上，关上百叶窗。此后，他就开始召唤为他服务的神灵。在黑暗的角落里突然从不同的方向，从帐幕的内外响起了各种声音，好像听到鹿皮上发出了均匀的撕裂声和鼓声。在屋子里，熊在吼叫，蛇在沙沙地爬行，松鼠在跳跃。最后，全都停止了，而在场的人们都焦急地等待着表演结果。过几分钟，那位巫师就自由自在无束无缚地从外面走进了帐幕。所有在场的人都会相信，在帐幕中吼叫、沙沙地爬行和跳跃的就是神灵，也就是他们把巫师从绳索中解放了出来并通过隐蔽的途径把他领出了帐幕。"②

当这些科考队成员将自己在西伯利亚所见所闻报告给沙皇彼得大帝时，这位俄帝国最高统治者立刻要求西伯利亚总督寻找三四名当地萨满并送到莫斯科，甚至恐吓"如若不按命令行事，将受到最严厉的惩罚"。沙皇的目的是想通过这些异邦"稀奇的玩意"展示帝国地大物博。只是，第一次探险队送去的并不是萨满而是几名普通的土著。在帝国宫廷，几名土著被当作弄臣、小丑来取乐皇室。不久，为了组成"文身小丑队伍"，这位帝国统治者再次要求西伯利亚总督进贡几名萨满，并强调让他们带上他们的萨满服和萨满鼓。很快，24 名萨满被作为贡品进献给了沙皇。之后，俄帝国宫廷里不断地填充着来自西伯利亚各部落的萨满。在俄帝国的历史上，被尊称为"大帝"的除了沙皇彼得一世外，还

---

① Andrel A. Znamenski, *The Beauty of the Primitive*: *Shamanism and the Western Imagination*, Oxford: Oxford University Press, 2007, pp. 8-9.

② 〔英〕爱德华·泰勒：《原始文化》，连树声译，上海文艺出版社，1992，第 162～163 页。

有一位便是女沙皇叶卡捷琳娜二世，伏尔泰曾用欧洲上空最耀眼的明星来形容这位女沙皇。她对启蒙思想充满激情，经常与狄德罗、费雷德里克等人进行思想交流。她认为国家的统治应该是理性与现代性并举，希望启蒙之光普照俄帝国的每个角落，所以在她的统治时期大量地派遣探险队对所谓的"蛮荒"之地进行考察。西伯利亚的萨满信仰在她看来就是理性之敌，她建议狄德罗等考察者不要过多关注各地萨满现象的差异，而是应专注于它是如何荒谬不经并拆穿它们。此外，她还写了一部贬损萨满的戏剧在皇家大剧院公映，以此种形式表明她对抗非理性的决心。

　　在当时，西方人自持着科学人类的傲慢态度，对萨满教表现出极大的不信任。对待野蛮人的淫猥不净的礼仪，高傲理性的西方人自然也认为它们稀奇古怪、荒诞不经。学者把萨满教解释为欺骗和轻信的表现，他们认为萨满是吹牛者，利用人们的轻信以自肥。当时的百科全书这样说明：萨满，名词，是居住在西伯利亚的居民对骗子的称呼，这些骗子扮演的是祭司、法师、巫师和医生。①

三　萨满教为退化的或低级的宗教

　　18 世纪晚期，一些西方学者开始探讨萨满教的起源问题，普遍的观点是认为它来源于某个高级的古典文明，原因是生性蛮昧的西伯利亚土著居民不可能创造出自己的宗教，不得不从古典文明中借鉴。

　　在俄国科学院供职的德国人米勒（G. F. Muller）看到萨满教和印度教同为多神崇拜，所以推断印度是萨满教的摇篮，认为萨满教自从在印度产生后逐渐向亚洲传播，之后扩散到欧洲的斯堪的纳维亚半岛，最终到达北美印第安人那里。对此，他的解释是：萨满教最早的信仰者应该是印度最古老的原住民，这些人被后来的婆罗门种姓驱逐出了自己的国家，分散到亚洲各地，这种古老的宗教也随之被带到亚洲各地，逐渐地与当地的信仰结合，最终这种来自印度的、历史悠久的高尚智慧在西伯利亚地区堕落为一种粗俗的骗人把戏——萨满教。格林也认为萨满教是由某种经典东方信仰退化而来，原因在于战争、人口迁徙、

---

　　① Encyclopedie, ou Dictionnaire Raisonné des Sciences, des Arts, et des Métiers, 1765.

缺乏教育、愚昧的神职人员的错误解释，以至于使萨满教堕落成一种令人厌恶的偶像崇拜和盲目的迷信。[①]

波兰人路德维克·尼埃莫约夫斯基（Ludwik Niemojowski）在西伯利亚地区探险期间目睹了萨满降神仪式后，提出萨满教发端于东南亚某地、很可能是佛教和婆罗门教的蜕变的观点。他指出，因为佛教、婆罗门教以"坚忍、行善"为宗旨，所以它们在向外传播的过程中排挤出了血腥和巫术的内容，这部分内容集结起来就形成了萨满教；由于萨满教过于黑暗，最终被排挤到亚欧大陆冰天雪地、荒无人烟之地并很快被那里的"野蛮人"接受。

萨满教起源的话题持续了很长的一段时间，直到19世纪早期一批俄国学者仍乐此不疲。尼基塔·比丘林断定西伯利亚萨满教是亚洲佛教的变种，因为只是凭借口头传说来学习萨满教仪式再加上他们的蒙昧无知，必然不可避免地用他们粗劣的创新和附加来扭曲仪式。另一名俄国学者扎瓦利申注意到阿尔泰地区的萨满通晓藏族地区的佛教治疗和药物传说，推断其起源与藏传佛教有关，进而将当地的萨满教与印度甚至埃及联系起来。

关于萨满教的判断还有另外一种取向。

18世纪中叶以来，在席卷欧洲的资产阶级革命推动下，欧洲大陆的社会和工业迅速发展，资本主义到达了它的繁荣阶段。伴随资本主义的蓬勃发展，关于人类发展的"进步""进化"的观点十分流行，它鼓舞了整个欧洲社会。许多哲学家、思想家以及学者纷纷著书立说，从不同领域探讨发展问题，使得进化一词得到广泛普及。

在比较宗教学兴起阶段起关键作用的是关于"进化"的观念，人们试图用历史的发展和历史进化的概念去统一把握世界上各种文化或宗教，把它们纳入一个历史演化的序列和过程之中。[②]

比较宗教史研究假设了一个人类文化、人类宗教的起源和衰落的历史演进模式，泰勒（E. B. Tylor，1832–1917）认为无论神话还是仪式都涉及了宗教的本质问题，即它们的基础是万物有灵论。泰勒提出万物有灵论是"最低的宗教

① Andrei A. Znamenski, *The Beauty of the Primitive: Shamanism and Western Imagination*, Oxford University Press, 2007, p. 12.

② 吕大吉：《西方宗教学说史》，中国社会科学出版社，1994，第600页。

定义"。在《原始文化》中，他描述印第安人、博多人、巴塔哥尼亚人、堪察加人等的萨满迷幻现象，称其为"疾病性的中魔"，所谓的"中魔"在当地人看来即灵魂的入侵。但是，他强调中魔论只是低级文化的产物，还假设在他的时代如果还有一半人类相信这种万物有灵的鬼魅观，那么这一半人就是对最远古的祖先信仰遗留物的顽固继承者。在他看来，古代万物有灵观的中魔观最终会被高级文明社会的医学所识破：萨满歇斯底里的现象只不过是严重的神经错乱、痴呆、癫痫等疾病的发作。由此推断萨满教是人类早期的原始宗教。

卢伯克（John Lubbock）是泰勒同时代的另一名进化论人类学家。他认为尽管"萨满"一词来自西伯利亚地区，但是萨满教是普遍存在的。在对宗教形式进化的研究中，卢伯克提出人类社会宗教的发展经历了从无神论阶段、拜物教阶段、自然崇拜或图腾崇拜阶段、萨满教阶段、神人同形论阶段、道德一神论阶段的进化过程；在萨满教阶段，萨满是唯一能够沟通人神的中介，并且此阶段中神灵与人并不处于同一空间，只有获得了神灵的许可萨满才能进入它的领域与其交流。他用文化残存法来解释萨满教，认为"野蛮民族"现存的萨满教信仰实质上是人类发展过程中的遗存物，与现代文明社会无关。

进化论认为，原始社会的鬼、神，都是在万物有灵观上做出的推理性解释，万物有灵观是自然崇拜、祖先崇拜以及各种各样的多神崇拜的根源。由于社会的变化和知识的增长，原始宗教经由不同的发展途径从多神信仰进入一神宗教，万物有灵观的基础仍旧保留。

基督教声称人类是上帝按照自己的形象创造的，异教徒是迷途的羔羊，野蛮人是退化的异类，进化论颠倒了这个程序，把原始人奉为当代人的祖先，以此伸张人类整体观并为人类平等和普世人权提供依据。因此，原始社会的宗教哲学不管如何粗浅和幼稚，原始社会的宗教行为不管多么卑屈而迷信，原始人的理性无论如何无知与愚昧，都是人类理性思想的表现，尽管原始人理性思考成熟方面有欠缺，但都是人类曾经有过的智力发展方面的事实。现代人所说的无知与错误，在进化论的构架中，恰恰占据重要的位置。

很多学者认为，萨满教这种最古老的宗教，其信仰特点即如泰勒所说是万物有灵。如波格拉兹（V. G. Bogoraz）就提出：万物有灵论是萨满教的一种哲学以及它的神学。早期的俄国萨满教研究者希洛戈洛夫（S. M. Shirokogoroff，中文名史禄国）认为，万物有灵论为萨满教创立了环境，也为萨满教特有的魂灵体系提供了基础。从本质上讲，萨满教同原始的万物有灵论并无二致。萨满教专有的特性在于奇特的仪式、服装、法器和萨满教的特殊社会地位等方面。① 福尔斯特（Furst）也认为：在萨满教中表达一种生活的哲学，它坚持所有的存在——人类、动物或植物——性质都是相同的：所有自然现象，包括人类、植物甚至工具，是有活力的，渗透着生命的本质或灵魂，就人类来说，还不只是一个灵魂。这是自然、宇宙的所有方面相互包含的信仰。每件事情遵从同样的规则；人类社会是宇宙的一部分，具有作为整个宇宙世界的同样性质。所以居住在宇宙的神灵和精灵的行为能够影响到人类的日常生活和人类的行动。人类不与其周围的世界分离。他只是各种生命形式中的一个。萨满的世界观假定人类对于其他自然的东西并没有优越性：人类，像其他生命形式一样，在其中存在，倚赖自然和精灵的善意，它们激励并控制环境。②

也有学者提出萨满教的观念是万物有灵，萨满教实践和仪式为巫术。因此，"萨满教是关于人类和他的环境的最古老的巫术—宗教形式"③。萨满教的巫术不再作为技术行为的分类，而是作为整个宗教系统的一部分而被考虑。

与萨满教为万物有灵宗教近似的提法还有称其为"多神教"的。有学者提出："萨满教是早期的多神教（polytheism）的形式，是人类宗教信仰发展中的特殊阶段，它出现在狩猎—采集时代，是支撑当时生活的主要方法。在萨满教世界观的观念特征中，最重要的是（a）信仰所有周围世界都是活的，被精灵居住的，精灵影响人类生活；（b）自然界存在普遍互惠的内部联系；（c）人类不是最高的生物，他们与其他生命形式平等；（d）人类社会与宇宙紧密联系；（e）人类获得某些精灵，访问其他世界是可能的；（f）宗教活动的目的是防卫，使一个小的亲属群体繁荣。"④

---

① 史禄国：《北方通古斯的社会组织》，内蒙古人民出版社，1985，第 566 页。

② Furst, P. T. *Introduction: An Overview of Shamanism*, in G. Seaman and J. S. Day ed., *Ancient Traditions: Shamanism in Central Asia and the Americas*, Denver, 1994, pp. 2–3.

③ Andrzej Wierciński, *On the Origin of Shamanism*, in M. Hoppál-O. J. Von Sadovszky ed. *Shamanism: Past and Present*, Budapest-Los Angeless: Fullerton, 1989, p. 1.

④ V. N. Basilov, *Cosmos as Everyday Reality in Shamanism: An Attempt to Formulate a More Precise Definition of Shamanism*, in: Romano Mastromattei & Antonio Rigopoulos Edited: Shamanic Cosmos-From India to the North Pole Star. Venice, Italy: published by Venetian Academy of Indian Studies & D. K. Printworld（P）Ltd. S, 1999, p. 38.

从原始宗教的认识出发，一些学者提出萨满教是最古老的宗教形式。他们认为，萨满教的起源可以追溯到至少4万～5万年前的石器时代。同时还指出，人类所有的文化都是从萨满文化中进化出来的。萨满教不是外部文化输入的，它根源于世界各地人类的生活之中。人类学者研究了美洲（北部、中部和南部）、非洲、澳大利亚土著居民、因纽特人、欧洲北部的拉普人、印度尼西亚、马来西亚、塞内加尔、巴塔哥尼亚（南美洲）、西伯利亚、巴厘岛、古代大不列颠、整个欧洲大陆和苯教。他们提出，从旧石器时代开始世界上就存在萨满教实践的证据。古代的洞穴画和类似记录，都似乎表明所有土著居民都分享相同的宇宙观，有相似的关于宇宙运动的理解。[1] 威特伯斯基（Piers Vitebsky）认为："萨满教可能是世界上最古老的宗教形式。用它可以称呼世界上数百甚至上千种宗教"[2]。他承认萨满教是一种世界性现象，同时也认为，这种一般人类宗教现象有各种各样的地方或文化变体。

在进化论的理论框架中，萨满教是古老的原始宗教，其基础是万物有灵论，属于低级的文化思维，注定要被高级的宗教形式取代。进化论者带着西方人的高傲，认为欧美社会文明是进化的顶端，是进步的标杆，因此提倡用科学和理性，反对迷信，战胜迷信。萨满教属于有害的迷信范畴，是西方人代表的高级文化注定要取代的东西。

四 萨满教作为具体民族的文化现象

就20世纪早期的萨满（教）研究而言，被誉为美国人类学之父的博厄斯（Franz Boas）起到了关键性的作用。他决绝地反对进化论学派含有的种族优越论和文化高低论的腔调，认为每一个民族都有其独一无二的历史，该民族文化的形成取决于它们的社会环境和地理环境，而原始人和文明人之间的差别源于发展机遇上的差别而非种族智能的差异。

---

[1] Leo Rutherford, *Principles of Shamanism*, California San Francisco: published by Thorsons, 1996, p. 2.

[2] Piers Vitebsky, *Shamanism*, in Graham Harvey ed. , *Indigenous Religions: A Companion*, London and New York: Cassell, 2000, p. 55.

1897～1902 年间美国自然历史博物馆为了收集土著的文化实物和图像以供陈列之用，开展了为期 5 年的杰瑟普北太平洋海岸探险（Jesup North Pacific Expedition）项目，考察涉及西伯利亚地区埃文人（Evens）、埃文克人（Evenk）、堪察加人（Kamchadal）、楚克奇人（Chuckee）、尤皮克人（Yupik），北美的奇尔科廷人（Tsilhqotin）、海尔特斯库克人（Heiltsuk）、海达人（Haida）、夸扣特人（Kwakiutl）等多个族群。

博厄斯是这次考察的发起者和主持人。对他而言，除了为博物馆收集实物资料之外，还规划探索西伯利亚东北部与北美洲西北海岸土著文化之间的渊源关系。在其召集下，一批俄国和美国学者积极地参与进来。在其带领下，一批人类学学者客观地刻画具体某一族群的萨满文化，并尝试深入地理解它们。

在这次探险活动中，博厄斯将萨满（教）放置在当地具体的文化框架中去研究，试图揭示生成它的特殊原因，并强调一个文化中的个人行为及其角色扮演会对他的思维产生非常重大的影响。在其著作《夸扣特民族志》一书中描述了当地的一位年轻人发现了萨满的一些治病手段，如事先派遣助手探听病人的身份、病因及症状，然后用羽毛沾染上自己咬破的舌头或齿龈流出的鲜血，吮吸病人的皮肤并告诉他这是从他体内吸出的病毒。以揭露萨满的"诡计"为目的，他开始结交萨满，并不断地练习萨满们教给他的技巧，结果却治愈了许多病症，他自己也不知不觉地成了一位享有盛名的萨满。

俄国人弗拉德·乔基尔森（Vladimir Jochelson）、波格拉斯（W. G. Bogoras）两人因对西伯利亚地区非常熟悉并拥有丰富的田野调查经验成为该地区考察的主力。乔基尔森主要关注的是生活在西伯利亚地区东端的尤皮克人。在调查期间，他邀请萨满为其表演他们的技艺。当一位萨满给他看衣服上本来就有的破洞并称其为自己割破身体留下的痕迹时，乔基尔森并没有去拆穿他，而是说："并不能看作是简单的欺骗，因为在土著人的意识中可见的事物和想象的事物是如此错综地交织在一起，以至于萨满本人都以为自己的身体里确实存在别人看不见的真实存在的伤痕，而他也是遵守神灵的指示办事"。在尤皮克人那里，乔基尔森还注意到为了进入迷幻状态，萨满在降神会开始之前食用毒伞菌。[①] 此

---

① Jeremy Narby and Francis Huxley (ed.), *Shamans Through Time: 500 Years on the Path to Knowledge*, preface, United Kingdom: Thames & Hudson Ltd., 2000, pp. 58-63.

外，这位学者还对家族萨满（family shaman）和专职萨满（professional shaman）进行了区分：前者来自某一家族并服务于它，一般由该家族中最年长者担当；后者的信仰人数众多，影响力跨越了家族的狭小范围可以辐射数百里，为了赢得荣誉他们经常与其他萨满斗法。①

波格拉斯对楚克奇人进行了考察，后来据调查资料先后发表了《东北亚的楚克奇人》《萨满教的内室仪式表演》等文章。在《东北亚的楚克奇人》一文中，他谈到该地萨满的社会性别角色转换问题。"当一个男子成为萨满之后必须身着女装、用女声讲话，像年轻的女性一样变得害羞，甚至不敢去直接面对陌生人，还要学习这个社会女性通常进行的活动，他的所有的男性气概都要被遮蔽"。当他们完成这些转变之后，他们就变成了"她们"。"她们"可以找一个男子作为婚恋对象，婚后扮演着主妇的角色。② 在《东北亚的楚克奇人》中，神灵的召唤，成为萨满时的艰辛经历，萨满所要掌握的击鼓、唱诵、腹语等技巧都被清晰、翔实地叙述。作为一个西方人，尽管他并不把萨满的治病等看作萨满的神力和神灵相助，但是当他随着当地的一位老萨满进入情景时，他这么写道：

　　阿布拉拿起双层毯子……毯子似乎有一种奇特的力量附着在他的肩上。它变得挺直而且我感到毯子的角正在从我手中挣脱。我两脚用力踩牢地板，但是毯子的张力几乎使我站立不稳，使我无能为力。然后我突然做了个动作，发现我的两只胳膊、毯子以及所有东西，全都在支撑着卧室的皮革面木框的后面；我和卧室实际上成为一体……张力继续加大，有木框的墙在我左右两边升起。月光照入房间，在黑暗中形成一道光柱。我的右边有个水池，充满了水和正在融化的雪，池水翻滚，冰冷的水溢洒在我的膝上。我右边的一堆铁盘子、碟子、长柄勺和匙子，正在稀里哗啦地破碎。我感到整个房子马上就会在我耳畔倒塌，完全是出于自我保护的本能，我松开了紧紧抓住毯子的手。毯子像一块橡胶在空中跳跃。突然，我恢复了知觉，

---

① Jeroen W. Boekhoven, *Genealogies of Shamanism*: *Struggles for Power*, *Charisma and Authority*, Barkhuis, 2011, p. 70.

② Waldemar Bogoras, "The Chukchi of Northeastern Asia", *American Anthropologist*, 1901, Vol. 3, No. 1, pp. 98–100.

环顾四周。水槽还在原来的地方。盘子和碟子也依旧在原处。一切都安然无恙。令人敬畏的老萨满用意志力作用于我，使事物变得怪怪的。①

最后，这位西方来客不禁感慨道："这种干净利索的工作是不同寻常的，即使在我这样的持怀疑态度，并且充满不受欺骗之个人勇气的人看来也是如此；那么面对一大群信仰者时，萨满就会有十倍的动力。阿布拉完全能够单方面地控制我的意志和智力。"② 此外，波格拉斯还刻画了当地萨满的神圣仪式：他们借助烟草进入入迷状态，召唤精灵附体、与之交流，灵魂去神界"旅行"③。

这场持续五年的考察对认识萨满（教）产生了深远的影响。首先，此次考察及其成果纠正了当时部分学者对萨满（教）轻蔑的态度；其次，将萨满及萨满教这一概念从西伯利亚地区拓展到北美的广大地区，使人们认识到它们不仅广泛地存在而且还是活态的、不断被实践的文化；再次，直接推动了学界对萨满（教）的认识，人类学、宗教学、心理学等多个学科开始从不同角度和方面对萨满文化开展了广泛而又深入的研究；最后，此次调查人员先后出版了多本民族志，在这些民族志中清晰地展现了各个族群的萨满文化，随着这些读物的流行，西方民众开始了解它们。

很多早期的探险家、学者都提出萨满教作为一种仪式操作和观念仅存在于北极和西伯利亚地区。在 19 世纪到 20 世纪初，萨满教这个词通过大量的早期作品传入西方，萨满教被视为西伯利亚这个世界特殊部分的宗教，世界上其他部落民众的信仰不包括在萨满教领域。1886 年大英百科全书告诉读者："萨满教是西伯利亚的乌拉尔-阿尔泰族群（比如通古斯语、蒙古语和突厥语的民族）的宗教。"④ 后来随着一些关于北美考察的报告逐渐增多，人们把萨满教现象从北亚扩展到北美。1933 年版的牛津英语词典对于萨满教地理区域解释为："萨满教是西伯利亚乌拉尔-阿尔泰人的原始宗教……它也适用于西北部的美洲印第安人

---

① 〔英〕菲奥纳·鲍伊：《宗教人类学导论》，金泽、何其敏译，中国人民大学出版社，2004，第 233 页。
② 〔英〕菲奥纳·鲍伊：《宗教人类学导论》，金泽、何其敏译，中国人民大学出版社，2004，第 233 页。
③ 参见史宗主编《二十世纪西方宗教人类学文选》，上海三联书店，1995，第 655~664 页。
④ Stephen Glosecki, "Shamanism", *Encyclopedia Britannica*, 9th ed., 1886, 21, p. 771.

类似的宗教。"1985 年，《美国遗产词典》（*The American Heritage Dictionary*）还在坚持：西伯利亚和北美为萨满教的核心栖息地。①

五 萨满教是精神病理现象

在早期萨满教考察报告里，由于萨满教发生在各个民族、各个地区的具体语境之中，萨满教的表现形式多种多样，加之它缺少制度化宗教的一些形式特点，人们对这种现象的总体认识只能寻找类似的元素，并通过强调这种类似元素对萨满教进行一般概括。因此萨满在仪式上的歇斯底里、癫痫症成为瞩目的对象。曾经一度流行的看法是：如果萨满是歇斯底里、神经症、癫痫或精神分裂病人，萨满教就是一个精神失常的人为有难题的其他人调整生活问题的一种形式。

比如波格拉斯参加了 1897～1902 年的俄罗斯—美国杰瑟普北太平洋探险队（Jessup North Pacific Expedition）后，他关于楚科奇人的完整民族志后来以英文出版，在这部人类学经典著作中，他对西伯利亚萨满的描述是：他们是"精神错乱"的人。佐耶夫（V. F. Zuev）也描述了西伯利亚地区人们的"疯狂"现象：所有土著西伯利亚人饱受歇斯底里的痛苦，萨满表现了这种疾病的极端状况；当受到一些刺激时，萨满会变得疯狂无理智，他飞驰、旋转，并不停地喊叫。②

波格拉斯在完成了杰瑟普北太平洋海岸探险之后的几十年中仍然孜孜不倦地在萨满研究领域跋涉。在《东北亚部落中的萨满教心理》一文中，他称即将要成为萨满的人通常都要数年饱受疾病折磨、精神紧张，只有完成所谓的神灵的召唤、承担了萨满一职才能战胜这种疾病。所以，萨满教是一种通过选择精神上不稳定的人来创造的宗教形式。

1898 年一位极地探险队员在对因纽特人的描述中，使用了 pibloktoq 这个词，

---

① Andrei A. Znamenski, *The Beauty of the Primitive: Shamanism and the Western Imagination*, Oxford: Oxford University Press, 2007, p. 71.

② Andrei A. Znamenski, *The Beauty of the Primitive: Shamanism and the Western Imagination*, Oxford: Oxford University Press, 2007, p. 11.

现代精神病手册接受 pibloktoq 作为北极歇斯底里（Arctic hysteria）的同义词。人类学家和探险家也有使用当地部落的定义来表示歇斯底里现象的，史禄国用埃文基人的"olonism"这个词来表示；也有人用 menerick 来表示。Menerick 在西伯利亚是指一种被精灵占有的人，他叫喊、扭动、狂怒，常常模仿一些动物的声音。

K. M. 雷奇科夫在《论西伯利亚民族的宗教观念和萨满教》中也提出了与波格拉斯相似的观点，萨满是神经易冲动的人，且带有病态性易受刺激的神经组织，而这种组织是先天的，并因遗传性而得到传播和加强。[1]

人类学家韦斯顿·拉·巴尔（Weston La Barre）认为，萨满来自最有技巧的精神病患者。后来向往这个职业的正常人不得不复制这种被原初不正常心理的萨满建立起来的仪式实践。[2]

这就是说，萨满模仿的歇斯底里行为，直接地把自然发生的精神错乱带入一种专业水平。维他歇夫斯基（N. A. Vitashevskii）在 1911 年发表了《探索原始神经官能症》（"Toward Primal Psychoneurosis"）的文章。他提出，在他们的降神会上，萨满或模仿歇斯底里的行为，或直接进入歇斯底里。他认为，土著萨满学徒实际上是学习再现北极歇斯底里行为。由此他推断，在人类历史的黎明期，人们处在完全的歇斯底里状态。后来随着萨满教的进步，歇斯底里成为特殊人的垄断行为，这些人把北极歇斯底里变成萨满教的神召仪式。[3]

早期的各种关于疯狂萨满的记录导致很多学者通过现代医学、心理学、精神病学的视角来看待萨满教。一些人认为，萨满教是一种精神病理现象，它与歇斯底里、癫痫性或神经性并发症有关。如俄罗斯医生克里沃沙普金（M. F. Krivoshapkin）在 1865 年的著作中说，萨满教是一种类似于女性歇斯底里的疾病，他将这种病定义为"歇斯底里魔附妄想"（hysterical demonomania）。[4]

---

① 孟慧英：《关于萨满教的认识》，《满族研究》2000 年第 2 期，第 57 页。

② La Barre，"The Ghost Dance"，in Andrei A. Znamenski，*The Beauty of the Primitive：Shamanism and the Western Imagination*，Oxford：Oxford University Press，2007，p. 101.

③ Andrei A. Znamenski，*The Beauty of the Primitive：Shamanism and the Western Imagination*，Oxford：Oxford University Press，2007，p. 96.

④ Andrei A. Znamenski，*The Beauty of the Primitive：Shamanism and the Western Imagination*，Oxford：Oxford University Press，2007，p. 95.

一批早期学者如波格拉斯（Bogoras）、埃奥奇尔森（Iochelson）、察普利卡（Czaplicka）、奥尔马克斯（Ohlmarks）、塞罗泽夫斯基（Sieroszewski）、普利克伦斯基（Priklonskii）等，都将萨满个人精神问题作为定义萨满教的核心，强调萨满教是一种有关歇斯底里的心理病理现象。

美国精神病学家西尔弗曼（Julian Silverman）于 1967 年发表《萨满与严重的精神分裂症》，将萨满定位为精神分裂症性的妄想狂患者。根据这位作者的看法，成为萨满的过程实质上是这个病人在试图为恢复正常人格而努力，并且坚信自己最终能够战胜疾病。同时，他对萨满在其自身文化环境中所发挥的积极作用予以肯定。① 华莱士则在《从人类学角度看宗教》一文将萨满看作精神分裂症患者，成为萨满则是他们解决精神和肉体分裂苦痛的一种拯救仪式。

为什么萨满教与精神疾病天生地联系在一起？许多学者相信这两者都源于北方的恶劣环境，在他们看来，自然环境培育了异常的人格，进而形成了萨满教。

库克（Frederick Cook）在 20 世纪早期到格陵兰岛北部因纽特人那里度过一段时光，他描述：在太阳减弱和消失的时间里，抑郁症慢慢爬向人群，因纽特人不自觉地感受到了严峻的匮乏、饥饿，这意味着死亡降临到他们身上。因此，明显的北极生态环境下的歇斯底里发生了。

察普利卡（Czaplicka）认为，天气寒冷、黑暗的不利影响，以及粮食短缺对北方西伯利亚人产生影响。这些因素使西伯利亚人容易产生内省思考，歇斯底里，神启，占卜和性变态。②

佐耶夫（V. F. Zuev）注意到所谓萨满的两大特征：疯狂和恐惧感。在萨满降神会上，他目睹了萨满突然发作变得抽搐起来、毫无征兆地袭击其他人或毁坏身边的东西的过程，这就是所谓的"北极的"症状。但是，那时候人们还不能解释这种现象发生在北极地区的原因。佐耶夫猜想这可能跟这里的人体质很差、智商不高有关。最终，他认定这种歇斯底里症状是某种疾病，生活在北极圈的人们

---

① 参看菲利普·米特拉尼《关于萨满教的精神病学探讨评述》，马文译，《第欧根尼》1993 年第 2 期。

② Andrei A. Znamenski, *The Beauty of the Primitive*: *Shamanism and the Western Imagination*, Oxford: Oxford University Press, 2007, p. 86.

都有可能患有这种疾病，只是萨满患病最为严重。

德国博物学家彼得·西蒙·帕拉斯（Peter Simon Pallas）进一步对"北极的歇斯底里"症状做出了思考。他指出，出现这种症状是由于身体过度兴奋以至于大脑张力过大造成的。此外，他认为特殊的气候环境、职业要求、"迷信"影响下扭曲的想象都对此有一定影响。

约翰·戈林对萨满及其信仰者的心理充满好奇，认为西伯利亚地区的歇斯底里症状与当地的恶劣气候、独特的地形地貌对人体的神经系统的影响有很大关系。在他的眼中，萨满有几分像狂热的祭司和魔术师的混合。[①]

总之，他们都认为，北极地区的极地气候、单调环境、贫困生活、贫乏思想、季节性的压力等，造成北方土著人极端焦虑和精神压力的恶性循环。因此歇斯底里不仅是萨满精神的特点，也是当地土著民族的精神特点。在北方特殊环境制约下，萨满教中萨满的疯狂被看作戏剧化人们的恐惧、期望或感情的表现。所以萨满教的降神会是自然而然地治疗原始社会泛滥的精神疾病。

正如保罗·雷丁（Paul Radin）提出的，萨满这种行为，反映了痛苦、被剥夺、物质生活不稳定的原始社会生活特点。萨满教仪式表演中，萨满为集体扮演着人们为寻求安全而不断挣扎的人间戏剧。萨满表现的神经质、癫痫行为，是因为萨满本人也意识到了这些挣扎同样存在于他自己的生活之中。这就是为何把不正常的行为设计为一种固定的宗教行为的原因。后来的部落医生，其精神不论是正常的还是不正常的，为了获得职业萨满身份，不得不效仿疯狂这种职业性资格特点。[②]

更为一般的看法是：萨满教仪式是在防御或治疗个人与社会的疾病。如波兰人类学家玛丽（A. C. Mary）称虽然萨满患有北极癔病，但是他们与其他普通病人有所不同，他们在发病期间可以冷静地控制自己，而他们的这种冷静沉着的气势会对周围的人产生巨大的影响。

汉布利对黑脚族印第安人萨满进行了田野调查，认为他们患有"恐惧神经

---

① Gloria Flaherty, *Shamanism and the Eighteenth Century*, Princeton University Press, 1992, pp. 85-94.

② Paul Radin, *Primitive Religion: Its Nature and Origion*, New York Viking, 1938, p. 107.

官能症"和"焦虑性歇斯底里"，而他们在行医时的特殊装扮完全具有表演性，其目的是"为了减缓表演者神经官能症情绪"。

乔治·德弗罗（George Devereux）也同意萨满是精神疾病患者或者神经官能症患者。他通过对北美西南部尤马莫哈维印第安人萨满的田野调查，出版了《作为神经官能症患者的萨满》① 一文。在文中，结合弗洛伊德的精神分析法，他指出萨满在自身生存的文化中具有张力障碍，是社会中的"问题人群"，他们"是一种扰乱社会的因素，只适应于比较脱离社会及其文化的那一部分人……而且通常完全不像正常人那样注重实际"，最终是萨满"代替他的群体发疯"从而使其他成员可以保持镇静的外表。②

德弗罗从精神病学的角度提出，萨满教是一个神经性忧郁的防御。也有人认为，萨满是在治疗这些疾病。美国医疗历史学家阿克尔克乃克特（Erwin Ack-erknecht）认为，萨满是那些从疾病中自己愈合的人。因此萨满是理想的治疗者，可以更好地满足病人的需要。在 1967 年关于萨满教和精神分裂症的论文中，临床心理学家朱利安·西尔弗曼（Julian Silverman，1933–2001）提出萨满为"已经被治愈的精神分裂症患者"和"创造性的狂人"。③

随着对萨满心理状况研究的深入，一些学者开始反对将萨满污蔑为精神病人，相反视萨满为身心健康、为了集体利益沟通神灵的人。早期学者察普利卡（Czaplicka）在她的主要著作《西伯利亚原住民》（*Aboriginal Siberia*）中透漏出一些看法，认为萨满不同于普通的歇斯底里的病人，真正的病人无法控制攻击他们的精神力量，似乎暗示病理学不是萨满教的本质。④

较早为萨满、萨满教正名的人是俄国人史禄国，他曾担任沙皇俄国皇家"中亚东亚探险队"的领队，并先后数次对贝加尔、蒙古和满洲、西伯利亚等地做过长时间的考察。长期的田野考察加之自身所受的体质人类学和文化人

---

① George Devereux，"Shamans as Neurotics"，in *American Anthropologist*，New Series，Vol. 63，No. 5，Part 1，1961.

② Jeremy Narby and Francis Huxley（eds.），*Shamans Through Time: 500 Years on the Path to Knowledge*，preface，United Kingdom: published by Thames & Hudson Ltd.，2000，p. 119.

③ Andrei A. Znamenski，*The Beauty of the Primitive: Shamanism and the Western Imagination*，Oxford: Oxford University Press，2007，p. 104.

④ Czaplicka，M. A.，*Aboriginal Siberia: A Study in Social Anthropology*，Oxford，1914，p. 253.

类学的训练，使他将萨满放置在当地的文化环境背景之下去研究。在其经典民族志《北方通古斯的社会组织》和《通古斯人萨满教一般理论调查概论》等著述中，他指出在通古斯各部落中，神经上和心理上的疾患是常见的，在这些疾病持续增长时期，氏族就面临正常生活被打断、高死亡率，直接结果是危及氏族的生存，而萨满就是氏族的"安全阀"，萨满教也源于部落对这些病患的蔓延的预防。一个强大的萨满在跳神之时，必须始终处于入迷状态。此时，他对意识的抑制减退到最低程度，而他的思维不再受日常社会规则的约束，思考方式也按照自身特殊的逻辑进行。正是萨满具备健康的体魄、良好的神经机能和正常的心理机能，才能做到对神经和肌体进行自如的控制，自由地控制自我进入入迷状态，而对当地人来说，萨满具有的强大的感染力使得他能成为当地的医者、预言师。但是，当萨满因自我控制能力降低而无法沉浸在入迷状态时，进而不再能有效地降服恶灵作祟之时，就失去了作为氏族医生或"安全阀"的品质。因此史禄国认为，萨满是健康的，不是精神错乱的，萨满教也不是集体恐惧的反射。在他的著作《通古斯人的心智丛》（*Psychomental Complex of the Tungus*）中，他批评那些把北极歇斯底里、萨满教和通常的心理疾病结合在一起的学者。他注意到，第一，只有成人进行疯狂行为表演，某种程度上儿童和老人没有表现出这样的病态。第二，他看到，当埃文基（鄂温克）人遇到麻烦或危机时，他们的社群不会有任何歇斯底里的行为。当饥荒、流行病来临，土著从不疯狂，他们尽全部努力克服危机。相反，只是在人们相对安适的日常生活中，歇斯底里才表现得更为剧烈。他认为，歇斯底里是文化元素，而不是医疗上的病理学现象。他指出在当地萨满教是解决各种社会和心理问题最有效的方法。土著的精神医生是有力量的治疗者，他有能力巩固自己社区的团结，从混乱中创建生活秩序。萨满利用思想和精神力量，通过礼仪表演，来疏导社会积累的病态能量。他写道，萨满这种精神医生的行为作为土著社会的一种安全阀，是他们社会组织必要的生物性自我防卫的阀门。①

　　史禄国的观点一反当时人类学界几成定论的萨满身心疾病说，引发了激烈

---

① Shirokogoroff, *Psychmental Complex of the Tungus*, London: Kegan Paul, Trench, rubner & Co., LTD, 1935, p. 370.

的争议。在其后的几十年中，学者们逐渐接受萨满身心健康说，并从不同的视角丰富和发展了这种主张。瑞士人类学家阿尔弗雷德·梅特劳（Alfred Métraux）在南美洲的圭亚那和亚马逊印第安人中进行了长期的调查。根据他的报告，成为萨满的人选尽管可能来自那些先天倾向于神秘主义和情绪不稳定的人，但是萨满是"为了集体的利益而利用神灵超自然能力或者在必要情况下阻断魔鬼的人。在没有受到安第斯文明影响的区域里，印第安人就生活在布满神灵的世界中，在这里，萨满是唯一的主宰者"①。法国学者布戴耶通过对印第安萨满的研究，明确地指出在日常生活中，萨满的状况和行为都很正常，并没有因出现心理障碍而索然离群。澳大利亚学者埃尔金（A. P. Elkin）对澳大利亚的土著部落做过长期的调查，曾为当地土著争取人权和福利做出过积极努力。对将萨满视为"骗子"、"部落里的最大的流氓"或"通常是部落中最狡猾的家伙或大骗子"的说法，他予以坚决地否定。在他看来，萨满是当地的智者、杰出的人才，他写道：

> 萨满是非常聪明、出色的人，他们是头脑清晰的思想者，也是一个果断的人、一个思想行动都遵从信仰的人，他拥有通灵的力量，这种力量使人们相信他……他在知识、经验以及精神力量上都超乎常人，这一点也必然会反映在他为人的态度和承受能力上，特别是在他遇到非常事件和意外情况的时候……更重要的是，巫医的品性并非是个体现象，由于他的"产生"、训练和行为，人们通常赋予他社会属性，他既是社会安康之根本，也是与包括亡者灵魂、丛林之神、彩虹蛇、天神以及陌生地方的巫师等无形力量保持良好关系的基本力量……土著文化并不重视任何种类的癫痫或不正常，而是对有秩序的和正常的世界的一种表达，它源于已逝的文化英雄的梦幻时代，跨越今天，通往未来。②

法国结构主义人类学者克洛德·列维-斯特劳斯（Claude Lévi-Strauss）将萨满

① Jeremy Narby and Francis Huxley（ed.），*Shamans Through Time：500 Years on the Path to Knowledge*，preface，United Kingdom：published by Thames & Hudson Ltd.，2000，pp. 97-102.
② Jeremy Narby and Francis Huxley（ed.），*Shamans Through Time：500 Years on the Path to Knowledge*，preface，United Kingdom：published by Thames & Hudson Ltd.，2000，pp. 103-107.

教仪式和现代的精神分析疗法进行对比，称当欧洲社会的人们用锁链束缚精神病人时，一些原始民族却长期以来采用类似于精神分析的疗法为他们进行治疗，而后者的技巧能使最杰出的当代医生目瞪口呆。列维-斯特劳斯在《巫师和他的魔术》(*Sorcerer and His Magic*，1949) 和《符号的有效性》(*Effectiveness of Symbols*，1949) 中提出，萨满是精神医生，他成功使用象征治疗（安慰效应）进而治愈其社群成员的疾病。他强调指出，如果人们集体选择情感的和精神的医疗这种特殊制度，肯定会治愈他们，因为他们相信这个系统。

也有学者提出，萨满教是作为一种社会制度呈现出来，土著部落的人使用它为象征性的渠道，来缓解集体和个人的焦虑。在萨满降神会上人们看到狩猎和采集部落社会持久的焦虑和不安全感。在自然灾害、饥荒、疾病和部族战争不断的险恶环境中，萨满象征性地帮助缓和紧张和恐惧。人们与萨满一起进入梦想，把情感引导到癫狂的精神仪式，这样疾病、饥饿、恐惧和焦虑就找到了缓解的出口，至少能暂时解决他们的精神困扰。[①] 按照列维-斯特劳斯的理解，萨满的疗法是萨满对患者的攻心术，一方面是代表社会权威和秩序的萨满，另一方面是备受折磨的患者。而在印第安人世界观中，苦难和病痛都是因为人类社会受到恶灵的袭扰，正常的社会秩序被打破引起的，有着心理和社会基础，所以，萨满将病症、病人放置在当地的宇宙观和社会信念这样的整体中对其进行重新整合。与作为聆听者的心理分析师不同，萨满是一个诉说者，他唱诵着本族的宇宙神话、精灵系统，带领病人进入这一语境中，为其疏导精神、消除迷思；以一种英雄和拯救者的姿态上天、入地，为病人寻找丢失的灵魂和隐藏在身体内部的危机。最终，通过重建病人的生机或者复活神话帮助他们解决病痛和精神问题。

曾在加拿大土著中做过考察的学者吉雷克（W. G. Jilek）对当地的萨满舞蹈充满兴趣，认为这种舞蹈仪式起到了治疗的作用。[②] 它有助于凝聚群体的力量、增强个体的信心，从而帮助参与者克服来自于身体和心理方面的沮丧、自卑和其他不健康状态，而萨满是其文化中智慧的治疗家。

---

① Robert F. Kraus，"A Psychoanalytic Interpretation of Shamanism"，in *Psychoanalytic Review*，59，No. 1，1972，pp. 27-28.

② W. G. Jilek，From Crazy Witch Doctor to Auxiliary Psychotherapis，"The Changing Image of the Medicine Man"，*Psychiatria Clinica*，1971，pp. 201-218.

越来越多的学者倾向于把萨满的精神表现和这种表现的社会作用结合起来考察。① 多米尼克·斯克若德（Dominik Schroder）概括地指出："萨满教用一种制度化的和程式化的在人类与其他世界之间进行沟通的昏迷术服务于社会。"乌尔素拉·克诺尔-克瑞凌（Ursula Knoll-Greiling）更直接地从社会的角度考察萨满教："萨满是一类人，由于特别易患病的体质，具有创造特别状态的能力（昏迷术，改变意识状态），通过与超人类经验的力量（精灵）的合作在氏族事务（疾病、狩猎、战争等）中发布预言，对社会发挥一种宗教—医疗的影响，这种影响与氏族文化框架结合在一起，在其中履行一种必需的社会心理作用。"② 这种观点在北美萨满教研究者中得到普遍认同。他们认为萨满在日常生活中，无论按其状态，还是行为，都没有因为不可逾越的障碍而脱离其他人群。从这个角度来看，萨满所有的精神经验，无论病理或是幻觉，都可以在社会的、文化的或萨满精神医生角色对社会的作用方面进行考察。

六　萨满教是古老的入迷技术

萨满教属于古老的入迷技术的观点是著名的宗教学者米尔恰·伊利亚德（Mircea Eliade）③ 提出的，他对于宗教学的各个领域都有巨大的贡献，特别是

---

① 对部落精神医生观念的变化，人们可以在列维-斯特劳斯、西尔弗曼、隆梅尔（Lommel）和哈利法克斯（Halifax）的著作中发现。这些变化根植于欧洲和美国对非西方文化传统态度的一般变化，即远离启蒙运动的理性主义和唯物主义的精神，走向精神的和非理性的方向。

② Anna-Leena Siikala, *The Rite Technique of The Siberian Shaman*, FF Communication VOL. XCIII2 No. 220, Cademia Scientiarum Fennica, Helsinki, 1987.

③ 米尔恰·伊利亚德是一位美籍罗马尼亚裔人，1907 年 3 月 9 日生于布加勒斯特，1956 年移居美国。1928 年获布加勒斯特大学文科硕士学位，1933 年获该校哲学博士学位。为了写作博士论文，他于 1928～1931 年在加尔各答大学研习梵文和印度哲学，并在印度北方邦喜马拉雅山麓的瑜伽修行中心一个静修处（ashram）居住了 6 个月。回到罗马尼亚后，他继续博士论文写作并获哲学博士学位，其博士论文题目为《瑜伽——论印度神秘主义的起源》（*Yoga: Essai sur les origins de la mystique indienne*）。1933～1939 年任布加勒斯特大学助理教授，讲授宗教史和印度哲学。1940～1941 年在伦敦任罗马尼亚驻英国使馆文化参赞（Romanian legation, cultural attaché）；1941～1945 年在葡萄牙里斯本任文化顾问（cultural adviser）；1946～1948 年在巴黎的索邦高等学院（École des Hautes Études of the Sorbonne）任宗教史客座教授；1948～1956 年在意大利的罗马、帕多瓦（Padua），德国的马尔堡（Marburg）、慕尼黑、法兰克福，瑞典的乌普萨拉、隆德，法国的斯特拉斯堡等地大学执教。1956 年之后，担任美国芝加哥大学教授，讲授宗教史。1961 年创办国际性的杂志《宗教史》（*History of Religion*）。1986 年 4 月 22 日在芝加哥逝世。

在萨满教研究领域，他的著作《萨满教——古老的入迷技术》（*Shamanism*：*Archaic Techniques of Ecstasy*）① 作为这个学科里程碑式的著作，影响了萨满教研究的整个领域和历史走向，尽管后来的学者对它提出各种批判，但它在这个领域的突出作用却是不容忽视的。那么伊利亚德的萨满教研究到底在哪里与前人不同并由此产生重大的影响呢？

（一）实现萨满教研究从心理学到宗教学的转变

以往的很多学者不论对萨满的歇斯底里做肯定性还是否定性评价，都没有离开心理学的立场对待萨满教。米尔恰·伊利亚德认为萨满教病理学的解释无法说明"入迷"（Ecstasy）这样一种深度的精神经验。伊利亚德认为，如果按照心理学或其他学科的解释，所有的精神经验，无论病理的或是幻觉的，都可以在社会的、文化的或萨满精神医生角色对社会的作用上进行考察。

他认为，宗教这种神圣事物应该单独出来，不要降低为社会生活、历史、经济或者大脑功能领域，应该有自己的讨论术语。他希望能以某种方式寻找一个链接心理分析的方法将萨满教的探讨引入宗教研究领域。因此他"必须在一般的宗教史角度，而不是在一个更多的属于精神病的异常现象上说明萨满教"②。通过他的著作，他实现了萨满教心理学的研究向宗教学的转向。

人们在大量的调查报告中发现，成为萨满的人大都经历过痛苦的意识变化状态过程。这个过程对萨满来说是重要的，他能借此成功地实现自己的作用。这个过程被学者叫作昏迷（Trance）或者入迷（Ecstasy）。伊利亚德在他的萨满教权威著作《萨满教——古老的入迷技术》里提出：萨满教＝入迷技术。而"入迷"（Ecstasy）是一种深度的精神经验。这样一来，伊利亚德就把萨满的本质从作为精神医生的病理特点转化为与神圣接触。他说，从萨满教这个术语最广义的角度来说，它的确是一种古老的入迷术，而且也是玄想、巫术和"宗教"。③

---

① 本书于 1953 年、1957 年和 1960 年分别被译为意大利文、德文和西班牙文出版，1964 年英文版出版。

② Mircea Eliade, *Autobiography*, Chicago：University of Chicago Press, 1990, p. 18.

③ Mircea Eliade, *Shamanism-Archaic Techniques of Ecstasy*, 法文版前言, Princeton University Press, 1974。

　　早期的萨满教民族志在描述萨满歇斯底里外在表现的同时，也记录了当地人和萨满本人对这种"精神病"行为的文化解释。他们认为，正是在萨满疯狂的时刻，发生了萨满与神灵的沟通。因此萨满歇斯底里这种现象背后的真正意义在于它是一种与神灵沟通的方法，或者技术。萨满这个词语的含义并非通过他外在的精神紊乱或心理不正常来说明，根据当地人的解释，它还有更深层的含义。在所有通古斯语言中，萨满这个术语指的是这样一些人——不论男女，只要他掌握精灵，按照自己的意志派送精灵、使用这些精灵，特别是帮助那些遭受这些精灵折磨的人。①

　　在中亚（Inner Asia）和东北亚，在神择发生之前，神灵候选者的行为就已经发生变化。一个家族的萨满祖先的灵魂在他们的子孙后代中选择一个年轻人后，这个年轻人就会变得茫然恍惚、心不在焉、喜怒无常，喜爱离群孤居，出现预言，有时还要遭受打击进而失去知觉。在这期间，布里亚特人认为，精灵摄走了年轻人的灵魂，灵魂在诸神的宫殿中受到接见，萨满祖先把职业秘密、诸神的形态和名称、精灵的礼拜仪式和名称教给了他。接着进行一个精灵或者老萨满给予指导过程的接神仪式（initiation，中国东北地区少数民族俗语叫作"出马"）。这种接神仪式是公开的，是一个独立自主的仪式。只有在第一次接神仪式之后，年轻人的灵魂才会返回到他的身体之中，恢复了对身体的控制。②

　　伊利亚德提出，萨满与神灵沟通的"疯狂"或"昏迷"、"入迷"行为是萨满教的基础或总根源。而这个总根源作为宗教基础是普遍的，并非北极地区萨满教专有。伊利亚德研究了人类历史黎明阶段自然宗教中的精神医生，认为在世界所有早期人类群体中都允许人们直接与神圣联系，萨满教属于这种古代的原始精神。人类世界与精灵世界之间有边界，萨满能够超越边界，进入精灵的世界。为了进入其他世界，萨满首先要进入昏迷状态，昏迷状态是一种知觉变化的状态，在昏迷中萨满穿越两个不同世界的通道，为了他的群体利益能够访问其他世界，与精灵沟通，以便为人们治疗疾病，干预或预防饥饿、畜牧失败或瘟疫，调节人类与超自然力量之间的关系，促进人们的

　①　Leo Rutherford, *Principles of Shamanism*, San Francisco, California：Thorsons, 1996, p. 3.

　②　Leo Rutherford, *Principles of Shamanism*, San Francisco, California：Thorsons, 1996, p. 2.

富足和成功。①

伊利亚德强调"古代"（archaic）这个字眼，在他的研究中，"古代人"这个词语适用于石器时代的人类、古典文明时期的人类和现代的"原始人"。"古代人"意味着那些被现代文明抛弃的原初智慧的承担者。在伊利亚德的萨满教分析中可以看到，他认为古老时代的人类能够通过入迷技术接近神圣领域，并从那里获得良好的精神力量。人类和世界万物是和谐相处的，可以直接与神圣存在交谈，可以和动物交流。在那个原始天堂里人类、神圣、动物彼此接近，彼此关照。但是后来的人类失去了原始的自然状态，一旦人类打破他们与天堂的亲密联系，把自己与自然界分开，他们便失去了轻松接近神圣的能力。但人们又开始渴望回归，怀念天堂。幸好，古代和现代部落社会还保留着能够与神圣接近，进而不断调整与神圣世界关系的中介——萨满。萨满是那些维护人的原初能力、保持与神圣世界联系的少数人，他能帮助民众重建原初人的状态。所以萨满教的仪式是把人们带回神话中的生活，让人们偶尔地回到天堂时代。②

（二）古老宗教的原型

在早期萨满教民族志中，一些学者记录了西伯利亚萨满的神秘天界旅行，比如威廉·拉德洛夫（Wilhelm Radloff）在 1884 年记录的西伯利亚萨满在降神仪式上攀登桦树的升天象征。伊利亚德充分参考了这些资料，他把萨满入迷技术与萨满升空飞翔（天界旅行）联系在一起，强调萨满教与神秘天界精灵的沟通。埃里亚德提出：萨满教 = 入迷技术。但不是每种"入迷"都被看作萨满术，萨满的特殊性在于在入迷中他的灵魂被相信离开肉体并上升到天界或下降到下界。所以萨满教 = 入迷技术这个定义仅适用于萨满灵魂飞升到他界的经验。与这种灵魂飞升相关联的是上、中、下三层宇宙模式，而宇宙中心的象征是宇宙树。他指出，宇宙树这个符号在各民族之间的表现是多样化的：如世界树，神圣的山、桥，西伯利亚萨满用于访问精灵世界的游牧者帐篷里的烟囱，萨满鼓

---

① Miranda & Stephen Aldhouse-Green：*The Quest for Shaman*，New York：Thames & Hudson，2005，p. 11.

② Mircea Eliade，"The Yearuing for Paradise in Primitive Tradition"，in Richard M. Ohmann ed.，*Making of Myth*，New York：Putnam，1962，pp. 86–98.

等。在"先进"文明中的寺庙或神圣的城都是这样的象征。实质上，它们都表达了"宇宙中心"这个普遍的原型。①

人类宗教最古老的原型，伊利亚德认为包括入迷、天界飞行、多层宇宙、宇宙核心（宇宙树），他试图在世界性的宗教和神话象征中概括出这些"普遍平行"的东西，把它们作为全球萨满教的支柱。伊利亚德致力于发掘世界文明层面下的共同的古代模式，比如他在《萨满教——古老的入迷技术》的法文版前言里提出，升天的仪式和宇宙观似乎是一种原生现象，这种现象属于全人类，而非属于作为历史存在物的人，除了历史"条件"或者其他"条件"之外，在全世界所发现的关于升天的迷梦、幻觉和想象，就是明证。

在这个意义上说，萨满教不仅限于中亚和北亚，某些萨满教成分，是以古老的巫术和宗教的各种形式，被人们孤立发现的。这些成分具有相当大的意义，它们显示出萨满教在多大程度上保存了"原始"信仰和"原始"技术的基础，又在多大程度上发生了变革。伊利亚德认为，比较并指出某种类似的萨满因素在不同文化集合和不同精神取向的其他地区产生了什么，总是有益的。②

于是伊利亚德把萨满教的讨论深入到世界各个地区和各种宗教之中。他的前辈倾向于把萨满教限制在西伯利亚、北极地区和美洲西北部，而他离开了萨满教和西伯利亚或北极地区的联想。伊利亚德用萨满教来解答所有非西方信仰和前基督教时期的欧洲信仰中的类似现象。在他的著作中不仅极为详尽地论述了中亚、北亚地区典型的萨满教现象，还以充分的篇幅论

---

① Mircea Eliade, *Shamanism: Archaic Techniques of Ecstasy*, New Jersey: Princeton University Press, 1974, p. 169.

② 原注曰：在此意义上，也只有在此意义上，我们才真正认为，区分某个高度发达地区或高度发达的神秘主义中的各种"萨满教"成分，是有价值的。只有在引导人们把萨满教看作一个具有明确定义的宗教现象的前提下，对于古印度或古伊朗萨满象征或仪式的发现，才开始有意义。否则，有人也可以永远不停地谈论在任何宗教里都可以找到的"原始成分"，而不顾这些宗教的"发展程度"如何了。因为印度和伊朗的宗教，正像近代或古代东方其他地区的宗教一样，表现出大量的"原始成分"，但它们并不一定就是萨满教成分。我们甚至不能对东方地区所发现的每一种"萨满"癫狂术，都——加以考虑，无论其可能多么"原始"。见于 Mircea Eliade, *Shamanism: Archaic Techniques of Ecstasy*, New Jersey: Princeton University Press, 1974, 法文版前言注释。

及北美和南美、南亚和大洋洲、西藏、远东，以及印欧语系民族中类似的萨满教现象，全面评述了世界上百余个族群里的萨满教仪式、世界观、象征系统等。作为比较宗教学者，伊利亚德注意到跨文化的人类宗教经验的普遍元素和宗教现象上的广泛的相似之处，对它们进行大胆的、创造性的带有充分想象力的综合。他显然拓展了萨满教的地理界限。在这个意义上，他使萨满教全球化、普遍化。

（三）萨满教的普遍性

伊利亚德把萨满教作为古代的原始精神，把萨满教入迷技术作为古代文化共有的现象，认为它在人类历史的黎明阶段就在世界各地独立地产生，所以他不赞同把这些古老原型限定在具体的文化背景和历史语境中，他的目标不是特殊文化中的、历史中的、地方中的萨满教，而是捕捉各个地区各个时代萨满教的世界普遍性。比如，他承认萨满教受到了佛教的影响，但是那些古老的原型作为萨满教的核心要素仍旧根植在它的文化之中。

伊利亚德把萨满教作为一种古代的入迷技术，但是这种技术并不局限于古代。萨满教作为"原始"信仰和"原始"技术的基础总是与各种宗教纠缠在一起。他提出，由癫狂体验和巫术所构成的萨满教，多少都使自身高度适应了各种不相同的宗教结构，我们能够看到的是萨满教非常活跃地出现在各种信仰系统之中。

伊利亚德的宗教史研究并非要深入说明萨满教在各地区的宗教现象中，在基督教、佛教、祆教、印度教中的历史具象和演变，而是重视萨满教那些特殊的，甚至是"私有"的宗教成分。比如在分析印欧语系各民族的巫师和癫狂者在社会的整个巫术——宗教生活中的职能和作用时，他提出，假如我们把萨满教理解为任何癫狂现象及任何巫术技巧，那么，许多萨满特征就理所当然地存在于印欧语系民族之中。我们的任务仅限于发现各印欧民族在什么程度上残留了严格意义上的萨满教意识形态和萨满法术，即这些残余是否展现了下述萨满基本特征之一：升天、入地去取回病人灵魂或护送死者、召唤"神灵"、癫狂旅行、"控制火"，等等。他还利用萨满教的古老图式说明基督教如何不断地更新其精神内容。众所周知，许多萨满教接神仪式（即萨满出马仪式）都涉及"梦幻"，未来萨满在梦幻中看到自身被魔鬼折磨，割成碎片。而相似的情节在基督教的圣徒传记中也有，其中圣安东尼①受引诱的传说值得注意，魔鬼们拷打、损伤而后肢解这些圣徒，把他们带往天界，等等。总之，这种引诱与"接神仪式"相同，因为圣徒们在战胜这类诱惑之后即成为超人；就是说，将他们自己与世俗大众区别开来。②

再比如，在阿尔泰语系的突厥语族和蒙古语族民族的萨满教中，在仪式上，带有七道或九道刻槽的桦树或木桩象征着宇宙树，被认为竖立于"世界中心"。萨满爬上桦树或木桩就到达天界，站在白·乌尔干神面前。伊利亚德认为，佛经讲到肉身升天（gamana）的四种不同法力，第一种是飞翔如鸟的能力。波坦阇利（Patañjali）在其列举的瑜伽师可获得的诸成就中，引述了在空中飞行的能力。在《摩诃婆罗多》中，那罗多（Nārada）贤哲总是凭着"瑜伽功"飞到天上，到达须弥山（"世界中心"）之顶，在远离乳海（Ocean of Milk）的这个地方，他看见了白岛。因为"有了这样一副（瑜伽）身体，瑜伽师可去任何想去之地"。但是，《摩诃婆罗多》中所记的一个传说，已在真正的神奇升天——不能总把它说成是"有形的"——与巫术飞翔之间划了界限，后者只是一种幻觉。③

伊利亚德不厌其烦地强调飞行能力等"萨满教式的"原型，它们作为普遍流行的象征体系，对应于不同语境和历史中的意识形态，进而成为一种比萨满教意识形态包含远为广博的神学——宇宙论文化丛的一个组成部分。④ 伊利亚德表明，有些非常连贯的神秘感受，在任何程度、任何阶段的文明及宗教环境之中，都可能存在。所以我们会在相当多的宗教中找到萨满教的踪影。⑤ 在伊利亚

---

① 原注曰：圣安东尼（St. Anthony，约251～355年）：宗教隐士、早期修士。二十岁时开始禁欲修行，从286年前后至305年隐居于尼罗河畔的皮斯皮尔山中，据说此时他力胜魔鬼，抵制多次引诱。其后重返社会，教诲附近地区众隐士。见于 Mircea Eliade, *Shamanism: Archaic Techniques of Ecstasy*, New Jersey: Princeton University Press, 1974, p. 377。

② Mircea Eliade, *Shamanism: Archaic Techniques of Ecstasy*, New Jersey: Princeton University Press, 1974, p. 377.

③ Mircea Eliade, *Shamanism: Archaic Techniques of Ecstasy*, New Jersey: Princeton University Press, 1974, p. 410.

④ Mircea Eliade, *Shamanism: Archaic Techniques of Ecstasy*, New Jersey: Princeton University Press, 1974, p. 412.

⑤ Mircea Eliade, *Shamanism: Archaic Techniques of Ecstasy*, New Jersey: Princeton University Press, 1974, 法文版前言。

德那里，萨满教既没有纯粹的原生现象，又不断地适应各种不相同的宗教结构，因此萨满教的存在是超越时间、超越历史的。

（四） 伊利亚德萨满教研究的影响

在 20 世纪 60 年代到 70 年代，伊利亚德的研究为萨满教的实地考察奠定了基调，人们欢呼：北亚、中亚、北极的萨满教原型不会对我们认识其他地方的萨满教造成阻碍。在他的影响下，越来越多的学者在北美洲和南美洲、在印度的东南部、在澳大利亚、在亚洲追随伊利亚德进行超越社会和文化语境的萨满教探究，在世界各地发现了伊利亚德所说的那种萨满教，出版了大批著作。

伊利亚德把萨满看作古老入迷技术的掌握者，指出在遥远的古代，人类的神经系统就有一种进入入迷状态去产生幻觉的能力或潜力。许多学者在不同国家对仍旧拥有这种能力的人进行调查，他们发现了进入昏迷的现象是普遍的，只是如何进入入迷的技术不同：如冥想、敲鼓、吟唱。[1] 伊利亚德在他的著作中关于萨满是在意识变化状态（altered states of consciousness）中出游的男人和女人的提法，则促进了学术界把意识变化状态作为萨满意识状态（shaman state of consciousness）的特殊术语。一些学者完全赞同或部分赞同他对萨满的这个看法。克劳特（Clottes）和列维斯–威利阿姆斯（Lewis-Williams）都认为：在世界所有地区的萨满教实践的相似性都衍生自人类神经系统变化状态的行为方式。[2] 也有学者在伊利亚德的影响下对自己的学术进行了修正。比如刘易斯（L. M. Lewis）对非洲的精神医生进行了长期研究，在前期的著作中他并没有把那里的部落医生称作萨满，而是称其为医者（Medicine men），尽管他们也使用昏迷作为宗教技术。后来在伊利亚德影响下，他称他们为萨满，到了 20 世纪 80 年代他已经把萨满这个术语与自己的材料整合了。[3] 美国人类学者芭芭拉·麦尔霍夫（Barbara Myerhoff）对于伊利亚德的萨满能够在人类和神圣世界之间维持

---

[1] Ronald E. Chavers, *Trance*, *Social Transformation and Ecstatic Practices*, in M. Hoppál-O. J. Von Sadovszky ed., *Shamanism*: *Past and Present*, Budapest-Los Angeless: Fullerton, 1989.

[2] Clottes, J. - Lewis-Williams, D., "The Shamans of Prehistory", *Trance and Magic in Painted Caves*, New York: Harry N. Abrams, 1998, p. 19.

[3] L. M. Lewis, *Ecatatic Religion*: *A Study of Shamanism and Spirit Possession*, London: Routledge, 1989.

平衡的观点做了进一步的研究，分析了萨满如何既不让自己陷入世俗，又能避免处于永久入迷状态的平衡技术。[1] 伊利亚德的学术思想成为一个时代的标志，影响了许多学者对于萨满教的看法。著名萨满教专家匈牙利学者迪奥赛吉（Vilmos Diószegi）在撰写当时出版的《大不列颠百科全书》的萨满教词条时指出：在世界的任何地方的原始人群中都可以发现这种和萨满教的特点相似的现象。在这种系统中核心的人物是巫师、医生以及类似的人。他们通过入迷与其他世界进行沟通。[2]

伊利亚德把萨满教存在的时间限制打破了，在各种文化中寻找伊利亚德提出的萨满文化原型成为一时的学术研究时尚。美国早期从事萨满教研究的人类学者彼得·弗斯特（Peter Furst）接受了伊利亚德的主张，把萨满教看作世界上最古老的宗教，提出世界上所有的宗教都是在萨满教基础上引申出来的。他研究南美洲一些动物与人合成的雕像，把它们作为打破人与动物之间原始连接的精神变形的主题，而这在整个世界的起源神话上是共同主题。他认为只有一种人能在人类与动物之间保持联系，那就是萨满。因此此类雕像应该是萨满进入变形状态的象征。[3] 应该说伊利亚德的著作极大地影响了 20 世纪后半叶的考古学。萨满教古老的原型为解释古老岩画、图像、雕塑提供了参照。当然伊利亚德的影响也发生在社会和人文研究各个领域。卡罗·金兹堡（Carlo Ginzburg）是位欧洲中世纪民俗研究者，利用萨满教的入迷、动物变形、飞行等古老原型研究了欧洲中世纪的巫术文化，提出了欧洲巫师的巫术和萨满昏迷之间的相似性。[4] 总之，关于萨满教的无论是学术著作还是流行出版物，伊利亚德的影响都显而易见，人们把萨满形象当作人类普遍的原型，是预言者、神秘术士、心理分析家等的先驱，甚至是艺术家（马戏、戏剧、舞蹈、诗歌）的先驱。

---

[1] Barbara Myerhoff, "Shamanic Equilibrium: Balance and Meditation in Known and Unknown World", in Wayland D. Hand ed. , *American Folk Medicine: A Symposium*, Berkeley: University of California Press, 1969.

[2] Vilmos Diószegi: Shamanism, in 15 th ed. , *Encyclopaedia Britannica*, 1974, p. 638.

[3] Peter Furst, "The Olmec Were-Jaguar Motif in the Light of Ethnographic Reality", in Elizabeth p. Benson, Washington ed. , *Dumbarton Oaks Conference on the Olmec*, DC: Dumbarton Oaks Research Library and Collection, 1968, p. 170.

[4] Carlo Ginzburg, *Ecstasies: Deciphering the Witches' Sabbath*, New York and London: Penguin, 1992.

在伊利亚德著作发表的当时和后来，很多学者都批评伊利亚德的萨满教定义，特别提出单是萨满灵魂旅行元素不足以作为萨满教的核心与本质。何况萨满的入迷技术也不只有灵魂出游一种，萨满的精灵进入萨满体内的附体现象，同样也是萨满同其他世界之间沟通的方便方式，因此仅就昏迷术本身的看法伊利亚德也是片面的。

伊利亚德认为萨满教是一种入迷的技术，进而把来自于萨满教的神秘经验引向更宽泛的宗教学术解释，同时他也为后来发展出的新萨满教实践提供了理论依据。他的"入迷"这种未经加工的人类与超自然建立关系的技术，后来被带入西方人的新萨满教个人化的神秘体验潮流。在这个意义上入迷是方法，通过它可以获得超自然经验。

七　萨满教是精神治疗的技术

把萨满教作为精神治疗技术是西方现代萨满教提出的。西方现代萨满教的产生有各种各样的原因。

20 世纪 60 年代由于种种原因，美国发生了反正统文化运动。所谓反正统文化运动是指当时美国社会的一切抗议运动，既包括校园民主运动、妇女解放运动、黑人民权运动、反战和平运动、环境保护运动、同性恋者权利运动等方面的政治"革命"，也包括摇滚乐、性解放、吸毒、嬉皮文化，以及神秘主义和自我主义的复兴等方面的文化"革命"。

这个运动的参与者认为，美国是一个被惯例和陈规所充斥的世界，它已经成为压制人的个性、迫害个人自由生活的陈规陋习的总和，只有逃离这个社会、摆脱与现实社会和现实文化模式的种种联系，才能使个人和美国社会免于走进死胡同。为了有效地反抗这个技术高度发达、物质极端丰裕但人的精神受到控制的社会，他们提出"回到史前"的口号，希望在史前时期寻找精神力量。他们特别欣赏"无为而治"，认为只有无为而治的简朴社会，简单生活，才能保证公民个人的尊严和自由。因此，他们从生活做起，掀起"生活的革命"，来反抗主流的、精英的、技术的、物质的社会。他们抱怨：我们生活在一个竞争的社会，生活在富裕的西方梦想失败的语境中，没有持续的幸福和满足。我们生活在攫取的社会，人们尊崇的是怎样拿得更多，怎样让自己富裕。这与许多土著社会是相反的，那里的人们尊崇的是如何付出、如何奉献。我们在头脑中总是说："存在的不多，而且从来就不多，我必须在这些东西被抢完之前抓住它。"比较而言，在一个典型的土著社会里，人们在头脑中会说"地球提供物产，每年它都必须再生、更新，只有这样所有的人才能在一生都会分享到它的资源"①。

反正统文化运动的参与者向美国主流文化价值观念发起挑战、反思和批判。这些人看到，技术和科学的胜利并不与精神的、情感的和内在道德的发展同步。人们看到的是：个人责任的大量丧失，个人自我价值感觉也在丢失。他们指出，人类被看作一种工具，必须被教导该如何行动、如何思考、如何信仰。所以我们与我们的自然本能对立，在外在世界的影响下丢失了自己。

在 20 世纪 60 年代西方人与外部世界的联系更加广泛，在与非西方传统的联系、沟通中，西方人对非西方文化传统兴趣浓烈，特别对非西方的医疗和精神实践方面（比如对印度教瑜伽和道教冥想修炼）产生了广泛的兴趣，人们发现了一个意想不到的意识的可塑性，这种经验具有相当高的人类价值，它超越了文化和时代。也是在这种潮流中人们又开始重新尊重自然之子——土著民族、非西方民族，以及他们的文化。

在对非西方精神潜能经验的追求和研究中，人们进行了历史的观察，发现世界上几乎所有宗教都已进入医疗和意识变化领域。意识变化是实践性的，萨满教的入迷、印度教的瑜伽、道教的冥想、佛教的禅定，都能够进入有益的意识状态，这种状态包括深度的集注、平静和平衡，而这种意识传统最早可能来自萨满教。萨满教和其他宗教传统中有同样的东西，但也有区别。比如在内在观察的类型和意识变化状态方面的区别，萨满教是人们追求的精神技术之一，但却是最直接和最基础的。萨满教是经验性的，它提供与神灵世界的直接接触，那些缺少萨满教传统的当代人，希望到土著人那里找到回到古代萨满传统的道路。

美国的宗教变革也发生在这个时期，社会学家们把它叫作"新宗教运动"。新宗教运动名目繁多，其界定模糊不清。它可以指世界主要宗教或主要教堂中

---

① Leo Rutherford, *Principles of Shamanism*, San Francisco, California, Published by Thorsons, 1996, pp. 10-11.

分离出的教义有别的诸多教派现象，也指一时的精神风尚和狂热；既包括各种各样的人类潜能运动，也包括复兴的神秘主义传统，如占星术、秘术、占卜、苏菲主义及巫术，还有一些强调禁欲主义及极端政治的团体和群居组织。他们采取的方法如"交朋友"、"格式塔觉醒训练"、"超觉静坐"、"瑜伽"、"心理治疗"、生物反馈、思想控制等。其参与者一般周末训练，或某一晚上训练，他们注重思想过程和身体体验，不作判断和评价，以得到完整的意识体验及注意物的完整图画，让自己与宇宙合一或认识到真正的自我或超然存在、宇宙意识及大我或空无。

提倡超常的直接体验是新宗教运动的一个重要特点。参与者认为，唯科学技术主义统治着各领域，这是一种新型的极权主义。它压抑着人性。它既让人们满足，又让人们在它面前束手就擒。于是，吸毒纵欲、在文化中寻根、在神话巫术中寻找重新肯定人的因素、在新宗教运动中找回自我，这些构成一种特有的反理性文化并成为攻击和误解现代西方文明和理性的摧毁性力量，人们感到现代西方文明处于崩溃之中。

新宗教多是拼盘式的信仰与实践，共享的观念十分有限，它们从不同文化中汲取灵感，在神启知识、行为、道德、生活规则方面，对信仰者没有太多的指导。这些宗教组织结构较为松散；对教义解释的随意性和实用性大；信众人数不固定；人们可随意选择适合自己的宗教。在宗教影响力减弱而世俗机构取代许多宗教职能的今天，在世界走向多元化的现代，宗教更多地表现为个人私事或主观情感。宗教领域出现的新势力预示了宗教领域正在发生剧烈变化，如多种文化的繁荣摈弃了教派或教堂式宗教形式，在以个人为中心的基础上吸收青年人，它们关心的症结是真实的自我和对超自然物的强烈体验及提高生活质量的实际方法。新宗教运动体现了当今社会宗教的多元化、小型化倾向。受到反主流文化影响，新宗教被卷入无所不在的消费漩涡。即：在商品社会里，宗教商品化了。人们在"精神超级市场"上选择自己需要的精神商品。人们若有某种精神需要，就会有相应的宗教产生。新宗教运动在人们日常生活中成为一种消费品。

在这个新时代，西方人燃烧了在非西方宗教中追求的经验类型和意识状态的热情。西方人不但欣赏精神世界和医疗世界中的非西方传统，也强烈地希望分享这样的实践。萨满教作为回归自然与获得宗教体验的技术由此被再发现与再利用。在这个潮流中，其核心成分是人类自我的变形，在其中自我意识或者认同超人，或者去与文化甚至宇宙的各个方面沟通。

（一）寻找神圣的蘑菇

20 世纪 60 年代后期自加利福尼亚开始的反文化运动与对毒品的探索之间的互动，形成了新的、时尚的萨满教，这种潮流开始于小群体，后传播到主流社会。其中主要的事件是对神圣蘑菇的再发现。

在宗教仪式上使用致幻药草来帮助萨满到达通神体验的历史悠久。这些药草（包括药草制成品）中赫赫有名的包括所谓的"神圣蘑菇"（scared mushroom）、佩奥特（peyote）仙人掌、卡皮木、曼陀罗、曼德拉草、天仙子、死藤水、刺槐种子粉和一些具有致幻性的烟草等。学者们推测史前人已经开始使用致幻药草沟通神灵以求获得神启。

所谓的"神圣蘑菇"其实应该是毒蝇蕈（学名为蛤蟆菌，英文名为 Amanita muscaria）和墨西哥裸盖菇（Psiloeybin）等有致幻效果的蘑菇的统称。这些蘑菇中含有裸盖菇素、脱磷酸裸盖菇素、鹅膏蕈氨酸、蝇蕈醇和毒蕈碱等精神活性成分。当人们服用这些蘑菇或者提取物后，人就会进入一种长时间的麻痹状态，此时伴随有睡眠、幻觉、谵妄和肌肉痉挛情况发生；麻痹状态缓解之后会出现行为的兴奋，同时伴有幻视、幻听等。[①] 它们主要生长在西伯利亚、美洲部分地区，所以文献中关于在宗教仪式中使用致幻蘑菇的资料多来源于这些地方。

由于致幻药草一直被视为宗教仪式中的"神圣之物"，它们的采集、使用方法、效果都是萨满这些仪式专家才能知晓的隐秘知识，所以长期以来外界对它们的情况并不清楚。

19 世纪末 20 世纪初参加了俄罗斯—美国杰瑟普北太平洋联合探险（Jessup North Pacific Expedition，1897 – 1902）的乔克尔森（Jochelson）和波格拉斯（Bogoras）在后来的著作中报告了西伯利亚北部土著人对飞伞菌的使用情况。西伯利亚飞伞菌的学术名称叫作毒蝇伞（Amanita muscaria），为这个蘑菇进行学术命名的是瑞典博物学家卡尔·林内乌斯（Carl Linnaeus）。他是现代植物学的建立者，为了区分这个蘑菇，他使用了拉丁词 musca，意思是"飞行"。他解释，

---

① 李钧编《可致依赖性药物及其管理》，化学工业出版社，2007，第 355 页。

人们经常劈开毒蝇伞把它与牛奶混合在一起去杀苍蝇。最大的毒蝇伞能达到 9 英寸,这种毒菌经常在松木、桦木和北欧、北美的森林枝杈中生长。从这种蘑菇中提取的迷幻成分包括鹅膏蕈氨酸(ibotenic acid)和生物碱蝇蕈醇(alkaloid muscimole)。第二种化合物能渗透到人类的肾脏。这就是为什么食用蘑菇者的小便里含有致幻剂的原因。当晒干这些蘑菇,鹅膏蕈氨酸就会转变成生物碱蝇蕈醇。这可能是楚科奇人(Chukchi)和其他西伯利亚北部的土著人喜欢干蘑菇的原因。

在西伯利亚楚科奇土著人中间,人们认为,是蘑菇精灵把人带到下界。通常,毒蝇伞精灵呈现给土著人的是不断增强的快速行动能力和巨大的力量,可使人劈石裂木。人吃完之后通常是睡着了,然后开始看到、听到支配性的声音,精灵出现了,人直接与他交谈。在醒过来后,人们觉得充满活力并振奋,有时甚至开始转圈、跳跃、跳舞,非常活跃。由于蘑菇中毒也改变了中毒者看物体的形状,这个物体可能会缩小也可能增大。楚科奇人认为,尽管它有神奇效果,但只有较弱的萨满才需要飞伞菌,强大的萨满并不需要。①

1908 年,俄国民族志学家伊里奇·乔基尔森(Ilich Jochelson)出版的《克人》一书中描写了当地萨满在降神仪式之前服用致幻物蘑菇的情况。之后,威廉姆·邓肯·斯特朗(William Duncan Strong)等人发现加利福尼亚南部的卡伊塔人将曼德拉草看作一种"圣物",在男孩子的青春期过渡仪式上使用它,并且在仪式过程中当地人还要以一种特殊的、只有萨满才能听懂的"海洋腔"为生活在海底的神灵唱赞歌。②

20 世纪 30 年代,人类学家罗伯特·维拉耐尔(Robert J. Weitlaner)和植物学家理查德·伊万·舒尔茨(Richard Evans Schultes)在墨西哥东南的瓦哈卡州马萨特克印第安人中找到了用于宗教仪式目的的致幻蘑菇,并且受到邀请观看他们的夜间"神圣蘑菇"仪式。"二战"爆发后,舒尔茨奉美国政府之命在亚马逊河流域研究橡胶的生产、加工,在此过程中,他注意到哥伦比亚地区土著居民有在宗教仪式上使用死藤水沟通神灵和治疗疾病的习俗,成为较早向西方

---

① Andrei A. Znamenski, *The Beauty of the Primitive: Shamanism and the Western Imagination*, Oxford: Oxford Univwesity Press, 2007, pp. 131–132.

② Peter T. Furst, *Hallucinogens and Culture*, Chandler & Sharp, 1976, p. 152.

学界报道致幻蘑菇的学者。之后，人类学家拉·伯尔·韦斯特（La Berre Weston）和阿伯勒·大卫（Aberle David）则分别注意到基奥瓦印第安人和纳瓦霍人的佩约特仙人掌崇拜。一些墨西哥印第安人和美国土著基督教派成员至今仍然会在宗教仪式上食用这种致幻仙人掌籽和花球制成的粉末状"圣药"，目的是治疗精神、身体方面的疾病。其他的植物如卡皮木和曼陀罗、曼德拉草、天仙子等茄科植物，也因含有大量的致幻性生物碱成分常被用于通神体验或宗教治疗仪式中。

卡皮木是生长在亚马逊河流域热带雨林中的一种缠藤类植物，它含有哈尔明碱、骆驼蓬碱、脱四氢哈尔明碱和其他致幻的生物碱。当地一些印第安人经常通过特殊的仪式采集这些藤蔓，然后加水以熬煮，称为"死藤水"。为了增加幻觉的效果，他们常常会加入其他有致幻作用的植物。据迈克·哈纳等人的介绍，当地不仅仅是萨满在为被施了魔法的病人寻找病源时借助死藤水来看见超自然世界，一些普通男子也为了下面的原因饮用死藤水，如：希望得到神灵的帮助、拥有超自然力量、可以知道将来要发生的事情、和灵界的敌人斗争、在仪式中陪护萨满。喝完死藤水之后，大部分印第安人的幻觉内容和发生幻觉的频率有高度的相似性。幻觉中经常出现下列主题：有色彩鲜亮的巨蛇、美洲豹和豹猫、死藤水神灵和其他神灵、正在倒下的树、满是短吻鳄和蟒蛇的湖泊、村庄、商人和货物、花园等。所有的幻境都在快速移动，出现的事物都是扭曲变形的。①

20 世纪上半叶之前，并非只有人类学学者在孤独地探索致幻物，生物学、药理学、心理学等学科也在致幻物的研究方面取得了重要的成果。19 世纪末约翰·罗利·布瑞格（John Raleigh Briggs）第一个把墨西哥佩约特仙人掌介绍给西方人，之后卡尔·索菲斯·拉姆霍尔兹（Carl Sofus Lumholtz）等人还对它的药性、原住民使用的方法进行了考察。1924 年，毒理学家、医学史专家路易斯·莱温（Louis Lewin）出版了《致幻剂》一书，书中研究了墨西哥仙人掌、鸦片、大麻、飞伞菌、天仙子、烟草、曼陀罗等植物。这本书在西方致幻物的研究方面具有里程碑意义。但是，上述人物没有一个人亲自尝试过这些致幻物。

20 世纪 40 年代一对白人夫妇——美国银行家戈登·沃森（Gordon Wasson）

---

① 参见 Michael J. Harner, *Hallucinogens and Shamanism*, Oxford University Press, 1973, p. 27。

和他的俄国妻子成为第一批有据可考亲自尝试这些致幻药草的西方来客。20 世纪 40 年代戈登·沃森开始到墨西哥瓦哈卡州（Oaxaca）印第安人那里寻找"神圣的蘑菇"。那里的印第安人吸食可以致幻的蘑菇（裸盖菇，psilocvbes）进而将自己带入昏迷，这样他们获得了幻觉，并把幻觉作为指南。那里的类似萨满的部落精神医生被称作"库兰德罗"（curandero），这些精神医生利用蘑菇作为诊断工具，由于摄入了蘑菇，进入昏迷状态，由此开启了去往精灵世界的大门。他们相信神圣的蘑菇利用他们的身体作为传输体去说明疾病和不幸的原因，或指导如何解决问题。根据他们的万物有灵论，这个植物有自己的灵魂，能够劝告、引导，或直接与人谈话。通常吃了蘑菇（裸盖菇，psilocybe）的人约 30 分钟后开始收到蘑菇引起的幻觉，持续 5～6 个小时。戈登·沃森参加了当时的仪式，仪式上的女萨满吞食蘑菇后，准备进入昏迷。在进入变化状态时，女萨满开始跳舞、吟唱。戈登·沃森也吃了蘑菇，他以强烈的意志抵制这种真菌对他产生的影响，最终不得不向神圣蘑菇的意志认输。他也进入了一个意识改变状态，并见到各种事物。他描述：首先看到的是几何图案，色彩丰富，有些像纺织而成的装饰品或毯子。后来图案变成建筑结构，有柱廊、横匾、富丽堂皇的平台，还有色彩斑斓的石头、金子、玛瑙、黑檀，这些都相当和谐而巧妙地结合在一起，气势磅礴，超越了人类的视线能力，景观无量。

这次神奇的经历引发了他对"神圣蘑菇"的极大兴趣，此后的几年间他一直致力于对它的研究，出版了《苏摩：不朽的神圣蘑菇》一书。在书中，他大胆地提出了一个假说，即这种使人产生幻觉的"神圣蘑菇"就是古代印第安人崇拜的神灵苏摩（soma）的化身。[①] 同时，他将自己尝试"神圣蘑菇"的体验写成了《寻找魔菇》一文，发表在美国当时的流行大众刊物《生活》上。他记载了"蘑菇女王"玛利亚的巫术仪式。这篇文章吸引了数以百万计的读者，有学者指出这篇文章也可以为现代聚众吸毒的状况提供参照。文章使许多精神变化的寻求者把他们的注意力转向土著墨西哥或更远的南美地区。[②]很快，这篇文章在西方社会引起了极大的震撼效应，引发了现代西方人对"神圣蘑菇"的崇

---

① Robert Gordon Wasson, *Soma*：*Divine Mushroom of Immortality*, Harcourt, Brace & World, 1968.
② Andrei A. Znamenski, *The Beauty of the Primitive*：*Shamanism and the Western Imagination*, Oxford：Oxford Univwesity Press, 2007, pp. 125–127.

拜。一些民俗学、人类学、文化史、心理学、生物学研究者也被这篇文章吸引，开始步其后尘对致幻物及它的生存文化进行考察。人类学学者是当时对萨满文化和致幻物研究中最为活跃的一支学术力量。彼得·福斯特、迈克·哈纳等人都亲自尝试了这些致幻物（具体内容可见哈纳的《萨满教与致幻物》、福斯特的《致幻物与文化》）。

沃森比较在西伯利亚、美洲和其他地区仪式中蘑菇的使用，确信迷幻真菌在古代和现代原始部落的精神生活中占据核心位置。他后来的两部探讨神圣蘑菇的著作，把蘑菇的致幻作用当作宗教启示的来源。他认为古代仪式对每个人都是开放的，在蘑菇作用之下古代人能直接沟通神圣，不需要祭司和想象，那是一种平等主义的信仰。他深信宗教或萨满教起源于使用致幻蘑菇的仪式，通过人们的精神改变，打通进入人类黎明时期神奇的精神世界。神圣魔菇实际上允许任何人看到"比我们冷静的双眼看到的更清楚的那个超越我们生命地平线之上的景观，进入存在的其他层面，甚至像印第安人所说的，去和神在一起"①。

沃森在西方大众的意识观念中种下了前往异国寻找异国情调的致幻剂的种子，在 20 世纪 60 年代，热衷使用裸盖菇（psilocybe）的人如雨后春笋般出现。在那个年代，由于相信古代植物致幻剂能提升人类精神，社会上开始形成小规模的"迷幻学术研究"小组。人们根据各种民族志和其他类作品中不断讨论的致幻剂（仙人掌、牵牛花、蘑菇、烟草及其他）对萨满的精神作用，把萨满教与植物致幻剂的仪式使用联系起来，不仅提出有关萨满教的新颖理解，也引起了公众对萨满教的兴趣。

20 世纪中叶前后，在实验室，人工合成致幻剂的研究也取得了重大的成绩。1943 年，在山道士药物化学公司工作的阿尔伯特·霍夫曼博士合成了一种有强烈效应的精神性药物——LSD②。据霍夫曼的自体实验报告，LSD 的药

---

① Gordon Wasson, *Seeking the Magic Mushroom*, Life, May 13, 1957, p. 114.

② LSD 全称为 Lysergic Acid Diethylamide（麦角酸二乙基酰胺），由瑞士科学家阿尔伯特-霍夫曼于 1943 年发明。它是迄今为止发现的最强烈的精神药品之一。据霍夫曼的分析，LSD 比光盖伞素和光盖伞辛要强 100 倍，比墨斯卡林强 4000 倍。LSD 的剂量以微克为单位，其他的药品和毒品都以毫克为单位。

　　除了 LSD 之外，霍夫曼等人还从墨西哥裸盖菇、牵牛花籽和印欧、中美洲等地产的红色伞形毒蘑中成功分离出具有致幻作用的生物碱。

效首先是使人们熟悉的外部景观产生剧烈的变形和位移；之后是心灵深处自我知觉的变异，就仿佛"有一个魔鬼侵入了我，已经占据了我的身体、思维和灵魂。我跳起来，喊叫着，想要从它那儿解救我自己，可是又倒下，无助地躺在沙发上。这个魔鬼嘲弄般战胜了我的意愿，我被要发疯的恐惧紧紧扼住。我被带到了另一个世界、另一个时空"。当这些感觉消退之后，脑海中出现的是"不寻常的颜色和形状的变幻，万花筒样奇妙的影像在我面前迸发、交替、变异，在圆圈和螺旋中张开，然后关合，在彩色的喷泉中爆发，在不断的变化中重新组合和混杂。特别奇妙的是，每一个听觉都会转变成视觉，每一种声音都产生出栩栩如生的变化的形象，并有其自身一贯的形状和颜色"①。霍夫曼的自体实验证明 LSD 对人类意识有着强烈的精神效应，一方面会导致人的意识状态和对内外世界的体验产生剧烈的变化；另一方面，受试者可以感知到日常现实世界和"像日常现实世界一样逼真的"LSD 迷幻世界共存的状态。

当沃森《寻找魔菇》一文发表之后，很多西方人纷纷前往墨西哥等地寻找"神圣蘑菇"，哈佛大学心理学教授蒂莫西·莱瑞（Timothy Leary）就是一个朝圣者。1962 年莱瑞在墨西哥的一名萨满那里购买到"神圣蘑菇"，在食用之后，进入一种神秘的入迷宗教体验中。从此，这位年轻的哈佛大学心理学教师开始致力于致幻药物的效应实验和推广。他认为致幻物可以改变人的意识，甚至可以制造一种新的宗教。

以哈佛大学为基地，他成立了致幻剂体验中心，并召集一批人参与到他的实验中，探讨服用后的幻觉感受。这批人中有哈佛大学的学生和老师，也有一些文学界的名流（如阿尔道斯·赫胥黎、艾伦·金斯堡等）。莱瑞的这一行为引起学校当局和社会上的广泛不满。很快，美国官方就将他列为当时"美国的头号危险人物"。尽管如此，莱瑞仍一意孤行地、执拗地鼓吹迷幻药物对打开人类意识潜能的好处，鼓励人们积极体验它。后来，因为大量使用、分发 LSD 及鼓吹它的效应，哈佛大学宣称莱瑞"俨然已经成为一个邪教头目"而解除其教职。离开了学术圈子之后，他更加肆无忌惮地鼓吹 LSD 的精神效应，称他在这种迷

---

① 〔瑞士〕阿尔伯特·霍夫曼：《LSD：我那惹是生非的孩子：对致幻药物和神秘主义的科学反思》，北京师范大学出版社，2006，第 9 ~ 10 页。

幻品中体验到了印度的瑜伽、佛教的轮回观和萨满教的真谛。被开除教职、脱离正统学术圈子等异质性使莱瑞成为一个青年嬉皮士心目中叛逆英雄，他们将其追捧为"反文化教父"。据美国《新闻周报》报道：1969 年，美国 57 所大学中有 31.5% 的学生沾染过 LSD 等致幻物。致幻物成为他们暂时反抗、逃避苦闷现实，寻找理想世界的工具。在他们看来，"致幻剂至少可以被称作一种文化的解毒剂：它像一支情感洗涤剂，帮助人们冲洗掉现实生活中的虚假与伪善，穿破当代美国社会这个活地狱，看到正统文化一直设法破坏的美丽景色……毒品与寻求真正的人类生存密切相关"①。

在 20 世纪 60 年代，大批民众涌向瓦哈卡，寻找女萨满和裸盖菇——著名巫术蘑菇。其中一些人只是为了有机会摄入裸盖菇，看看蘑菇幻觉，别无其他。也有追求治疗目的的人。西方朝圣人群来到这个部落，很快糟蹋了土著植物，裸盖菇因此找到了通往墨西哥农贸市场的道路，在那里人们公开把它提供给旅游贸易。到了 20 世纪 70 年代女萨满玛丽亚的居住地成了蘑菇圣地。

（二）萨满意识状态研究

由神圣蘑菇引起的幻觉革命使人们把一切已知或未知的草药致幻剂当作宗教的发生器，人们开始提出，人类的祖先通过它们的神奇效果在思想里种下了魔鬼和神的观念，从而产生了早期宗教。致幻剂的使用研究彻底改变了人们对萨满是神经病人的看法，相反认为，萨满是健全的、活跃的、出色的、有创造性的。

20 世纪 60 年代，超个人心理学兴起，它是一个试图将世界精神传统的智慧特别是东方精神性智慧融汇到现代心理学中的一个学派。心理学家亚伯拉罕·马斯洛提出了超个人心理学理论，指出人类还有一项"超越性需求"，也可以称为精神性需要（或者称灵性需要）或超越自我实现的需要，这是人类的最高需求。在马斯洛看来，致幻物特别是 LSD 和神圣蘑菇提取物能够满足人们灵性需求下的个人高峰体验的可能。从某种意义上说，超个人心理学是"迷幻革命"

---

① 王恩铭：《美国反正统文化运动：嬉皮士文化研究》，北京大学出版社，2008，第 117、115页。

下的产儿，几乎所有的超个人心理学者都受到了致幻物的影响，或对致幻物影响下的意识状态的变化有着浓厚的兴趣。致幻物作用下的意识改变状态是超个人心理学的一个重要研究对象。

1962 年美国加州埃萨林治疗法研究所（Esalen Institute in California）建立，马斯洛是重要的资助人之一，这是最早的人类自我实现或人类潜能运动中心。在 20 世纪 60 和 70 年代，许多学者和精神寻求者来到这个研究所，希望全面探讨人性，帮助人们发展自己的情感和精神潜力。萨满教在这里被列为体验课程的一部分，此外还有戏剧疗法、瑜伽和其他亚洲精神技术。[1] 1975 年，加利福尼亚大学超个人心理学研究所成立，它从超个人视角研究非西方精神实践和世界上的神秘技术。萨满与毒品也成为研究的专题。研究显示，在毒品一类麻醉药物的刺激下，大脑对一些刺激反应松弛，其中的生物反应、情感状态，以及这些情况同仪式的关系都引起专家的注意。

一些研究者认为，在精神层面上致幻剂确实可以打开精神体验之门，研究者将这种体验总结为四种：第一，存在一些中间水平的经验，诸如对气味和能量场的微妙知觉，与其他存在形式的沟通，包括与动物、植物甚至地球本身的沟通；第二，灵魂的体验，如感受到灵魂的光、爱、欢乐、力量和宁静，伴随着与终极存在的充分交流；第三，非个人（impersonal）维度的体验，意识自由漫游于广阔无垠的内在空间；第四，被描述为是最美妙的宇宙意识体验。[2]

早期民族志学者指出癫痫与萨满教之间存在一种偶然的但却重要的联系。萨满仪式中的发作的严重性和持续阶段是非常重要的，它涉及大脑的大部分颞叶，结果出现明显的意识变化状态。在这个时候癫痫者可能瞪人、停止不动，说出和正常时刻不一样的语言，或不由自主地移动身体的某个部分。在最严重的情况下，这种发作可能超过颞叶到大脑的其他部分，导致显著的物理效应，包括肌肉痉挛、口吐泡沫、躯干或四肢僵直、小便失禁、肌紧张丧失、呕吐甚至呼吸阻塞。发作者可能由于肌肉衰竭倒在地上，

---

[1] Andrei A. Znamenski, *The Beauty of the Primitive：Shamanism and the Western Imagination*, Oxford：Oxford Univwesity Press, 2007, p. 168.

[2] 郭永玉：《西方心理治疗中致幻剂的应用》，《长江大学学报》（社会科学版）2006 年第 1 期。

疼痛或胡乱地扭曲、痛苦地呼叫，身体变得僵硬和懒惰。这些特点在民族志中都有描述，它导致学者提出那些被观察者记录的昏迷就是影响大脑颞叶的癫痫发作。

心理学家麦克·文克尔曼（Michael Winkelman）一直在探索萨满昏迷问题，试图在大脑中寻找它的起源和机制。他提出，丘脑下部既控制交感神经系统（在觉醒状态时工作）又控制副交感神经系统（在放松和睡觉时工作）。通过瞬时发送化学信息到肾上腺髓质，丘脑下部可以放松肌肉，放缓心率和呼吸，在睡眠状态中保护身体的能量。根据文克尔曼，萨满降神会上萨满的身体衰竭可以看作副交感神经突然完全支配的例证，这种情况的改变只能在丘脑下部交感神经系统逐渐回到统治状态时才能慢慢地恢复。

根据人类进化的看法，丘脑下部属于大脑最古老的部分，控制愤怒、敌意或高兴等肌肉反应，大脑年轻的部分，特别是颞叶——能够对上述状况进行调整。每个颞叶有两个小核心——海马，它在边缘系统中起核心作用，负责记忆和空间导航。在试验中人们已经发现，某些刺激能够迫使海马把信息传到丘脑下部，引起副交感神经的统治。这些强迫的中介包括许多典型的刺激因素，如在萨满教降神会上的有节奏的音乐、禁食、粗暴的动作行为、刻板的动作、疼痛、冥想和各种致幻药物等。

至关重要的是，一旦第一次发生副交感神经系统塌落，在将来，大脑对它的抵抗就降低，所以萨满能训练自己的大脑不费力地进入昏迷状态，几乎能自动地呼应确定的仪式行为，通过像唱歌、跳舞或敲鼓，萨满能够控制昏迷状态的开端和结束。因此萨满教的昏迷被不断发现是由于人类大脑的这种倾向的重复发生造成的。意识变化状态能在受到伤害、精疲力竭、饥饿、摄取致幻剂、释放生物电等情况下自然引发。萨满教为这样的经验提供了重要的调节机制。①

在萨满心理学流行以后，西方人关于萨满疾病的看法有了重要转变。理查德·诺尔（Richard Noll）提出，至少在五个关键的地方萨满与精神分裂症患者不同。第一，精神分裂症患者经验的意识变化状态作为非志愿事件，

---

① Winkelman, Michael, "Trance States: A Theoretical Model and Cross-Cultural Analysis", *Ethos*, 1986, 14 (2), pp. 174-203.

损害和妨碍正常生活，不会有导向活动的目标。萨满为了特殊的目的，像治疗、占卜或与精灵世界沟通，知道如何在正常的和意识变化状态之间按照意愿行动。第二，精神分裂症患者有减低幻觉倾向，而萨满经验主要是积极的幻觉沟通。第三，精神分裂症患者无力区别意识变化状态、区别正常和妄想。精神分裂症患者的世界混乱而无序，极易偏执和迷惑。相反萨满的世界被划分成高秩序化和清晰化的世界——日常的正常领域、高级的超自然的精灵世界。后者只能通过特殊的仪式，通过具有特殊才能的人接触。作为有价值的媒介，萨满由此获得自我肯定和让人信任的结果。第四，精神分裂症患者的经验有明显的不良适应状况，造成对正常功能和关系的损害；而萨满的经验有明确的适应性：他们使用社群十分欣赏的有价值的高度技巧。第五，精神分裂症患者通常表现为垂头丧气的情绪，成为脱离群体的压抑的人；相反，萨满不仅展现了高度的个人影响，还高度适应其他人特别是患者和周围支持他的人的需要和感觉。从诺尔的观点看，过去民族志学者时常乱用心理学术语，像神经症和精神分裂症，极大地扭曲了萨满的状态、生涯和社会身份。①

　　诺尔提出，萨满教培育的昏迷传统，不仅是它的心理特征，而且对于获得和分享幻觉也是有价值的。精神想象的培育是萨满教培育的主要目标，可能是昏迷经验的主要目标。诺尔确定，土著社会中存在萨满培训，其间萨满讲述自己的幻觉以及获得幻觉的一系列步骤。在萨满学习的初始，新萨满向老萨满或者更有经验的萨满报告自己的昏迷经验。这些人帮助新手将这些幻觉与传统想象协调。培训者帮助新人经历幻觉磨炼，发展幻觉领域。他们强调幻觉描述，在对幻觉的不断讲述中，特别注重幻觉细节和印象描述，以增强逼真性，并把这些与已经建立的传统幻觉相互联系。同时他们对那些不与传统相关的幻觉不会过分在意。培训者也指导新人回忆幻觉，以便他们能根据意愿向外传讲过去的幻觉。这些幻觉后来成为萨满自己所描述的精神世界的库存，可以随时向社群提供它所需要的东西。通过听萨满的叙述，社群转过来形成看待超自然世界的习惯，通过特殊萨满仪

---

① Noll, Richard, "Shamanism and Schizophrenia: A State-Specific Approach to the Schizophrenia Metaphor of Shananic State", *American Ethnologist*, 1983, 10 (3), pp. 443–469.

式重演并记住这个神圣世界。①

与萨满心理研究并举的还有针对萨满医疗的研究，对萨满教的仪式与萨满医疗效果的评断，往往含有医学和心理学的理性思考。信仰与精神健康的关系、信仰在治疗中的作用是 20 世纪 70 年代以来宗教学、医学人类学、精神医学、心理咨询等领域十分关注的主题。从目前积累的大多数研究结果看，多半研究者认为信仰在一定程度上有利于治疗。就像 N. Z. 墨菲（N. Z. Murphy）指出的那样：宗教体验之所以优于一般体验，是因为超自然力量的参与和宗教文化的熏陶，满足了人们的好奇心理并给参与者带来愉悦的享受。其他学者也有类似的看法：宗教能够促使信仰者产生一种类似于吗啡的物质，在这种物质的效应下人们会感到愉悦、身心放松，疼痛感也会减轻，从而开启信仰者的自我治疗机制。

（三）西方现代萨满教

西方现代萨满教发端于 20 世纪 60 年代，它的出现与当时的社会环境有着密切的关系。到了 70 年代以后，随着新时代运动兴起，卡洛斯·卡斯塔尼达、迈克·哈纳等人开始向西方人传授他们发明的萨满教，他们吸引了成千上万的人们加入进来。在短短几十年间，西方现代萨满教发展迅速，以至于有西方学者感慨道："60 年代中期之前，萨满教只是一些人类学家和历史学家感兴趣的东西。但是现在，旅行社以萨满之旅招揽生意，另类治疗师到处广告他的萨满咨询疗法。同时，走进任何一家大型书店，全是关于萨满、萨满教、萨满实践的书籍。"②

1968 年，加利福尼亚大学出版了人类学专业学生卡洛斯·卡斯塔尼达的硕士学位论文，取名为《唐望的教诲：亚基人的智慧之路》（简称《唐望的教诲》）（*The Teaching of Don Juan：A Yaqui Way of Knowledge*）。书中讲述了作者在加利福尼亚大学人类学系攻读硕士时，出于田野调查的需要③，在朋友的介绍

---

① Noll, Richard, "Mental Imagery Cultivation as a Cultural Phenomenon: The Role of Vision in Shamanism", *Current Anthropology*, 1985, 26 (4), pp. 443–461.

② Clifton, Charles, *Witchcraft and Shamanism*, St. Paul, MN: Llewellyn, 1994, Frontispiece.

③ 卡斯塔尼达自己坚称《唐望的教诲：亚基人的智慧之路》一书是自己在美国亚利桑那州与墨西哥索诺拉地区所做的人类学田野调查的结果，但是 20 世纪 70 年代以后质疑之声不断产生，并引发当时著名的"卡斯塔尼达之争"。

下认识了来自墨西哥索诺拉地区的亚基族巫师①唐望,并成为其门徒,在其引导下开始认识、尝试印第安的致幻药草——麦斯卡灵佩约特、曼陀罗魔鬼草、致幻蘑菇等物,并经历种种幻觉体验。令出版社意外②的是这本书面世后很快在西方社会中引起了极大的轰动并且成为最畅销的作品之一,当年销量高达 30 万册。之后,作者又乘胜追击出版了《解离的真实》《前往伊斯特兰的旅程》等书。③卡斯塔尼达带来了萨满文化的研究热潮。一些人类学研究者被卡斯塔尼达的体验报告深深吸引,他们纷纷步其后尘走进印第安部落。④如芭芭拉·梅耶霍夫与彼得·福斯特一起到墨西哥乔维印第安人部落朝圣,在当地萨满的引导下食用佩约特仙人掌后经历了"萨满旅行"⑤。保罗·斯托利走进尼日尔,在那里跟随桑海族萨满学习,著有《在巫术的笼罩下:在尼日尔桑

---

① 卡斯塔尼达同时使用了萨满(shaman)、巫师(sorcerer)来指称唐望。1968 年,西奥多·罗莎(Theodore Rosak)对卡斯塔尼达进行了访谈,其中就巫鲁荷一词的含义请教于他。卡斯塔尼达的回答是:"巫鲁荷是一个西班牙的概念,它可以翻译成不同的词语,在英语中对应(会施魔法的)男女巫师、(会使用药草治疗的)医者或草药医生、草药治疗者,用专业术语来讲就是'萨满'。"具体见 Theodore Rosak Radio Interview with Carlos Castaneda, 1968, http://www.nagualism.com/1968-radio-interview-carlos-cataneda.html。在《做梦的艺术》一书中,卡斯塔尼达也对此进行了说明:"照着唐望的建议,我避免使用 shamanism 这个字来代表他的知识,虽然在人类学上这是适当的术语,我一直都用他自己所用的称呼:巫术(sorcery),然而经过考量,我发现称之为巫术只使他在教导中所展现的神秘现象变得更为暧昧。"见《做梦的艺术》之"自序"。为了叙述的方便,这里笔者谈及唐望时使用"巫师"一词。

② 1967 年,卡斯塔尼达将《唐望的教诲:亚基人的智慧之路》的书稿拿给加州大学人类学系的克莱门特·梅根(Clement Meighan)教授时,教授认为它不像一本学术著作更像本普通读物。之后,在教授的推荐下,卡斯塔尼达将书稿交给加州出版社。出版社编辑虽然也对书中内容的真实性表示怀疑,但鉴于梅根的推荐、加上又是加州大学人类学系学生的硕士论文,于1968 年春勉强出版了该书。

③ 卡斯塔尼达共出版 12 本著作,分别是《唐望的教诲:亚基人的智慧之路》(The Teaching of Don Juan: A Yaqui Way of Knowledge, 1968)、《解离的真实》(A Separate Reality, 1971)、《前往伊斯特兰的旅程》(Journey to Ixtlan, 1972)、《力量的传奇》(Tales of Power, 1974)、《巫士的传承》(The Second Ring Power, 1977)、《老鹰的赠与》(The Eagle's Gift, 1981)、《内在的火焰》(The Fire from Within, 1984)、《寂静的是知识》(The Power of Silence, 1987)、《做梦的艺术》(The Art of Dreaming, 1993)、《巫术之道》(Magical Passes, 1998)及去世后出版的《无限的积极面》(The Active Side of Infinity, 2000)、《时间之轮》(The Wheel of Time, 2001)。

④ 这些人多出身于加州大学人类学系或与这座大学有某种联系。

⑤ Myerhoff, Barbara G., Peyote Hunt: The Sacred Journey of the Huichol Indians, New York: Cornell University, 1974.

海做门徒的回忆》①。约翰·希区柯克在尼泊尔成为当地萨满 Sakrante 的门徒，他声称自己看见了 Sakrante 从病人身上吸出来的魔箭。人类学者琼·哈利法克斯（Joan Halifax）等人收集了美洲、西伯利亚、非洲等地区的萨满及信徒的宗教体验，将其合集出版，书名为《萨满之声：关于幻觉的故事》。这本书扩展了西方人的视野，带人们"目睹"世界范围萨满的宗教经历。以至于 1978 年著名的人类学家马文·哈里斯不得不感慨道："美国人类学充满形形色色的神秘主义、宗教狂热症和加利福尼亚邪教观，一群研究萨满教、巫术和'超自然现象'的'专家'操纵了人类学年会，用'实证方法做研究的好文章'一再受到排斥。"②

随着卡斯塔尼达之唐望的影响，西方一批白人开始创建工作室教授人们实践萨满教。他们有的出身于学界，也有的来自流行文化圈子，其中有卡斯塔尼达、迈克·哈纳、琳·安德鲁斯、阿贝托·维洛多等人。

卡斯塔尼达唤起了西方社会对萨满文化的浓厚兴趣，但是他开始开门收徒较晚。20 世纪 90 年代，弗洛琳达·唐纳与卡斯塔尼达、卡罗尔·提格（Carol Tiggs）和泰莎·阿贝拉（Taisha Abelar）③ 一起创办了无极萨满工作室，并在其中担当灵性指导师。她的《女巫之梦：治疗者的知识之路》④、《进入梦境：巫师世界启蒙》⑤ 被作为无极工作室的指导用书。前者主要讲述作者跟随南美萨满学习治疗之术的经历，后者则与卡斯塔尼达作品中的女巫相呼应，讲述了巫术世界中的女性战士的训练法则。现在，无极萨满工作室已在欧洲多国（荷兰、法国、德国、意大利、俄国、西班牙、保加利亚）设有其分部。无极工作室的培训主要围绕扩展个体意识而展开。具体而言，有以下几项内容。第一，唐望世系的先知们发明的身体姿态、身体运动和呼吸训练，通过培训达到聚集能量、调节能量场域的效果，因为足够能量是打开意识世界的基础条件。第二，再现

---

① Paul Stoller and Cheryl Olkes, *In Sorcery's Shadow：A Memoir of Apprenticeship among the Songhay of Niger*, The University of Chicago Press.

② 谢丽·奥特纳：《20 世纪下半叶的欧美人类学理论》，何国强译，《青海民族研究》2010 年第 2 期。

③ 被认为唐望的其他两名女门徒。

④ Florinda Donne, *The Witch's Dream：A Healer's Way of Knowledge*, Simon & Schuster Press, 1985.

⑤ Florinda Donne, *Being-in-Dreaming：An Initiation Into the Sorcerers' World*, Harper Collins Press, 1992.

练习或者跟踪练习，即在身体和呼吸的调节下复现个人生命中的关键性场景。第三，打开无限意识，唤醒生命中的其他形式（如鲸鱼、蝴蝶、狼等），和它们互动或从它们的视角来看世界。第四，梦的实践：在人体的清醒和睡眠两种状态下打开和看见永恒之门的技巧，从而开启自己的巫术旅程。

心理学家拉森·史蒂芬在《萨满之门》①一书中，讲述了自己的幻觉体验，并且提出可以将古老的萨满改变意识技术用于治疗西方社会的异化和人们的精神困惑，使人们的生活更有意义。1989 年，他建立斯通山治疗咨询中心②（Stone Mountain Counseling），主要进行心理健康服务。阿贝托·维洛多（Alberto Villoldo）也是将萨满教用于治疗的重要人物。他著有《治疗状况：走进灵性治疗和萨满教的世界》、《四风：一个萨满在亚马逊流域的冒险》③、《印加巫师的智慧洞见》、《印加灵魂复元疗法》、《四风之舞》、《日之岛》（Island of the Sun）等书。④ 80 年代，当萨满实践培训机构在西方兴起后，维洛多建立"四风社会"萨满工作室，这些书都成为该工作室的培训手册。

20 世纪 70 年代末，人类学者、萨满教研究专家迈克·哈纳在数十年研究的基础上，创建了核心萨满教（core shamanism）。核心萨满教主要以工作室的形式传授，是目前西方现代萨满教中影响和规模最大的一支。目前，核心萨满教除了在美国拥有本部之外，它还传播到拉丁美洲、日本、澳大利亚和新西兰、荷兰等地。在一些国家，核心萨满教与当地本土文化相结合，对当地传统萨满教的复兴起到了重要的作用。

迈克·哈纳（Michael Harner）出生于美国华盛顿，1957 年在加利福尼亚大学伯克利学院获得了人类学博士学位。毕业后，他先后在耶鲁大学、哥伦比亚大学及加利福尼亚大学等任教，从事传统萨满教文化研究。《致幻药与萨满教》是他的一篇代表作。居住在南美洲亚马逊河流上游的印第安人是当时世界上唯

---

① Larsen Stephen, *The Shaman's Doorway: Opening Imagination to Power and Myth*, New York: Station Hill Press, 1976.

② http://stonemountaincenter.com/site/.

③ 见 Alberto Villoldo, *The Four Winds: A Shaman's Odyssey into the Amazon*, San Francisco: Harper and Row, 1990, 这一作品完全可以看作卡斯塔尼达的唐望系列的仿照之作。

④ 这些书部分已由许桂绵翻译、台湾的生命潜能出版社出版。2009 年阿贝托·维洛多曾在台湾地区宣讲自己的萨满能量疗法。

一还在完全天然状态下服用致幻物的族群①，1956年，哈纳前往那里。他首先到达的是希瓦罗人②居住地，遗憾的是他没有得到印第安人的信任，只是作为一个外部观察者记录了迷幻水 natema 的制作材料、制作过程和当地人服用这种药饮后产生的幻象。1960年，哈纳接受美国自然史博物馆的邀请，一同前往秘鲁科尼堡印第安人（Conibo Indians）居住的乌卡亚利河流域调查当地的文化。当地人非常友好，但是一旦谈及超自然神灵等问题，他们就缄口不语。直到1961年的一天，一位土著长者（Tomas）告诉他若要想了解当地的信仰就必须先喝下萨满用死藤树枝熬制的圣水——灵魂之酒（soul wine）。在好奇和惊恐的双重心理下，哈纳饮用了这种植物致幻水。后来在《萨满之路》一书中他回忆自己服用致幻物的感官变化：开始的时候，他看到了光线由弱变强、变得鲜亮，之后耳边响起了潺潺的泉水声，再后来他看到了很多古埃及壁画上蓝色的鸟头人身神兽、听到了缥缈的仙乐并且体验到灵魂脱离躯体的感受。③ 死藤水幻觉体验使哈纳深刻地意识到这些致幻植物有可能是萨满教和萨满体验的物质基础和源头。

当哈纳在北美一些印第安部落看到加利福尼亚州的温顿人（wintun）和波莫人（pomo）、华盛顿的海岸赛利希人（coast salish）和南部达科他州的拉科塔人（lakota）时，他注意到这些印第安萨满并没有使用死藤水、卡皮木、裸盖菇等致幻物质，仪式上的鼓点、音乐、自我调息和禁食等方式都可以帮助萨满达到"旅行"状态。他发现在世界范围内，声音单调的打击性器物是萨满借助的主要工具（如北美萨满的鼓，澳洲萨满的手杖，东南亚地区萨满的铜锣、手镯、脚镯），烟草、仙人掌等只是附带的使用或者根本不使用。④

20世纪70年代，西方走过了"迷幻的时代"，新时代运动兴起。新时代运动吸收东方与西方许多古老的精神与宗教传统，积极奉行者非常注重通过个人修习在"心灵"和"精神"层面的探索。在这一背景下哈纳开始了击鼓实验。实验的结果表明用同一种频率（每分钟205～220次）平稳有力地敲击鼓面约10

---

① Michael Harner, *Hallucinogens and Shamanism*, p. 1.

② 希瓦罗印第安人（Jivaro Indians），世居亚马逊河流域，主要分布在秘鲁和厄瓜多尔边界的密林深处，以信奉萨满教和"缩头术"著称。1956～1957年哈纳在这里做调查。

③ Michael Harner, *The Way of the Shaman*, New York：Harper & Row Publishers, 1990, 3rd edition, pp. 2–3.

④ 迈克·哈纳、郭淑云：《意识变异形态与萨满教——个人回忆录》，《蒙古学信息》2003年第1期，第52页。

分钟就会达到和使用致幻物质体验类似的效果。这表明鼓声和致幻物只不过是通往同一精神领域的不同途径。①

要修习核心萨满教，需要一些基本的工具，它们分别是萨满鼓（或拨浪鼓）、鼓槌、遮眼器或者一份刻录了鼓声的磁带。核心萨满教实践的主要内容包括到"他界旅行"、力量复原、索魂等。到"他界旅行"之前，实践者需要调整个人状态，做好一些准备工作：心态上要轻松、平和，饮食上要尽量少食或者不食，酒精绝对是禁止的，环境上要找黑暗的房间，然后脱掉鞋子、放松衣带、平躺在垫子上。做好上述准备工作之后，闭上双眼，用遮眼器或一只手挡住任何可能的光线。同时，旁边最好有帮助修习者敲击萨满鼓的助手。

接下来，实践者要做的是要打开自己的记忆阀门，在其中搜寻可以使自己进入的通道并将它视觉化。一旦进入这个通道，需提醒助手有力、快速、保持同一音频（每分钟 205~220 次）地敲击鼓面，保持这一过程 10 分钟左右，这样实践者就进入了萨满意识状态。10 分钟过后，助手应该重重地敲击萨满鼓，目的是提醒"旅行"的人返回。等实践者完全恢复到普通意识常态后，他应该描述和记录下"旅行"中看到的具体情景。

在哈纳看来，萨满意识状态（shamanic state of consciousness，缩写为 SSC）是指一种意识改变状态，在这种状态下萨满可以获得知识、信息、洞晓秘密。哈纳认为它与卡洛斯·卡斯塔尼达（Carlos Castaneda）的"非常态现实"（nonordinary reality）、罗伯特·罗维（Rorbert Lowie）的"现实的非凡展示"（extraordinary manifestations of reality）两者的含义相似，但这一术语区别于含义模糊的"昏迷（trance）""入迷（ecstasy）"等术语②；与之相对的是普通意识状态（ordinary state of consciousness，缩写为 OSC）。哈纳指出真正的萨满可以自由穿梭于两种状态中，法力高强者还可以在萨满状态下看到、听到、感觉到和体验到非同寻常的景象。

---

① 哈纳的这一发现被当时的精神病学家沃尔夫·G. 吉莱克的研究印证：通过对莎利什印第安人萨满的精灵之舞的研究，吉莱克指出当地萨满的鹿皮鼓每秒钟敲击 4~7 次，这是萨满进入附体和入迷状态的最佳频率。具体见 Wolfgong G. Jilek, *Salish Indian Mental Health and Cultural Change: Psychology Gienic and Therapeutic Aspencts of the Guaidian Spirit Ceremonial*, Toronto and Montreal: Holt, Rinehart and Winston of Canada, 1974, pp. 74–75。

② Michael Harner, *The Way of the Shaman*, p. 21.

在核心萨满教实践中，保护精灵是必不可少的，它们是人与自然灵性关系的体现。保护精灵充当着修习者的精神向导，可以起到保护、引导和治疗的作用；同时，它们也是修习者人格、深层自我的体现。保护精灵主要是灵兽（power animal），但也可能是其他灵性物（如植物）。灵兽会以鸟、虎、鹰、熊、鹿、龙等形式出现。要想拥有自己的灵兽，首先要做的是呼唤它的到来，然后通过赞美它、歌咏它或为它舞蹈等方式，促使它自愿留下来成为修习者的保护神。在核心萨满观念里，每个人都有一个或多个灵兽，它代表了个人健康、能量、法力。但是，很多人根本就对此一无所知或者由于疾病、灾难等原因失去了它们，更糟糕的是他们竟然不知道可以通过某种途径重新拥有它们。① 在哈纳看来，如果一个人失去了自己的灵兽，就会出现下列症状：生病、能量的丢失和心智发生变化、失去自信等。想要重新找回病人的灵兽，修习者首先应该拥有一首或多首属于自己的圣歌（a power song），在圣歌、鼓声的帮助下进入萨满意识状态；然后借助自己灵兽的力量进入下界（要想到达下界，萨满术修习者首先应该找到一个入口，它可能是一个通道，也可能是洞口、泉眼、沼泽地等），搜寻病人的灵兽（一般多次出现在萨满修习者面前的动物就是丢失的灵兽）；等找到了它，将它带回来重新放置到病人的身体中，病人就会康复。

自 20 世纪 70 年代起，哈纳就通过工作室的方式对西方人进行萨满术培训。1980 年，他集合自己多年亲身试验和教学实践的成果出版了《萨满之路》一书，此书成为核心萨满教工作室的指导手册。哈纳称自己的这套萨满实践方法为"核心萨满教"。其实所谓核心就是去除传统萨满教的文化生长背景、发生的社会因素，只是抽取其中核心的技术成分将之重新整合到西方社会中。在《萨满之路》开篇，哈纳就旗帜鲜明地写道："本书的目的是帮助西方人从古老的萨满教那里获得有用的知识，以便作为现代医学的补充……通过本书中提到的方法修习，你就会体验到萨满的神奇力量；你可以用这种神奇的力量自我治疗也可以帮助他人"②。核心萨满教是神圣名义下的个人心灵治愈术。

我们看到，现代萨满教与来自加利福尼亚的嬉皮士运动混合，这种运动想借用外来的、原始的文化反对自己社会的现代化，特别追求以神秘的昏迷技术

---

① Michael Harner, *The Way of the Shaman*, pp. 65-68.

② Michael Harner, *The Way of the Shaman*, Harper & Row publishers, 1990, 3rd edition, xvii.

或使用麻醉药回归一个人起初的本性，因此对那些描述使用致幻剂的萨满教民族志非常赞美和迷恋。在这个潮流中，一些学者的著作不再作为单纯的学术研究，而是为大众提供萨满教实践的知识读物，他们成为西方萨满世界流行的推动者。正是在上面提到的背景下，西方人在萨满教与精神实践联系上的兴趣日益增长，一时之间有关奥秘、灵感一类的书籍蜂拥而至。一些学术著作或文学书目中记载的巫术宗教案例常常被当成精神训练课本。比如卡斯塔尼达的著作直接影响了新萨满的培训，人们希望通过参加基础学习，发展自己的潜力，以便到精神世界旅行。

综观西方现代萨满教，它们的基本信仰是世界。不仅是物质的世界，也是精神的世界。动物、植物、矿物等所有事情中都有精灵，所以我们必须尊敬和关心所有的环境。宇宙是相互关联的、和谐的，最好的生活方式是建立与地球和谐共处的模式，以防止地球毁灭。[①]

现代萨满教十分明确要把萨满教付诸实践，萨满教被看作实用性的知识、形象的知识、宗教性的知识，用于一种精神治疗过程，一种良好精神的培养，一种艺术创造的鼓励。一时间参加萨满培训成为西方最新潮、最深奥的时尚。萨满教由被研究、被检验的对象，变成被推崇、被经验的现象。

现代萨满教主要是被当作一种促进个人发展的方法，萨满作为能够直接接触精灵甚至掌握精灵的人，有脱离一切制度化关系的自由。在这个价值上，萨满教的概念是宽泛的，它和其他宗教中类似的方法没有什么区别，哪里出现对佛教冥想、对印度教瑜伽感兴趣的人，萨满教就跟到哪里。萨满教价值的现代适应性渐趋广泛，进而成为时尚。

现代萨满教是一种经过西方人自己选择的信仰和行为，它依据传统实践和信仰再造出来。以往的萨满教属于宗教、社会和文化的领域；在现代萨满教时尚中这种语境消失了，它属于个人性的、心理性的或艺术性的状态参照。标准化或经典化的萨满培训取代了文化系统中作为文化仪式专家的萨满。20 世纪后半叶以来的现代萨满教不同于 18 世纪和 19 世纪的萨满教，它是对萨满教传统剩余部分的重建，是所有传统部分整合的结果。西方人并非想把他们自己和土著的文化仪式联系起来，他们是在其中提取最理想的、普遍性的东西和那些吸

---

① Leo Rutherford, *Principles of Shamanism*, San Francisco, California：Thorsons, 1996, p. 8.

引人的东西，创造一种理想的萨满教。他们把萨满教转化为一种完全的个人实践，去分享这种古代智慧。我们从中看到的是一种萨满教传统的进化。

西方人的萨满教培训属于当代流行的个人新宗教运动的一部分，通过综合各种信仰，不管是传统的还是新发现的，他们创造了自己的信仰和实践系统。维持这种信仰的有各种培训工作室、研究中心和媒体、网络、报纸、杂志的宣传、联络。在培训课程中，学习者要去掌握来自传统社会的萨满习惯（特别是美洲印第安人的习惯）。教师是来自土著社会新的萨满教实践者以及有人类学背景的人，他们经常提供培训课程。培训课程包括自我治疗的引导，获得幻觉经验以及进行艺术创造活动。培训萨满的书目很多，除了介绍如何实践，还说明如何检验和评价这些实践。在这个领域并非讨论传统的萨满教，而是说明新发展的萨满教。它超越了作为学术研究的萨满教界限。

长期以来西方社会轻视萨满教。它作为低等的、落后的、精神病态的文化类型，已经走到消失的边缘。现在西方人的新萨满教把这种萨满教进行了根本的扭转，萨满教被当作真正自然哲学的表达，对现代社会特别有用。起初的转成基础的，野蛮的转成生态的，巫术转成神秘主义，权宜的转成艺术的。以前人们认为，萨满教存在于小规模的、边缘性的保存有古老生活方式的社会，现在它扩大到当代西方社会和西方化的社会，萨满教具有了超越时空的全人类性质。①

八　作为多元文化表达的萨满教

美国新萨满教兴起的萨满教"技术化"运动导致了很多学者对于人类学方法回归的呼唤。人们认为，萨满的本能、他进入昏迷的能力，可能是普遍的，但这种能力并非独立于土著群体而存在，萨满的行动是为了他的群体的利益，也是为了安慰那些由不确定的事情而产生的恐惧；同时萨满的活动不可能脱离群体的文化想象，他所提供的观念应该是群体思想的表达。因而只依赖萨满技术是不能充分研究萨满教的。所以更多的学者倾向把萨满的精神表现和这种表

---

① Roberte Nicole, Hamayon, "Shamanism: Symbolic System, Human Capability and Western Ideology", in Henri-Paul Francfort and Roberte N. Hamayon edit: *The Concept of Shamanism: Uses and Abuses*, Bibliotheca Shamanistica Vol. 10, Budapest: Published by Akadémiai Kiadó, 2001, p. 2.

现的社会作用结合起来考察。①

　　萨满教并不是也不可能是一些各不相关的信仰观念和宗教行为的支离破碎的集合物，它在信仰观念、宗教行为和社会组织各个方面的必然联系中将人们的感情和行为的诸多具体方面束为一体，构成文化系统，因而有内在的同一性。

　　萨满教实践中存在各种各样的形式。一些抽象的模式的选取对于研究传统社会的萨满文化是必要的参照。但毕竟每一个特定的人类社会都是一种"文化"，都是一个全体，在这个全体中，各种宗教成分构成了一个极其特殊的和个别的样式。② 按照这样的理解，萨满教是在人的心理活动与社会文化的相互关系之间实现的，研究萨满教应该充分注意到这个概念下的文化实践的多样性。所以我们说萨满教既是一种世界现象，也是受民族、社会、地方局限的特殊现象。

　　以博厄斯为代表的20世纪初的美国人类学家在考察、描述、研究西伯利亚萨满教的学术活动中，努力对不同民族的信仰状况、口传历史进行具体研究和尽可能细腻的描述，提倡历史的、个别文化的深层研究，尊重土著民族信仰文化的独特性，重视从民族文化自身出发对现象进行全面的了解，追求对所研究民族或地区萨满教信仰状况尽可能完整的观察和历史过程分析。

　　后来从事萨满教研究的一些学者从不同角度继承了博厄斯的传统，他们的兴趣在于对个别现象的了解方面，强调文化与社会之间的互动关系和深层的民族个案研究。一些学者十分重视各个民族的礼仪、服饰、铃鼓、送葬仪式、舞蹈、雕刻品等方面的研究，这种研究方法不仅可以了解到萨满教（比如西伯利亚萨满教）的整个概貌，而且有助于揭示各个民族的历史文化渊源。苏联著名的民族学家和宗教历史学家阿尼西莫夫（Anisimov）花了很多年的时间研究鄂温克族群部落的历史，他指出不同民族的萨满教存在明显的不同。阿尼西莫夫

---

　　① 对部落精神医生观念的变化，人们可以在列维-斯特劳斯、西尔弗曼（Silverman）、隆梅尔（Lommel）和哈利法克斯（Halifax）的著作中发现。这些变化根植于欧洲和美国对非西方文化传统态度的一般变化，远离启蒙运动的理性主义和唯物主义的思想走向精神的和非理性的方向。

　　② 〔英〕埃里克·J. 夏普：《比较宗教学史》，吕大吉、何光沪、徐大建译，上海人民出版社，1988，第231页。

认为这些不同点不是由民族文化决定的，而是由特定民族的社会经济和文化发展水平决定的。楚克奇人的萨满教是比较简单的一种，他们没有像布里亚特人那样有复杂的万神殿，但是也拥有很多与之相似的宗教观念。楚克奇人的宗教崇拜主要集中在自然、祖先和圣地，他们的萨满同时还是医者、狩猎和丰产的保护神、占卜师。但是楚克奇人的萨满并不像布里亚特族的萨满那样高度专职化。每一个楚克奇族的家庭里都有一面鼓，用于家庭的聚会和仪式；而在布里亚特人中，鼓是代表萨满特殊神圣性的重要标志，萨满的鼓作为萨满仪式上的重要法器被高度神化，一般人是被禁止随便触摸的。很显然，前阶级社会的不同历史阶段中，宗教和它的基础——社会经济发展水平——是以不同的方式联系在一起的。所以阿尼西莫夫指出，需要用一种具体的历史方法论把对萨满教的研究看成是特定族群的一个历史方面。只有把萨满教与民族历史联系在一起，才能正确地了解它的社会功能。①

在当今国际范围内发掘文化遗产的语境下，更多的学者提倡把萨满教（shamanism）看作复数（shamanisms），强调这个概念下的文化多样性。当前，萨满文化从远古走来，存在和发展到今天，并以惊人的能力，置身于当下具有政治、经济和文化竞争背景的文化遗产的复兴之中，当下多样化的萨满文化表现出新的生机。

在过去的几个世纪中，由于种种原因萨满文化受到了巨大的冲击，萨满文化在一段时间里呈现出衰落乃至消失的趋势。直到 20 世纪六七十年代，人们较普遍的看法还是：萨满文化是过时的传统，是迷信。到了 80 年代以后这种认识突然转变。近些年来，世界上很多地区和民族都出现了萨满文化复兴的现象。有人认为，这是本土文化或者土著文化抵制全球化带来的自身文化边缘化和同质化的重要表现。虽然这种看法不能完全说明萨满文化再生的问题，但无论如何，在全球范围内许多民族以身份认同或者文化自豪感重新燃起了对萨满文化的热情，萨满文化在曾经盛行的民族或区域之中正在经历一场复兴，它涉及不同地区、国家、民族的政治、经济、文化以及医疗等各个方面。

---

① I. S. Vdovin, "The Study of Shamanism among the Peoples of Siberia and the North", in Hoppál Mihály ed., *Samanizmus Archivum*, Budapest, 1990, pp. 265-268.

（一）列入联合国《保护无形文化遗产公约》的萨满文化现象

世界上的每个族群都需要某种文化传统以及它所带来的政治、文化意识去服务自身，因为提高文化认同有助于自身的社会认同，无论哪个国家和民族都需要这种认同的维护。当一些国家、民族把萨满文化作为文化遗产的时候，它一定与自己族群的文化生存现状与生存策略密切相关。

2001 年 11 月 2 日，联合国教科文组织大会在第三十一届会议上集中讨论了文化多样性问题，并通过了《世界文化多样性宣言》。这个宣言既强调了多元文化的生存有其正当性，也指出多元文化的全球发展有着广阔的前途。宣言所倡导的是：不管每种文化有怎样的特质，它必然会有某些人类共享的成分。产生于不同文化和社会体制历史中的多样文化，是启迪人们的思想、促进文明发展的重要源泉。联合国教科文组织在 2003 年 10 月 17 日颁布的《保护无形文化遗产公约》，贯穿了这种对于文化多样性的政治理念，它指出：无形文化遗产具有世代相传的特点，并会在与自己周边的人文环境、自然环境甚至是与已经逝去的历史的互动中不断创新，使广大人民群众产生认同，并激发起他们对文化多样性及人类创造力的尊重。《公约》强调了无形文化遗产传承的悠久性，它与历史发展的互动性，也就是说它保持着自身的活态；同时它还具有普遍的文化认同性，以及助兴多样性文化追求的创造能力。显然，这样的看法具有强烈人道主义和民主色彩，是关于人类文化遗产认识的一次重大转变。当下各个国家、族群纷纷提出的萨满文化遗产项目与联合国倡导的多元文化意识形态密切相关。

当今全球化过程中文化间的互动、交流、影响在不同发展状况的国家和民族之间并非是对等的，在全球和地区之间都存在文化权力上的差别。有的文化群体享有主动权甚至霸权，占据战略性的优势，有的群体则处于劣势。尽管全球化背景下文化相互渗透的过程经常是不对等的，但文化的相互交流也发生一些积极的创造性反应。比如，不同族群把萨满文化作为文化代表，以期呼应全球同一化趋势带来的压力。它表明，拥有萨满文化传统的族群需要以其文化的正当性加入现代国际社会文化交流的平台。

于是不同地区、民族、国家纷纷将萨满文化纳入本国的"非物质文化遗产"或"无形文化遗产"，表示对其予以保护，或者将其纳入本国的"民族复兴"和"文化复兴"战略当中。根据联合国教科文组织《保护非物质文化遗产公约》的框架，许多萨满文化遗产都成为《公约》下的各个名录和名册中的重点项目。

遍观已列入"人类非物质文化遗产代表作名录"、"急需保护的非物质文化遗产名录"以及"优秀实践名册"的所有项目，不难发现，以萨满教信仰为内核的，或包含萨满文化要素的项目为数不少。这些项目遍布亚太地区、欧美地区、拉美地区、非洲地区，覆盖"口头传统和表现形式""表演艺术""社会实践、仪式、节庆活动""有关自然界和宇宙的知识和实践""传统手工艺"5个类别。①

在拉美地区各国已列入《公约》名录或名册的诸多项目中，与萨满文化有关的主要包括："美洲虎萨满的传统知识""扎巴拉人的口头遗产与文化活动""奥鲁罗狂欢节""安第斯卡拉瓦亚的宇宙信仰形式""土著亡灵节""摩尔镇的马隆人传统""帕兰克-德-圣巴西里奥的文化空间""瑞宾瑙-艾基舞剧""剪刀舞""飞人仪式""瓦雅皮人的口头和图画表达形式""伊查佩克内-皮埃斯塔""莫克索斯省圣伊格纳西奥的最大节日""基布多的阿西斯圣弗朗西斯科节""委内瑞拉克伯斯克里蒂斯的恶魔舞"等。

非洲地区各国已列入《公约》名录和名册的诸项目中，"维布扎的治疗舞蹈""古勒-沃姆库鲁仪式舞蹈""坎库冉仪式即曼丁人成年礼""迈基石面具舞""伊耶勒面具舞"等几个项目属于较为典型的萨满文化遗产范畴，而"秘密群体夸莱杜噶的智慧仪式""艾法预言体系""圣林卡亚中的米肯吉达人传统和习俗""杰莱德口头遗产""博茨瓦纳卡伦特地区的陶罐制作技艺"等项目中则包含了萨满文化的某些要素。

亚太地区各国列入《公约》名录和名册的诸项目中，有"板索里史诗说唱艺术""江陵端午祭""济州岛七美瑞岛的永登神祭祀仪式""阿伊努人的传统舞蹈""冲绳的音乐舞剧组踊""蒙古的传统艺术呼麦""传统音乐潮尔""博逊地区的文化空间""铜锣文化空间""马克-扬戏剧""游吟者的歌"等，它们均与萨满教文化有相关性。

在萨满文化遗产项目的申报中，几乎无一例外地强调它们的历史久远和独特价值。比如在拉美各国的申报书中，都将各国境内的萨满教文化遗产的历史

---

① 参见文化部外联局编《联合国教科文组织保护世界文化公约选编》，法律出版社，2006。

追溯到殖民统治开始之前，并将极具本土特色萨满文化与随着殖民统治到来、以基督教为代表的西方文化进行对比，从而传达出对本文化的认同，以及对以殖民文化为代表的西方文化的抵制。

（二）萨满文化再实践

在民族学界，萨哈人①以其万物有灵信仰和萨满教的传统而著称。他们持有宇宙三界说，并拥有关于宇宙中的神灵的大量知识，同时也拥有白萨满和黑萨满的传统。在苏联解体之后，雅库特共和国转变为萨哈（雅库特）共和国。此后，对于萨满教仪式和传统的治疗方法的禁锢都放开了。萨满教的表演和传统的治疗以及传统的世界观都开始复兴了。

在萨哈共和国建立以后，政府制定了文化复兴的政策。在文化复兴的过程中，萨满教也得到了复苏。萨满的超自然体验以及他们对此的个性化阐释似乎都对重新建立一个新的世界观做出了贡献，而且萨满教现象在当代的国家或者社会的哲学的影响下得到了重塑。萨哈人的萨满教复兴绝不仅仅属于宗教范畴，而是一场社会事件和政治事件。由此建构萨哈民族认同，以推动新的共和国的政治整合，是非常必要的。

在萨哈共和国，现在有很多国家组织都在进行萨满文化学术活动，包括雅库茨克国立大学的国家文化与语言系、萨哈共和国人道主义研究院、萨哈共和国文化部民间创作司和文化学院。文化部下属的民间创作司自 1993 年重新命名和重组以来就开始推进舞蹈、歌曲和仪式等萨哈文化形式的复兴和恢复。成立于 1992 年的文化学院的国家文化系一直致力于向萨哈的年轻人提供萨哈人的仪式表演和世界观等方面的教育。课程包括萨满教仪式表演和世界观：如何背诵 algys（美好的愿望或者祈祷词）、如何唱颂 toyuk（传统的萨哈歌曲）、如何进行 yayskh（仲夏节仪式）。显然萨哈共和国这种文化复兴活动是由国家政府以及多个委员会推进的。

比较而言，北美印第安人萨满教的复兴与西伯利亚诸民族和地区萨满教复兴都有以政治表达为诉求的共同之处，但是两者也有不同点。北美印第安人的

---

① 萨哈人曾经被冠名为雅库特人，但是自从它独立以来就开始用"萨哈"这个名词作为民族的标志。

萨满教复兴主要是由萨满，或者兼任萨满的部落精神领袖作为主导力量，而西伯利亚诸民族则主要是由作为现代民族国家机构的政府所主导。通过对比，我们发现，在西伯利亚那些新近恢复的集体性萨满仪式中，主持和组织祭祀的几乎都是政府的领导或者代表，他们本人并不懂得萨满仪式中的祷词以及很多象征性活动的精神内涵，完全是借助这种仪式的古老性和宗教性来传达国家重塑民族认同和国家认同的需求；而在北美印第安人新近恢复的萨满仪式中，萨满不仅仅是倡导者和组织者，也是亲自带领参与者进行祭祀和舞蹈等活动的主要角色。比如，丹尼尔根据考察指出，迄今为止，印第安人还是相信只有"wicasa waken"（即萨满），才能主持太阳之舞。20 世纪 60 年代以来，在苏人保留地上恢复的太阳舞仪式也确是由两位萨满（"率真的牛"和"鹰羽"）所促成的。沃尔夫冈对拉科塔人青松岭保留地的太阳舞仪式的记录中也表明，萨满就是亲身领导仪式进行的人，"一些参加者和大批观众聚集在南达科他州的松树岭保留地。有些跳舞者许愿，要在一年一度的仪式中跳得皮开肉绽。在茅屋里洗净汗水和互相传递表示和好的烟斗后，跳舞者们由一个戴着野牛头骨的男子和太阳舞的首领——根据传统仪式程序确定的首席萨满——率领着，鱼贯进入跳舞的场地。按照歌声、鼓声和鹰骨笛声的节奏，他们依次向场地中央的木柱冲去，然后散开，在东南西北四个方向上跳四次舞。那些许过愿的人被一根皮带捆在木柱上，萨满用皮带穿过他们胸膛的皮肉，但伤口没有血流出来。他们紧紧抓住一面旗帜的旗杆，有时要跳一个半小时的舞，直到'皮开肉绽'"[1]。

　　萨满文化的复兴与不同民族对传统文化回归的需求紧密相关，也与人们希望从自己的传统文化中寻求解决各种社会、人生问题的需求有关。尽管萨满在北美印第安萨满教复兴中充当了非常重要乃至不可或缺的角色，并使得复兴中的北美印第安人萨满教呈现出更加浓厚的信仰色彩。但是通过对这些事件背后意图的考察，我们发现，印第安人当代新出现的泛印第安神话和复兴的太阳舞仪式都源出于古老的萨满教传统。很显然，无论是作为倡导者的萨满，还是作为参与者的普通印第安人，并没有过多地关注这些神话和仪式中的信仰或宗教性，而是将这些神话和信仰看作一种从古老的传统中寻找解决当代问题的方式。根据人类学家的记录和研究，北美印第安人在近些年来

---

① 　沃尔夫冈·G. 吉莱克：《萨满舞蹈在北美印第安人中的复兴》，载《第欧根尼》1993 年第 2 期。

所恢复和复兴的萨满教，首先，是一种承载民族认同和民族自豪感的载体；其次，诸如太阳舞仪式等，并没有仅仅停留在解决个人的健康问题的层面上，而是成为解决集体心理问题乃至社会无序问题的重要手段；最后，它更是一种政治的表达，通过泛印第安神话、集体性的太阳舞仪式和神灵集会（yuwipi）等，印第安人表达他们对自己的文化被同化、自己的生存资源被掠夺、自己的社会地位被忽略的抵制。

图瓦人的萨满教比之于西伯利亚其他土著民族的萨满教而言，相对地保持了某种延续性。然而，早在20世纪70年代，图瓦人就开始与在欧美等国家城市兴起的"新萨满教"或者"核心萨满教"接轨，图瓦人的萨满教复兴活动也因此走上了不同于西伯利亚其他土著民族萨满教复兴的道路。

图瓦人主要生活在俄罗斯境内，他们是传统的萨满教信仰者。20世纪40年代，图瓦成为苏联的一个邦国。在苏联时期，受到宗教鸦片论、无神论、宗教迷信论等意识形态影响，包括图瓦人在内的西伯利亚地区萨满教受到来自政府的镇压，萨满也受到了极大的迫害。他们的治疗被禁止，公民权被剥夺。最终，在官方和公众的压力下，很多萨满都不得已放弃了他们的职业。直到20世纪90年代，随着苏联的解体，图瓦从中独立出来成立了自己的民族国家。作为一种政治和民族精神文化的需要，萨满教的重要性被强调，因此兴起了恢复萨满传统的浪潮。过去因为害怕迫害而隐匿起来的萨满（包括他们的后人）公开了他们的身份。但是，由于时间和传承的原因，很多的活态传统都已经消失，当地萨满很多时候只能从人类学者的民族志文本、从老者的口述故事中寻找传统萨满教的"模样"。

从20世纪90年代起，美国现代萨满教的领军人物迈克·哈纳的萨满教研究基金会开启了"活着的珍宝"项目，对传统地区现存的萨满进行经济资助，目的是"保存珍贵的萨满文化遗产"，同时，鼓励世袭的图瓦萨满向年轻的一代传授萨满教。1993年，图瓦共和国官方开办了一场名为"图瓦的萨满"的国际会议，并邀请萨满教基金会参会。在这次会议上，萨满教研究基金会、萨满文化研究学者、图瓦萨满和图瓦官方代表共同探讨了图瓦萨满文化的复兴与传承问题，最后图瓦总统发表了"萨满教与佛教信仰在图瓦会受到同样尊敬"的宣言。这次会议后，萨满研究基金会决定给予图瓦现存的萨满以经济资助。

图瓦大会之后，萨满教研究基金会邀请了来自图瓦、西伯利亚等地的萨满，为核心萨满教的学习者传授当地的萨满治疗仪式①，并就萨满知识进行交流。在这些来自萨满故乡的萨满看来，"我们互相学习，我们一起工作，世界的萨满教也因此得到发展，我们彼此的萨满教也因此兴盛。你们的萨满教和图瓦的萨满教合起来才是世界性的萨满教"②。

现在，萨满教又在图瓦社会中复兴起来，图瓦的萨满通过萨满治疗诊所看病。像正规的医院一样，前来就医者需要挂号、排队，他们也可以提前预约或者指定某位萨满来医疗。每一个萨满也像坐班的医生一样有自己的工作室。但不同的是，萨满诊所的"医生"们头戴萨满帽、身穿萨满神服。萨满鼓、铜镜、羽毛、种子等圣物是他们的工具。他们通过击鼓赶走恶灵，或者呼唤河流和山川神灵附体为病人治疗。来者多是患有心理疾病的人。也有一些人因为求子、胆结石、家中被盗等原因来求萨满帮助。当然，比医院便宜很多的价格也是人们选择萨满诊所的一个原因。在当今的图瓦社会，一些萨满的治疗方式也呈现出混合化和新潮化的面貌：他们将萨满教、喇嘛教、现代医学技术都拿来为己所用，有的萨满还使用电脑治疗。③

图瓦还零星存在一些老年萨满，但是在另一些社会，有关萨满的知识已经完全消失，也没有老萨满在世。那么，想要恢复传统和成为萨满的人就不得不面临本土的困境。面对这种困境，哈纳指出可以通过将简化为典型技术的核心萨满教引入这些萨满传统濒临消失地区，形成以萨满之骨（核心萨满教）附着传统萨满之肉（传统萨满环境）的效果。为此，萨满研究基金会为这些地区的人们提供减费或免费的学习核心萨满教的机会。为期一周甚或几天的短暂学习

---

① 1996 年，来自西伯利亚的乌尔奇部落的最后一位男萨满米哈伊尔洛维奇受到萨满基金会迈克·哈纳的邀请，为核心萨满教工作室的 28 位高级学员进行了为期 6 天的乌尔奇萨满仪式讲解。具体参见 Susan Grimaldi, "Learning from a Master: An Ulchi Shaman Teaches in America", http://www.susangrimaldi.com/articles.htm#Print。1998 年，图瓦的萨满受邀来到加利福尼亚，为 40 名核心萨满教实践者讲解了图瓦传统的萨满教。具体参见 Susan Grimaldi, "Tuvan Shamanism Comes to America", http://www.susangrimaldi.com/articles.htm#Print。

② Susan Grimaldi, "Tuvan Shamanism Comes to America", http://www.susangrimaldi.com/articles.htm#Print.

③ David Brown, "Traditional Healing Returns to Tuva: In the Soviets' Wake, a Shamans' Clinic Is Thriving in Northeast Asia", *Washington Post*, July 18 (1995).

之后，这些土著学习者就掌握了基本的技能。回到家乡后，他们开始使用核心萨满教技术在本土进行萨满治疗。

许多民族文化身份保护者为了现实需要往往利用萨满文化宣扬或强调自己的思想体系，提供一个关于民族身份的象征系统，构建一个人文伦理观念和民族政治的观念，希望萨满文化承担人们期待的文化责任。

对萨满文化遗产的关注代表了一个国家或一个民族对一贯性和持续性的文化需求；同时任何国家和民族也都有对现代化的追求。这两种需求在不同民族的不同发展时期对人们的影响是不同的。我们提倡萨满文化发展问题的具体化，是选择固守式的维护还是选择开放，取决于萨满文化当下的状况和它与当地外部发展环境的结合是否适宜。

韩国学者一般认为，萨满教是韩国人民的原生性宗教，起源原始时代的万物有灵信仰，随着历史的发展，进入后来不同的历史时期。

根据古籍，韩国古代出现了祭政一体制度，全国民众信仰萨满教。收获季节的节日宗教表现最充分，像高句丽的东盟，这是在阴历十月举行的庆祝。在这样重要的节日中，人们聚集起来，举宴、饮酒、唱歌、跳舞，要达几天。檀君神话最早记录在和尚一然（Iryon，1208～1289 年）编辑的《三国遗事》中的古朝鲜一章中，并流传至今。韩国学者认为，檀君既是韩民族的祖先，也是历史上第一个萨满、巫师。在韩国历史上第一个成为神人或仙人的是檀君，有时叫作檀君神，有时称为檀君仙。他的祖先——桓雄和桓因，也存在于神谱中。檀君的子孙控制着宗教和国家，后来这些后代移到山区，专门从事宗教事务或神圣性的工作。韩国的三国时期是指高句丽、新罗和百济时代。由于受中国道教、儒教、佛教的影响，祭政分离，萨满教地位降低，萨满逐渐处于王的权威之下。当时虽然一些佛教、道教的东西传播炽盛，但萨满教仍旧是基本的信仰。根据记载，那时王室里萨满很多。新罗崔致远写了一部《风流道》，他认为韩国有自己的风流道，风流道包括佛、道、儒教内容，但主要是自己古老的信仰传统，其性质是萨满教的。《高丽图经》（南宋）也有关于萨满教的记载。在韩国其他的历史书籍、风土记中，也有萨满教情况的介绍，但记载者多持儒家观点，他们把萨满教看作迷信，是低级的老百姓信仰。上述所有这些情况都说明韩国萨满教历史绵长，基础深广。

在朝鲜时代（1392～1910 年）朝廷把儒教作为政治思想，萨满教和佛教都受到强烈的压制，萨满与和尚受到驱逐。人们相信儒教，萨满教地位下降，受到排挤，萨满是最下层的人，政府不让他们居住在城里，于是就把他们迁到城外。城里的人要是到城外学萨满，就要被开除家籍。这并不意味着萨满教已被置于社会边缘。尽管萨满被政府驱逐，但仍旧与民众联系紧密。由于社会不安，一般百姓还是信赖萨满教的，特别是女人和下层民众，他们尊重和信仰萨满教。萨满教在它漫长的历史中，作为信仰传统，深深地根植于韩国社会。

日本统治时期（1910~1945年），对萨满教持破坏政策。日本人认为，萨满教是韩国宗教和文化的基础，凝聚着韩国精神，试图破坏它，但并不成功。后来他们变换了策略，把萨满教作为迷信进行干扰，力图控制萨满。比如他们在萨满私人圣坛里建立日本神道天照大神的神坛。

韩国独立以后，采取各种形式对萨满教进行压制。西方的理性主义和基督教的价值观在韩国社会盛行，受学校教育的人贬低萨满教是迷信，是现代化的阻力。典型的例证是在朴正熙统治时期的新村运动。在此事件中，地方萨满教神坛被大批摧毁。

韩国政府对萨满教的态度并不很明朗，有时把萨满教当作迷信，有时说是宗教，有时说是传统。就一般群众来说，还是看不起萨满，认为他们文化地位不高。如果父母当萨满，自己孩子的婚姻就会受到影响，甚至遭到社会歧视。

在今天的韩国，萨满教当然是一种边缘的宗教。许多韩国学者认为，韩国萨满教有着未被打断的历史。直到今天，萨满教仪式几乎在这个国家的所有地方还在进行，至少有上千个地方如此。韩国萨满教遗产被官方评估为文化宝藏，应该受到保护并且传承至下一代。许多萨满实际上还被政府指定为人间国宝，他们被尊称为文化艺术家。然而，除了极为少数的萨满被指定为人间国宝以外，大多数韩国萨满仍被大众认为是江湖骗子，他们的萨满教活动也被认为是迷信活动。

萨满文化遗产的提出与保护显然是时代变迁的产物，人们在自身文化发展和国际竞争中发现了萨满文化的重要。但是任何国家、民族只有单一文化传统的话，在整个世界多元文化的综合能力面前，总是薄弱的，要促进民族传统的发展，只有在越来越具有全球性文化的基础上才有可能。所以不难发现，在许多持有萨满文化传统的群体中，传统文化的维护和时代主义的追求常常混杂在一起。人们对于萨满文化遗产到底需要怎样的实用方式和价值取向，还没有达到十分清晰的程度。

从各个国家、民族以激活萨满文化元素参与当代社会生活的各种努力中，我们更加明显地看到：民族萨满文化"传统"也许像一个储备库，各种文化成分在这个库存里面，并无系统的安排。萨满文化"传统"作为当今文化需求潜在的或实在的资源，或被激活，或被应用，或被忘却。当然那些曾被忽视的传统也会突然被再发现、再生产、再解释，成为当下文化秩序中的一部分。在当代世界，一个族群往往通过各种传统的渠道获取当下需要的东西，一旦被选择的传统进入当代生活，它们就获得了一种文化遗产的特征。

小　结

在萨满教研究的学术史上，关于萨满教的认识并没有统一的看法，在原始的（宗教史的或民族文化史的）与后现代个人化宗教的争论和实践中，在心理的（人类共同的）与文化的（民族相对性的）各种辩论中，在低劣的（邪恶、骗术、迷信）与人类灵性技术的（普世价值）研究变化中，萨满教研究一直没有脱离各种冲突性认识的冲撞，并在这当中发展自身。应该说，萨满教研究史上的每一种认识的发生和发展都有其必然的某些社会历史及思想文化基础，这些看法也都展示了一些值得思考和发展的认识，今后的萨满教研究不能忽视已有的认识成果，并在其之上进一步发展理论思索。

在上述各种争论的基础上，我们重新理解萨满教这个概念，仍旧需要我们首先确立自己的问题意识或学术出发点。以往萨满教概念下的现象的确包罗万象，任何一个学科或学术意图都可能导致对萨满教的一种特殊的理解。如果我们的出发点是以宗教人类学的需求为基础，那么我们首先要回答的仍旧是能否把萨满教当作宗教现象的问题。

首先，萨满教是一种古老的信仰文化现象。许多民族和地区的事实证明，萨满教的根源存在于旧石器时代的狩猎文化中。正是基于这样的认识，许多考古学者在解释旧石器时代的绘画、解释古代文化语境中的象征系统和文化遗物的涵义时，都以比较的方法来应用萨满教这个概念。萨米人的个案也印证了萨满教与狩猎社会的密切关联。正如瑞典学者阿克·胡特克兰茨所认为的，萨满教的本质体现在最简单的采集、狩猎和渔猎社会，萨满作为人和超自然之间的媒介，在狩猎社会中是必需的。在某些重要的情况中狩猎者期盼超自然的干预：当某些家庭成员生病，或者狩猎组的成员生病的时候；当猎物缺乏，或者当天气不好不能狩猎的时候。这时，萨满作为带着神圣力量的特殊人物就是医生、占卜者、狩猎巫师，以及自然和人类矛盾的调节人。[①] 因此在北极地区和准北极地区的萨满教保留了古老的特征。

其次，萨满教是一种延续性的信仰现象。萨满教的信仰和行为方式从来都不是固定不变的，从遥远的旧石器时代到当代保持这类习俗的各个民族中间，它经历了漫长的时间磨砺。一方面，某些共同性的表现依旧存在；另一方面，在漫长的实践中萨满教在不同地区、不同文化中都发生了很大变化。信仰萨满教的不同地区之间的相互传播和影响也是显然存在的。

再次，萨满教是一种国际性的信仰现象。大量的事实证明那些被认为具有萨满教特点的信仰现象绝非仅仅存在于满-通古斯人中间，它是一种超越地区和族群的现象。美洲印第安人，西伯利亚土著民族，北欧萨米人，北极地区的因纽特人，中国北方属阿尔泰语系的突厥语族民族、蒙古语族民族、满-通古斯语族民族，朝鲜、韩国的朝鲜族以及日本阿伊努人等，这些国家和地区的民族都信仰或曾经信仰萨满教，甚至在南美洲、大洋洲、非洲等地区，也都存在某些相似的信仰观念和信仰仪式。

最后，萨满教是存在于各种各样的关系中的现象。萨满教既是世界性的，也是民族性的。萨满教是民族性的，因为萨满文化存在于具体活动的语境和群体之中，为此我们尊重各个民族自身对其萨满教的解释。萨满教与人类的象征生活是交织在一起的，它显示了人类存在所要对应的那些关系，具体化了人类在各种历史和环境语境下的经验状况，在深度和广度上反映了人类对自己的理解和希望。如果我们希望从人类学的视角理解萨满教，我们还需要对上述宗教系统在文化群体的象征思维活动以及这种思维活动支配下的个人或集体行动进行考察，我们会把萨满教当作一种文化的象征系统，在萨满活动与社会生活各个方面的联系中展开讨论。萨满教包含很多经验材料，它与

---

① Åke Hultkrantz, "A Definition of Shamanism", in Temenos ed., *Studies of Comparative Religions in Denmark, Finland, Norway, and Sweden*, Vol. 9, 1973.

人的经验世界相互联系，是连接人类不同经验的媒介，它由此显示了自身的现实性，因此允许一种人类学的描述和分析。我们必须面对萨满教概念下的文化实践的多样性、历史过程的丰富性，理解各种文化案例中所揭示的问题。我们不能脱离特殊意义上的各个民族宗教情况来理解一般意义上的萨满教。如果我们想得到关于萨满教的一般认识，就需要在文化或宗教理论上总结每个特殊的萨满教状况。萨满教的一般研究和个案研究是相辅相成的，如果没有经验材料，适当的理论认识就不能获得；如果没有相应的理论认识我们也不会将经验材料放到合适的观察之中。①

① 本文引用的 Jeremy Narby and Francis Huxley（ed.），*Shamans Through Time：500 Years on the Path to Knowledge* 一书为苑杰翻译；Mircea Eliade, *Shamanism：Archaic Techniques of Ecstasy* 一书主要为姜德顺、纳日碧力戈翻译，笔者也参与该书的部分翻译工作。在此向几位翻译者表示感谢。在"西方现代萨满教"一节，本文引用了郑文的翻译段落和梳理成果，在此表示感谢。在"萨满文化再实践"的叙述中，本文引用了苑杰的一些翻译段落，在此表示感谢。

清季民国杨柳青理教信仰
及其组织西衍

周　泓[*]

清末杨柳青人随西征军营生至新疆，使杨柳青理教信仰及其组织西移。津门理教信仰成为联结津青与其西帮乡亲、商人的重要文化基核。在民国新疆，津青商帮无同乡（天津或直隶）会馆之处，理教公所实际代替着同乡会馆的功能。即内地汉帮与其移民以乡缘社群信仰而连为一体，这是同一主体跨地域象征联结的极佳案例。Влодимир плопп 的《传说形态学》（Морфология о Разказе），以文本的地域变化解说社群形态结构变异，但未及同一主体跨时空的象征联结。笔者在此补充，予以观照人类学研究由"他者"转向自身的范式。

一　清季民国天津杨柳青理教公所

理教又称理门、在理教，规章制度称为法包，集会地点称"公所"，掌教人称"领众"，帮办教办称"催众"，财务、事务管理者称"承办"，催众最高者是帮坐，其次为求师、引师、带道师等，以坐化为圆满。

理教创始者是明末山东即墨人杨泽（1621~1753年），字廷贤、佐臣，又名衍逢。清初易姓羊，名宰，隐居于蓟州岐山澜水洞，潜心理学，创立理教，

---

* 周泓，中国社会科学院民族学与人类学研究所研究员。

以反清复明。康熙八年（1669年）农历正月，正式辟理门，男性法号以"来"字排，女性以"如"字排。康熙四十年（1702年），羊宰下山传道，道号来如，度化八处，传弟子十五人，称"羊祖八度"。① 羊宰晚年与弟子制定了专传出家领众的理门"羊祖大法"和建会、传教、过斋等制度。理教禁烟、忌酒，不拜偶像、不烧草香、不焚纸帛钱俑、不杀生，以行医治病传教诸规章，将大法和组织制度做成法包，交付最末弟子毛来迟，以找到传扬理教的第二代祖师。

乾隆二十八年（1763年）二月毛来迟在天津杨柳青找到可以接传羊祖法包的尹来凤。乾隆三十年（1765年）四月，尹来凤依据法包，在天津梁家嘴邵公庄訾家菜园设立第一个理教公所，历史性地将传播理教的方式由云游布道转为以公所为中心向周边至各地传教，并将反清复明宗旨转换为"观世音菩萨"五字真言，使理教转化为纯粹的民间信仰。

"尹来凤时代是理教史上的一次分派时期"②。乾隆三十二年（1767年）六月，羊宰六度弟子、杨柳青人董来真，在杨柳青碾索咀渡口设立正安堂公所，称第六方度，刘来纯、达来鼎相继任住持，形成理教的六度派；嘉庆七年（1802年）尹来凤传杨静如领众法，以葫芦为证，派往天津河东双庙街建公所传道，称第五方度，李奎、张吾山继任领众，形成五度东派；天津梁家嘴公所由尹来凤弟子赵名山掌管，以法包为凭，后迁到天津永丰屯，成立理教西老公所，称五度西根。至此，理教三大派——六度派、五度东派、五度西根建成。"羊祖大法"文本除天津西老公所历代领众外，其他各处公所领众很难见得，均为口传。

同光年间，理教的传播由天津和北京向四周扩散入内蒙古、东北、山西、陕西及甘肃、新疆，经河北、山东进河南与长江流域。清末天津城关理门公所九十处，女师传道的二众公所二十余处，其中西老、东老（亦称东善）两公所为当年原始坛口。③

天津西青区有公所九处，其中七个老公所在杨柳青镇。同安堂老公所，光绪年间建于杨柳青镇运河南岸十六街公所胡同，领众邵二爷和杨三保了凡坐化，名声大振。清末至民国，领众相继为魏氏、孙氏，杨柳青始迁户军绅武举高氏

---

① 冯立：《在理教与杨柳青》，《世界宗教文化》2005年第3期。
② 张爱华：《上海理教研究》，上海师范大学硕士毕业论文，2004，第8页。
③ 杨平：《从地名看天津史地特点》，《天津师范大学学报》1982年第5期。

后裔高善修任承办。复善堂东公所，光绪十五年建于杨柳青镇后大道取灯胡同北口对面，第二代领众魏有兴，参加天津理教联合会分会，成立新公所，民国三十年坐化。东二众公所，在杨柳青大实胡同，教、领众常年身着孝服，集会传点皆在夜间。光绪年间东二众公所第三代领众修行坐化，地方士绅酿资大举丧事，天津及外地理教人士众喑，叛理者大增。正安堂西老公所，在杨柳青后大道老公所胡同。通常晚八点公所领众师夫讲解八方度历史，十一点习行礼仪式。叛理者一次几至几十人。理门领众一般常住公所，不事俗务、不从事社会职业，专职授受道事，常修坐静，衣食用需由公所供给，承办料理。鸦片战争后，因理教向以克已修身、戒烟忌酒为准则，被地方政府默许。1926 年杨柳青建理教公所五处：同善堂中公所，初建于七星庄东，后迁入杨柳青镇八街姜店胡同；永安堂公所，建于杨柳青镇公议胡同；西二众公所，建于杨柳青镇十街经堂庙内；碾坨咀公所，在该村；当城村公所在该村。即西青区大部分的理教公所在杨柳青镇。

此外青镇理门尚有大众、二众公地两处，各占地二亩余①，是专为坐化的领众葬殓之地。青镇理教公所请求叛理的"喜单"内容主要是，叛理人的姓名、年龄，引师、求师、传点师等姓名，传点的年月日。程序一般为：

十一点领众和帮坐依次升座，求师、引师旁立；

带道师将叛理人的喜单呈上，按次唱名，并念："圣宗造下渡法船，千山万水来结缘，今日接到师夫理，满门吉祥保平安"；

求师接喜单呈于领众，报"今有某某人虔心求理，请师夫慈悲"，领众言："师弟功德"；

引师领新叛理者跪，领众问新叛理者："叛理是否发自心愿？或被他人所劝"？

回答须说："弟子一心情愿，请师夫慈悲"（带道师教演礼时教诲）；

师夫言："我今教你五字真经"，并点新理者五个手指念："观、世、音、菩、萨"；且告"真言以后永不许出口，上不传父母，下不传妻子"，"谨守八条戒律，如日后偷吃烟酒，传外人，必遭凶灾横祸。"最后道："孝

① 《杨柳青镇志（蓝本）》，杨柳青镇政府内部编印。

敬父母，爱惜手足，和睦乡邻，知尊敬长，处事公平，不贪便宜。受过五十三参的人，就是在理的道亲了"。

随即新理徒站起："谢师夫慈悲"。

十几人依次点传。仪式完成。

杨柳青理教斋日一年六次：农历二月十九日（观音诞辰），四月初八（如来佛出家日），六月二十四日（羊祖了凡日），九月初九（重阳日），十一月十二日（领众邵二爷了凡日），十二月初八（尹来风先师了凡日）。二月十九、六月二十四、十二月初八三天称大斋口，上斋道亲也最多。上斋时有自愿捐助的，如"某某人愿切面若干斤或足用"，或捐猪肉、大米、蔬菜、银元。每个斋口前四天，承办清扫公所卫生，安置炉灶、搭棚结彩等，催众印刷请帖发与绅商户。请帖为刻木版印、长六寸宽四寸的红单帖，如二月十九日斋口请帖：①

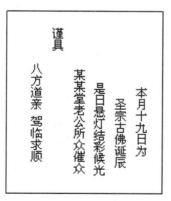

本月十九日为
圣崇古佛诞辰
是日悬灯结彩候光
某某堂老公所众催众
八方道亲 驾临求顺
谨具

图 1　杨柳青理教公所请柬

清末理教虽然可以公开活动，但因没有为政府正式承认，偶尔受到地方的干扰。1913 年道徒李钟豫（字毓如）疏通时总统袁世凯亲信赵秉钧并取得支持，成立"中华理善劝戒烟酒总会"，李毓如任总会长。天津比北京的理教公所

---

① 周泓：《圈团与圈层：杨柳青绅商与绅神的社会》，上海人民出版社，2008，第 167～168 页。

多约两倍。1928 年天津理教人士成立"天津市理教联合会"，下设分会，各处领众、催众、承办人等均为会员，颁发证书。杨柳青分会设于后大道正安堂西老公所。因青镇绅商石元仕与津市警察厅长杨以德关系极为密切，得以绅商保民间信仰。理门催众戴筱臣病故时，其殓衣胸前挂理教会员证章。

二　津门理教西衍：新疆津帮理教公所

光绪年间杨柳青镇御河南十六街公所胡同同安堂老公所的催众李某，随西征军营生至迪化，于直隶会馆前修建了理教公所，奉"济困扶危"，收徒传教，吸收不少同乡，附近各县皆有徒众，每月初一、十五会礼。随之扩至山西、甘肃两帮商人。继而伊犁的绥定、博乐、惠远，阿克苏的温宿，焉耆，吐鲁番等地均建立津人理教公所。民国二年，津县杨柳青、交河、武清等津商，在新疆古城子集资兴建了直隶会馆和理门公所。两者隔墙而建，后者为男信众活动场所；又于古城老满城娘娘庙东建女徒活动的"二众公所"。公所供奉观音像与葫芦。新疆各省会馆中唯有直隶会馆未供家乡神，而在理门公所奉观世音菩萨。

直隶会馆与理门公所及其二众公所是一体两面，会馆给予乡亲业缘生计的支撑，公所予以津帮心灵的系结。杨柳青西帮同盛和、文丰泰绅商大字号都赞助理教。古城理门十六抬轿及法鼓等为商绅安氏文丰泰商号由津购运。1919 年杨柳青人李树鹏随母亲至古城投父，十四岁时入理教，曾作催众，其祖父为古城理门公所第二代住持李爷，其母亲是在理女徒，均忌烟酒。杨柳青人聂有才祖辈至新疆，父亲入理教，戒烟酒，在新疆历五代。杨柳青人孟广钧在理至1950 年，终生不事烟酒。杨柳青人王作臣随其祖父、父母信理教，在古城用青镇菜籽种植菜园历五代，禁烟酒。古城理教徒在家供奉观音像，每日上香下参，每年观音诞辰日、成道日、出家日，都到观音阁祭拜，交愿钱。津门理教寓绅性于商性，"务商者多则从幼服店法不饮酒"，为青镇妇女普遍参与，又称"在家理"。"在理一门因禁烟酒之益颇为昌大，妇女多入之，谓之'二众'，此他处所不及"①。津帮在新省之出色不可否认理教"诸恶莫作，众善奉行"等教化

---

① 《天津杨柳青小志"民气"》，自杨柳青镇政府。

及其聚合力。

杨柳青理教祖师尹来凤以"观世音菩萨"五字真经代替羊祖反清复明理念，并创立"公所"传道方式。羊祖六度弟子董来真于杨柳青所创六度派，坚守羊祖大法，不供尹祖师①；五度东派和五度西根，由尹来凤弟子所传，分别以葫芦和羊祖法包为凭证，即奉羊尹祖师。杨柳青理门（正安堂西老公所）大斋日有十二月初八——尹来凤了凡日，亦奉羊尹祖师。新疆古城理门公所不直接供羊尹二祖，而供观音和葫芦，故属于以杨柳青为基础的六度派和以五度东派与五度西根为重心的兼合信奉②，是津青一帮在异地联结一体的结果。

（一）新疆津帮理教的教义、仪式和教众活动

1. 教义

理教糅合道教的性命双修、儒学的伦理纲常和佛教观音的法力，"奉佛教之法，修道教之行，习儒教之礼"③，并吸收了民间信仰的养分，亦佛亦道。西帮理教具有浓重的佛教色彩，其神祇是以观音为核心的诸菩萨神，观音菩萨是理众主要叩拜的偶像。同杨柳青理门一样，新疆津帮凡信理教都须时常默念"观世音菩萨"，新徒入理，住持首先要传授"观世音菩萨"五字真经。过斋会时住持参请诸神，首先是观音，其次依序为文殊、普贤、准提、地藏四位菩萨，韦驮尊为公所护法神，信众依次跪拜诸菩萨。佛教法理并非深固于教众，而弱于道儒义理，古城理门公所四十年仅四人坐化。然佛教因菩萨慈悲普照而使教众颇感亲切，西帮理教信众都自认为佛门弟子。1950年古城理门公所解散时，信众把供奉的葫芦移置于观音阁，而非道教的三清宫。理教教义与道教密切，老子和全真道龙门派创始人丘处机，被奉为理教第一代和第三代教宗，传说羊祖是全真龙门派弟子，羊祖法包即内丹修炼和性命之说。④ 王作臣老人忆，坐静须"清心寡欲""气沉丹田""化神炼丹"，可见佛道之合和。理教吸收儒学伦理

---

① 张爱华：《上海理教研究》，上海师范大学硕士毕业论文，2004，第56页。
② 笔者以为，《新疆奇台的理教和理门公所》（《新疆大学学报》2007年第6期）一文，认为奇台理门公所没有羊尹二祖而属于六度派，是欠妥的。其忽视了观音像和葫芦之缘系、符号象征。
③ 平山周：《中国秘密社会史》，河北人民出版社，1990，第9页。
④ 李洁贤：《理教传入天津与西老公所》，《天津文史资料选辑》第二十四辑，1983。

观，孝悌、报国、谦和，理门之人敬称长辈"某奶奶""某爷爷"，不分贫贵，同等相待。

2. 仪式

（1）入教仪式。新疆津帮理门公所的传教师即住持，亦称领众或当家的。新人入理门，须请引师引荐，公所遂分配一个引师，向新人介绍理门规矩，再由引师把新人的名字写在红纸上，贴于佛像旁，谓"挂号"；随之选择斋口（道门节日）或吉日，于傍晚传法入理。仪式须有住持、帮坐、催众、引众和四个站坛共八人。引师带新人入坛房前，高吟数句偈子，新人跨过门槛即跪下，住持高坐上方，握新人左手言："上不传父母，下不传妻儿"，新人发誓后，传于其五字真言"观世音菩萨"三遍，新人叩三首。与杨柳青入理程序基本相同。

西帮理门尚有帮坐法、引师法、催众法、站坛法，皆由前任领众单传，多为咒语，秘不外传。帮坐、催众、引师等由公所元老推荐，考察认可后，由住持选择斋口或吉日单独传法。

（2）丧葬仪式。修行有素之人安然端坐而命终称"坐化"。理教领众坐化后有坐缸仪俗，即把坐化者移入专门的缸内，保持其端坐的姿势。《理报》曾载《论理教中人逝世后之坐缸》，专述以缸代棺，省地节财防腐等益处，呼吁理门广取坐缸葬式。新疆古城的观音阁和三清宫都有坐化入缸者。缸从天津运来，缸盖顶部和缸身底部均为莲花图案，缸内置木座，上铺棉垫，坐化者着蓝色老衣坐于上，缸身与缸盖丝口旋紧即可。

百姓对坐化者格外仰慕，理门住持坐化后有专门的墓地，谓"公地"。在古城为"梁爷公地"，置于津青菜农在清末陕西庙馆地界纳租开垦的菜园。公地先后埋葬梁爷、张爷、李爷。梁爷德忠为第一代住持，李爷锡晋为第二代住持，第三代住持蒋爷已回天津。而张爷自津入理教，后至新疆古城营生，常至公所拜参，梁爷遂传其坐静法。其于梁爷茔冢边的砖炉坐化，信众则将张爷坐缸葬于公地。西帮未坐化者的信徒丧葬与不在理门的津人无别。一种是深埋于"天津义园"；一种是将棺木置于义园墙边，以土块垒成透风的小室，或置棺木于城隍庙后的大庭房，待尸体干后，家人以油布裹之运回家乡。

（3）道语道规。西帮理门有约定俗成的行为规范、礼仪和道语。理教信众称跪扣为"下参"，下参时要求默念"观世音菩萨"五字真言。双手抱合站立念"观"，躬身屈膝念"世"，跪叩首念"音"，躬起膝身念"菩"，站直身体念"萨"，此为一拜。下参时只动形体，不出声音。认为"出声天盗人气，默念人盗天气"。或许是教徒自我掩护的做法，或许只系养生。

教众间见面行礼作"抱合"，掐子午诀。前者是左手在外、右手在里面弯曲合抱；后者是左手拇指摁于右手食指第一指横纹处，右手拇指摁于左手中指第一指横纹。与外人见面则合十行礼。信众参加理门外的宴请或聚会被敬烟酒时，理徒言"在理儿"或"有理儿"，对方则不再劝烟酒。皆同于津青理教。

3. 教众活动

（1）斋口下参。新疆理门公所供奉观音菩萨，每年观音诞辰日（农历二月十九）、成道日（农历六月十九）、出家日（九月十九）是西帮理门重大节日，过大斋会，称"大斋口"。

斋口前，教众洗澡、更衣，交愿钱，有专人负责收份记账。斋口日晨，信徒扮如前清官员，各持购自天津的法鼓、小锣、大钹、小铙、云锣等，烘托浓烈的斋日气氛。公所内设有佛堂、坛屋、伙房，佛堂供桌奉观音像，两边各一葫芦，像前置金铜油灯、大铜香炉和烛台。

古城斋日下参程序，先由住持进香默念请神：紫竹林中观自在，慈航普度观世音菩萨升莲台，普贤菩萨升莲台，文殊菩萨升莲台，接应准提菩萨升莲台，地藏王菩萨升莲台。随后住持入坛屋坐静，教众开始下参。先在公所按秩序擦脸净手，随即进佛堂上香，依次参拜观世音、文殊、普贤、韦驮菩萨，再向坐化的梁爷、张爷、李爷下参。下参可一拜，也可三拜，可非同一时间。拜后就餐。逢大斋口，当地津帮名厨都自愿到公所为教众献艺。斋口过毕，公所公布信众的愿钱。傍晚，住持再上香，记账者报交愿钱者的姓名、费用，向神交愿。

（2）公地下参。理门视坐化为性命双修的最高境界并纪念坐化者。1950年前，每逢农历腊月三十，古城理门教众都自愿到梁爷公地为坐化的领众下参、祭奠。信众持灯笼（置于铁丝罩，固定于木杆），杆底端三根铁支可插入地面，从城门一路走一路插，一直到公墓，约一千五百里，表达对宗师和坐化者的仰念。

（二）新疆津帮理门公所的善施善举

1. 津人施棺木、敛捡骨传统

津门理教公所常备空棺，免费为故后无人敛尸者用。天津独流镇理教北公所还建"掩骨会，每年清明寒食两节雇人到荒墓野地敛埋残骸"①。新疆津帮故者深埋义园或干尸裹包运回，大都为较富裕人家。穷人死后，家人只能草草挖坑浅埋，坟茔易坏，尸骨易被牲畜衔出。西帮理门认为白骨不能见太阳，迪化理门公所往往"掩埋尸骨"②。在古城若尸骨露出，教众都会捡敛而埋，或置入白骨塔（该塔建于唐朝城故址，砖砌三层，塔上留有小窗）。每年春季土松干燥，尸骨多露出，理门老人则持白旗，戴手套，携铁锹、夹剪、布袋捡敛白骨。

2. 保健门

新疆理门公所设教员义务指导健身锻炼，备担子石、锁子石等保健设备，这在其他宗教社团是少有的。新疆督军和省长杨增新授誉理教公所为"保健门"③。

3. 二众公所

与理门大众公所相比，女徒二众公所除从事教门活动，还倡行女子不裹小脚，劝送女子入学。理教以严禁烟酒而闻名，二众公所对此做出巨大监督作用。古城二众公所住持，承担街坊邻里关系调解义务，疏通、化解同乡矛盾和家庭婆媳、妯娌、夫妻不睦等。津帮家族孝悌孝慈尚佳，与之有直接关系。

4. 法鼓会

系西帮理门公所组织。农历三月十五、七月十五城隍出府、出巡日，理门法鼓班奏乐鸣锣开道。凡居民丧事，法鼓班即往"送路"，出殡日法鼓班鸣道至墓地。理教取缔后，法鼓会成为理门公所的遗留组织而续存。

（三）西帮理门系结津青

西帮理门公所供奉的观音像由天津请来。1950 年春解放军剿匪部队进驻古城直隶会馆，理门公所第三代住持蒋爷将观音像转存于同乡于姓老奶奶家。1951 年禁闭会道门，于奶奶将观音像埋于自家院墙边。人民公社拆迁于奶奶房院，观音像的一只胳膊被挖断。于奶奶带观音像回家乡，留于天津。古城理门遂成为历史，然理教公所铭记于津帮老人心中。

---

① 《理门与近代华北集镇社会——天津独流镇理门调查分析》，《清史研究》1997 年第 2 期。
② 王子钝：《理门公所与大乘佛教》，《乌鲁木齐文史资料》第五辑，1983，第 102 页。
③ 新疆政协：《新疆文史资料选辑第十四辑》，新疆人民出版社，1985，第 107 页。

理教的神祇系统是开放的,各菩萨神灵都可得以敬拜。据《理教集要》,其诸神佛名贤诞辰日,神名近一百五十个。[①] 然新疆直隶会馆理门公所神祇唯有菩萨:观音、文殊、普贤、准提、地藏、韦驮,简明而无复杂繁冗的教义教规、仪式。教门礼仪与活动世俗化,使其切近生活,易效于行。这使津地汉帮与其移民以乡缘社群信仰而连为一体。

在新疆的各省会馆中,唯有直隶会馆没有供奉家乡神,而在一墙之隔的理门公所供奉着观世音菩萨。直隶会馆与理门公所及其二众公所,是一体两面,会馆给予乡亲生计、业缘的支撑,公所予以津帮心灵的系结。在民国新疆,津青商帮无同乡(天津或直隶)会馆之处,理教公所实际代替着同乡会馆的功能。新疆伊犁、塔城、阿克苏、吐鲁番、古城、焉耆等地均立津帮理教公所。津帮在疆出色于他帮,不可否认理教"诸恶莫作,众善奉行""济困抚危"等教化之聚合力。杨柳青西帮同盛和、文丰泰绅商大字号都赞助理教。民国二十一年(1922年)新疆津帮兴泰和京货店商主韩乐山,捐资筑修杨柳青理门"公地"及其牌坊门楼,请青镇东公所领众讲法,联结了杨柳青西帮理门与家乡理众。津门理教信仰成为联结津青与其西帮乡亲、商人的重要文化基核。在清末与民国津帮对新疆的拓建中,理门之功或不可没。

---

① 张金山:《理教集要》,上海集成书局,1941,第1~10页。

杨柳青镇乡：地缘圈界与信仰圈层

——兼论汉人社会圈层形态

周　泓[*]

乡村地缘圈界与地方信仰圈层研究，是笔者"圈层格局"论的最初支撑构架（另文则以商域、镇域业缘形态与市镇宗族类型论说圈层格局）。杨柳青乡村地缘圈界观和于伍爷崇拜表明，社群信仰的民间建构构成官方建构地方的基础因素，情感认同是其记忆重构的机制和线索。基于乡社信仰圈层和市镇商域圈层的"圈层格局"，为汉人社会群体结构的新解析。

一　地缘圈界观

历史地保留着的民间社会制度按照被认同的范围执行，地方成员可以受到传统或民间制度的保护。

（一）地籍—村籍

按现今成文法，有户籍则有村籍身份和地权。而在近代，村籍取决于地籍，居民无地不是村民。即据习惯法，有地才是村民，没有田人不了村籍，是外地人，儿孙则继续做工匠。[①] 华北栾城县的寺北柴村，只有当祖孙三代都居住在该

---

　　*　周泓，中国社会科学院民族学与人类学研究所研究员。
　　①　参见刘豪兴《农工之间——江村副业 60 年的调查》，《社会研究与社会发展》（上），第 468 ~ 469 页。

地，并在该村拥有坟地，才被认为是真正的村民。① 地籍代表着村籍、村民资格。

在杨柳青镇南，主要为第十五和十六村，故地籍在哪个村不很重要，而重在御河南（乡民）或御河北（市民为主，近代绅商和镇府居地）。因此依据习惯法和宗法的地籍与族籍标示着乡缘、地缘。婚姻或准血缘关系（收养）是取得村籍的主要途径，依重同族、本家，嫁入婚娶得地，夫亡无子则失地；入赘得地，婚姻解除则收地。限外姓立继，立嗣先应继，后爱继，再收养。以婚姻等途径进入村庄，分得土地或土地所衍生的租息，遂真正被社群吸纳。"乡村集体社区成员的身份是因土地而来，并非仅仅因居住地的地缘关系而来！地缘不是决定性因素，起决定作用的是土地所有关系"② ——地籍。杨柳青镇区居民户（指非农户）占 50%，虽然与街区村民同住几十年甚至几代，却不拥有土地（故杨柳青外地移民多在御河岸北；今杨柳青村民多不愿转为非农户口）。

以往的同族四邻先买权也保护了村界的稳定性。在近代华北农村，如果不经家族同意而将土地出卖给外族，家族成员可以到官府控告③；"族人还有权要求出售人取消这一买卖，把土地卖给自己。"④ 若族人买不起土地，则容许家庭成员将土地出卖、典押给外族或外村人。

传统阴葬习俗和乡民对"风水田"（坟茔）的控制，亦反映出强烈的村产观念和村界意识。城镇居民在乡间寻找墓地，加剧了人地关系的紧张。外地买主在该地购得坟地后，"实际把持的是属于看坟的人"⑤。市民高价购置的坟地往往被转租，使城镇业主的所有权虚置。

现今土地被政府或企业征用，然资金收益仍在社区集体行政的控制下再分配或用于扩大再生产。乡村社会，村民身份与亲缘关系交叉重叠，并往往基于后者。地方性制度在自己的资源结构中，权衡村民—社区—政府的关系，作亲缘与利益的黏合选择。

---

① 《中国农村惯行调查》第 3 卷，第 39、56 页，转引自杜赞奇《文化、权力与国家》，江苏人民出版社，2003，第 197 页。
② 王颖：《新集体主义：乡村社会的再组强织》，经济管理出版社，1996，第 168 页。
③ "满铁"北支经济调查所：《北支惯行调查资料》第 79 辑之二，第 10 号，土地买卖篇，第 221 页，山东省恩县后夏寨庄。
④ 章有义编《中国近代农业史资料》第 2 辑，三联书店，1957，第 76 页。
⑤ 《吴县枫桥区阳风乡调查材料》，苏州档案馆藏档，卷宗号 101-7。

（二）近代一田两主制对杨柳青地籍地界观念形成的基础意义

一田两主地权结构即大地主与租赁人（收租者）的关系。乡村社会的人情、面子与伦理，使借贷偿还的契约行为难以纯粹，高利贷的程度受限，故在城郊市镇或城镇与乡村间，土地买卖、借贷、租佃关系多为异乡人关系，即离乡地主、商人将土地租于外乡或外地人，外人入籍；在乡地主将地租售外乡人或收买外乡地，土地交易、借贷和租佃关系直接统一。外籍业主，主要是城镇工商业者兼地主和他乡地主土地占总使用面积的 40% 以上。

在此，"收租的可靠性是不在（乡）地主制发展的一个重要条件"①，乡绅们离开农田，改直接收租为雇用代理人、催甲、账房和柜房等在乡村照管土地，催收租税。不在乡地主不再直接控制其土地和佃农。杨柳青石家四门尊美堂土地七百三十多顷，除青镇土地外，静海、武清、文安、霸县、安次、固安等县均有其土地，皆经由外账房出租给各地佃农，或直接收租钱，或与耕者分成，由外账房催租讨债。三门天锡堂土地几百顷，账房将其各处所有土地分布画于白布，标明土地亩数、地点、租金若干，由各处二地东收租。

继而，田面权保存、持有于乡村佃农手中，在佃户间转卖，或历经耕种成为家业、祖业，具有了所有权的性质，拥有田底权的大地主（业主）对田地的控制能力受到限制，很难撤佃而在村外另觅佃户，而村外人面对村民的村籍意识，也不能轻易取得该村界内田面权。

由于收租者（二地主）常居乡下，直接与当地佃民交往，外人代替大地商承担管理土地和农民租佃、租贷、借贷之责，故成为佃农矛盾所指。在杨柳青异籍人、外地人成为乡民中作威者的代称。并因保护人关系改变，亦促使了乡人对土地的保持、掌握和抵制外业主控制的意识。地籍意识正与此衔连。

佃民借助乡族势力和村界意识，在主佃关系中拥有较多优势。纵使土地交易圈超出村级土地市场，村界意识并未因此淡漠，而对村界内田面权起着基本的固化作用，并孕育了村庄共同体意识。集中于镇南的杨柳青社民对保护当地、庇佑乡民的于伍爷的一致崇拜亦基于此。

以往的研究大多强调城居地主对佃户的支配，而忽视了收租地主面对乡族

---

① 费孝通：《江村经济》，江苏人民出版社，1986，第 131～132 页。

势力的无奈。

（三） 习惯法圈层

在法的强制不容许而个人和社会伦德不完善的地方，习俗作为这两种秩序的补充发挥作用。乡村社会是习俗化的空间，民间日常实践的经验制度，形成习惯法或社会规则，与国家法交错，并具有某种独立性。

清代村庄首领们拥有对习惯法的管辖权和司法权能，在各自范围内被国家承认为司法权威。史布莲克（Sybille Vander Sprenkel）认为，其行使着帝国下级法庭的职能，是帝国法典的伸延与具体化。[1] 因之国家、村民和绅士的三角结构可为国家和绅权的二元结构所替换。[2] 至民国，地方绅士、村庄首领以及地保、乡约等对实施习惯法解决民间纠纷发挥着重要作用。在第一阶段，族邻、耆老、中人、地保、乡约的介入具有完全的程序意义，且通常有明确的裁断。第二阶段，调解失败的案件提交县署，而后者依据前者裁判；事实上，官断诉讼只是极小部分，绝大部分纠纷通过民间调处获得有效解决（delegated powers）。第三阶段，地方官接受诉状后往往将案件批回，要求邻证"确查实复"，或指令中人"理禁禀复"，或责成保约"同原证从中剖处"，即把案件交由诉讼前阶段介入纠纷的同一些人查实处断，亦即纠纷经官府监督、干预，仍以民间调处方式解决。

黄宗智"区别不同层次的官方表达，再注意到官方表达和民间表达的不同"[3]，称国家正式机构与民间社会之间的乡保和村里正等县以下行政职位为第三领域。[4] 梁治平批评认为，在诉讼中间阶段"官府调处与民间调处相结合，但这并不意味着一个介乎民间调处和国家法律之间且区别于此二者的第三领域存在，恰恰相反，它表明了二者之间的内在联系"[5]。

---

[1] Sybille Vander Sprenkel, *Legal Institution in Machu Chins*, London: The Athlone Press, 1962, p. 127.

[2] 参见黄宗智《华北的小农经济与社会变迁》第十三章，中华书局，1986；杜赞奇：《文化、权力与国家》，王福明译，江苏人民出版社，1994。

[3] 黄宗智：《中国法律制度的经济史、社会史、文化史研究》，《北大法律评论》第 2 卷第 1 辑，法律出版社，1999，第 367 页。

[4] 黄宗智：《中国的"公共领域"与"市民社会"——国家与社会间的第三领域》，载邓正来等编《国家与市民——一种社会理论的研究路径》，中央编译出版社，1999，第 430~433 页。

[5] 梁治平：《习惯法、社会与国家》，《读书》1996 年第 9 期。

　　传统上几乎所有契约关系都要由中人安排，中人对以后这一契约的有关事项负责。充当中人的多为村首、长老、保甲、族长、地邻。在土地交易这类重要场合，卖主亲族及四邻到场，画押往往是地保、乡保为重要人，否则所立卖契无效。① 由于地方官对于族邻、约保、地方士绅等依赖甚重，词讼案件亦往往批回理处，民谚："过得乡场，过得官场"。乡土社会大多是熟人的关系圈子，非正式的调解更具普遍意义，调处中人的社会身份、地位、声望和人际关系决定调和的可能性。同时，此一场合的中证人可能是另一场合的当事人，或调处其他场合的"公亲"，因而，在田房交易、租佃、借贷及婚姻等事订立各类契约文书时，均有族长、绅耆、乡党中人画押，对交易双方均有约束力。国家承认并依赖民间调处的主要角色亲族、地邻、保约、中人、耆老以及半官半民之族保、地保、乡约、甲长、保正、乡保等，表明习惯法构成民间秩序化和官府统治的基础，对国家法具有补充功用，各种民间契约是政府据以确定税收、管理土地和解决各类相关诉讼的根据。② 杨国桢、费成康关于土地契约文书和宗法的研究，对于成文宗族法背后的乡土社会关系关注不够。③

　　几乎所有的习俗都是群级的或阶层的，农人社会的习俗所允许或要求的不同于商人群层。同一切动产尤其是货币相反，地产的地方确定性，使商人作为外乡人出现。杨柳青地少，粮食紧张，粮食交易对于商人来说是最可取的领域，然而土地交易的频繁使御河南地权流至乡村外，岸北的商人如同官府，对于岸南村民而言是外人，即非当地社群人眼里的"土地所有者"。排外的地籍观使帮工、合伙和借贷中，家族和亲属取向成为基本的关系准则。外村人多以联姻获得地籍。故地籍与宗族对招婿、收养的拒斥相联结，使外姓养子和赘婿甚或成为某些宗族习惯法的禁诫。

（四）职官制度对于杨柳青地界观念形成的作用

　　杨柳青历代官职中，巡检和驿丞均为外籍人；汛把总和南运河营守备职官均系津市人，以及其他籍贯者；而清末和民国年间杨柳青地方政权组织乡镇长

---

① 《民商事习惯调查报告录》，台北，进学书局，1969，第419～428页。
② 参见杨国桢《明清土地契约文书研究》，人民出版社，1988，第13～15页。
③ 参见张佩国《明清江南乡村地权制度的历史人类学研究》，上海人民出版社，2001，第29页。

则均为当地人①，即县镇官府大多为外官，而地方政权组织皆掌于当地绅家，形成明显的内外圈界群层。

（五）村民与革命和绅层

义和团运动时，镇南乡民较御河北商民易于接受拳民，村社力量联合拳民和民间教民，抵制外国及其教会势力，强调村产地庙不容外人的惯习，少年习拳者多。此或因于农人相同之出身，或更出于抵外。农会与地缘结合，族产、祖业寓于地产，携赋地界地籍观念。因而，党组织在村落的会议几乎是族长会议。阶级意识并非易于替代家族主义，农人参军和革命并非同于阶级觉悟，而不乏经济缘由。一些弱小或失势的宗族或其成员，加入或支持革命，然一般不倾向于暴动，故返乡动员者少。尤其是乡绅、士绅之家，其族规基于"一荣俱荣，一损俱损"的家族理念，违者"入祠重处"，故往往组织民团，配合保安队维护地方制度。宗长、族领、村首的态度对村民影响颇大，故强势宗族成员入新（革命）农会的束缚更大。在熟人社会的乡村，参加打击豪绅的运动，家族、面子、乡缘、道义常常顾虑在列。

经济因素起着双向的作用。农人、帮会迫于经济而投奔革命，同样不违抗宗族和富绅的赡育、义施、赈济，因此豪绅在乡村仍然发挥潜在力量，帮会和会道门大多依附于当地有实力的豪绅。离异政府、抗税抗捐的会匪会道门，是虚拟或模拟的血缘群体，对内生死与共，纵然易与党组织合作，却地域观念极强。并且，财势亦为新政权和军队所重视和借助，依靠原有的财力、威望，绅家豪族仍然易于在新的政权中取得地位，产生影响，进入新的权力体系。故而，乡村势力仍系豪绅，权力运作秩序是传统法则与新体系共存并行。

随着士绅移出乡村，地绅和佃农的纽带松弛，国家开始介入水利等事业，与农民建立了更直接的关系。然而，国家缺少足够的资源完全填充主佃关系缺损的乡村权力真空。绅董制较多地依靠半官方的公共活动及地方官员的私交，而不是以对土地的私人控制和农民的依附关系来履行原来由地绅承担的职责。原先的乡绅加入由绅董组织的社区赈济等，在举办公共事业时努力与政府官员

---

① 见《杨柳青镇志》蓝本，第十五编政权，杨柳青镇政府内部编印。

和上层士绅保持联系。对于农民，旧绅是圈内人、新绅主要是军绅、官绅逐渐
成为圈外人。

二　地域信仰圈层

　　行政空间与地域崇拜之间是何关系？空间的仪式表述与行政空间建构一致
抑或有自己的地方化概念？舒茨（Vivienne Shue）的研究偏重国家力量向地方
和民间延伸的途径。魏勒（Robert Weller）与葛希芝（Hill-Gates）的"中国民
间意识形态"研究，侧重从民间文化扩展发现中国帝制社会与文化延续的原因。
孔裴力（Philip Kuhn）通过民间信仰引起的社会骚动，讨论民间对官方的反作
用。王斯福（Feuchtwang）关注国家象征体系在民间文化中的改装与再解释①，
其与施舟人（Schipper）讨论了地方庙宇如何成为社区的象征性体现②，认为小
地方有其自身的秩序，通过"隐喻方式"被纳入"中心"区域。庙宇尤其是
"根庙"（root temples）是一种隐喻方式，民间庆典仿效了帝国官方理念。布尔
迪厄认为，任何一个场域都有自身逻辑和自主性。外部资源欲渗透到场域内部，
必"先通过场域特有形式和力量的特定中介环节，预先经历一次重新形塑的过
程"③，只有转换成场域本身的结构元素，才能发挥作用。同时地方行动者会以
默识经验和习性变通规则而与结构交互作用。格尔茨认为宗教象征意义建于人
们的"心境和动机"，它的思想是在"现实环境中形成"的。④

（一）民间社会的地方崇拜

　　一个地方主神通常都有"帝"或"爷"之类的头衔（如杨柳青于伍爷），
将过往的权威转化成切近的象征性权威。地域及其庙宇崇拜的边界想象，强调
保护地方自主性与一体性，超地方的政治支配和新的社区建筑，被认为有损于

①　Stephan Feuchtwang：*School-Temple and City God*，Studies in Chinese Society，1978.

②　Stephan Feuchtwang ed. ，*Making Place：state projects，giobalisation and local responses in China*，London：UCL Press，2004.

③　〔法〕布尔迪厄：《实践与反思》，李猛等译，中央编译出版社，1998，第144页。

④　Clifford Geertz，*The Interpretation of Culture*，New York，1973；*Local Knowledge：Further Essays in Interpretive Anthropology*，New York，1983.

地方的风水，意味着对地方秩序的侵扰和与地方模式的冲突，是不祥的。杨柳青的聚落形状似一条鲤鱼，这被当地人认为是能获得成功和盈利的关键福祉，当地的河流是风水气数连接起来的命脉。

杨柳青民间神灵信奉系结着浓厚的排外意识，当地人相传，天齐庙曾经"一外人蹴之，庙中鬼神活动，乡人遂惊吓死也"①。民间的驱鬼仪式实际上是社区边界的再确认。其中，"鬼"隐喻着社区外部的"陌生人"。驱鬼行为将这些"陌生人"排除出社区，创造出社区与其临近地方的界限。② 祭祀活动有民间政治性，它以变通为统治者禁止的方式而表达出来。杨柳青于伍爷崇拜没有与其他庙宇间的连带关系，却是其地域社群的信仰象征。

在乡村基层社会，尽管国家通过赐额、赐号以实现对民间诸神的控驭（如于伍爷前普亮宝塔），通过区分国家正祀与民间杂祀（如娘娘奉拜等），为神灵信仰划定了圈界，把官方的意识灌输到民间，然民间信仰组织及其活动与地方官府之间仍有相当距离。同时不同地方，民间信仰表现出的国家—民间社会关系有相当不同。近京的城隍、碧霞元君，津地的天后宫、皇会等被纳入国家正祀，诸地官员定时祭祀，香会往往请著名官宦书写碑铭，官宦组织参与民间祭祀和庙会活动，显示对民间信仰及其所显现的民间力量的重视；但在较远离政治中心的地方（如杨柳青乡村），却被民众与其他杂祀鬼神同样对待。寓于民间信仰、社群圈层，依托乡亲、邻里，借以话语、姿态和仪式象征等表达，形成底层政治逻辑和意识形态③，群体对外的沉默成为非公开抵抗的常态。

（二）有关汉人宗教信奉

爱德华·罗斯（Edward Alswarth Ross）认为，中国人在接受宗教之初同任何其他方面一样，追求实用④；克里斯蒂安·乔基姆（Crisdian Jaojmu）亦认为：

---

① 张次溪：《天津杨柳青小志》，"神庙"，《双肇楼丛书》，1938。

② Arthur Wolfed, *The Imperial Metaphor*：*Popular Religion in China*，1992；Arthur Wolf, *Gods*, *ghosts*, *and ancestors*, in Arthur Wolf ed., Religion and Ritual in Chinese Society, Stanford University Press，1974。

③ James C. Scott, *Weapons of the Weak*：*Everyday Forms of Peasant Resistanc*, Yale University Press，1985；James C. Scott, *Domination and the Arts of Resistance*：*Hidden Transcripts*，Yale University Press，1990.

④ 转引自沙莲香主编《外国人看中国人 100 年》，山西教育出版社，1999，第 272 页。

对一个精神性的观念体系的信仰绝对不是普通中国人宗教行为的动力，中国人的确是不注重宗教教义的，他们很少认为信仰某种特定的宗教教义——拒斥所有其他的教义是一件生死攸关的大事。在中国，神与人间似乎存在某种契约性的东西，人对神的祈求通常伴随着某种有恩必报的允诺。① 许琅光（Francis L. K. Hsu）认同，中国人寻找佛或其他一些能够为受难者提供及时帮助的神或神灵。② 唐君毅赞同，中国人"以人与人交往之态度对神"③，因而佛教的菩萨、道教的玉皇、自家的灶王、村口的地庙，都为地方百姓崇拜，接受新的信仰不必放弃原有的信仰，当某一种神无法实现其愿望时，转而向其他的神求助。④ 费孝通亦言："我们对鬼神也很实际，供奉他们为的是风调雨顺，为的是免灾消祸。……鬼神对我们是权力，不是理想。"⑤ 20 世纪 80 年代末至 90 年代初，李亦园对台湾新竹寺庙香火的考察，杜磊对中国回族宗教复兴的考察，均得出功利主义角度的结论，认为出于经济利益与权益机会。

然而，人类学者应相信民间百姓的信仰是真诚的⑥和感恩的，参与宗教活动的动机是出自内心的虔敬信奉，即使有功利的成分，却基于相信：有置于万物之上的神灵，会扶持正义，慰藉善良，因而会还愿。杨柳青人对于伍爷无偿医治乡民，马伍爷义务济困，窦哥哥义务送水，石元仕恩惠地租之祀拜敬奉正是如此，是对于平等、善意、安福的渴望和感恩。辜鸿铭认为，中国人的儒家哲学和伦理体系取代了宗教。⑦ 但这多是官方或体制精英的道统选择。

杨柳青明清扩建的大小庙宇约三十座，1950 年前杨柳青每街约两个寺庙，现今无存。政府重开的文昌阁作为乡社教育的历史象征，无人进香。当地民间暗自设坛祭拜、进香一处——于伍爷墓，无庙，供画像，围以矮墙，供帐，石

---

① 〔美〕克里斯蒂安·乔基姆：《中国的宗教精神》，王平等译，中国华侨出版公司，1999，第185、163 页。

② 转引自沙莲香主编《外国人看中国人 100 年》，山西教育出版社，1999。

③ James T. Duke, Barry L. Johnson and James B. Duke, "Rates of Religious Conversion: A Macrosociology Study", *Research in the Social Scientific Study of Religion*, Vol. 5, 1993, pp. 89-121.

④ 唐君毅：《中西哲学思想之比较研究集》，台湾学生书局，1988，第 245 页。

⑤ 费孝通：《美国和美国人》，三联书店，1985，第 110 页。

⑥ Max Weber, *The Sociology of Religion*, Boston: Beacon Press. 1963, pp. 30-34.

⑦ 辜鸿铭：《中国人的精神》，海南出版社，1996，第 125 页。

碑层叠环绕，献如"有求必应"，"保地安民"，"佛光普照"等，前立一御敕普亮宝塔。于伍爷非佛非道，然被赋予亦佛亦道的神力。附近广传，于伍爷是替当地人行天道的神人，维持公道，伸张正义，保护当地无祸无恙。

文昌阁守门大爷：别在这儿烧香，不灵，还收五元门票。进香去伍爷那儿，灵，还免费。

供品生：于伍爷历来给杨柳青人看病不要钱，现在伍爷塔进香也一直不收费。于伍爷一生救助善待百姓，生后也护佑好人。

区公安值勤：于伍爷和其他寺庙神不一样，是真人，救助百姓不收钱。

镇政府门卫：求于伍爷特灵，百姓都信他。

ZH 爷爷：于公是在杨柳青御河南边居住，给人医病的。于公塔原本地人建，后算敕修，又被南岸百姓保护，初一、十五南、北岸人都去祭祀。其他寺庙、牌坊都没有保存下来。于公是真人，在老百姓中间威望高，就像河北岸大宅院墙有封神姜太公在此的龛位（现在外出人家用红纸贴在大门上角，应在正上方），几乎家家都信奉。河南岸的人在"文化大革命"前后算"无产阶级"，受信任和重用，在"专政"里能够说话管事，于是于公塔就被保护下来。

退休大伯：于伍爷为无产者治病救人，无产者信拜和保护了他的坟茔。

河南、安徽民工：杨柳青人都知道和信奉于伍爷，我们也知道，也去拜。

（三）真人信奉和绅神于伍爷神力

中国道教和民间信仰有真人信奉的传统。行业祖师崇拜不少以真人作为某行业的鼻祖，如孙膑真人、蒙恬真人、吴道真人、胡鼎真人和吕洞宾真人等。真人以修命境界高而深明大义为信徒尊奉，亦如姜太公、关公等拥有神力和正义。许多地方的方神和本文的于伍爷祭拜，是真人信奉的沿袭和遗风。于伍爷以修身养性、公直仗义、济弱抚危之绅性为当地所祀奉。

民间传说大都出自底层，多是在境困无奈时，出现奇人（或兽或物）解救危难。这正是百姓的祈愿、企盼、想象。杨柳青的真人传说，除姜太公外还有义务善济的马伍爷、窦哥哥等。

关于于伍爷的传说。（1）于伍爷是杨柳青十六村人，出身贫苦，自小勤奋好学，自耕自种时，习读医书，免费为乡民治病，不分昼夜、风雨和贫富，随唤随到，行善至终（民工）——突出于伍爷不辞辛劳的农人本性，不分贵贱、平等待人的医德。（2）于伍爷是本地人，出身医塾，一生行医乡里，义务救人，不向穷人收费；医术高明，药到病除，救过无数乡亲的命（镇职员）——突出于伍爷的崇高医德和高超医术。（3）于伍爷是乡绅（医绅），能驱邪治病，保佑贫弱，逐鬼避恶，起死回生，非他绅可比（村民）——夸赞于伍的医德和神奇的医术。（4）于伍爷是本地医绅，为人义气，救死扶伤，得天书天道，武艺高强，能呼天兵天将，乡庄赖以安宁（于伍爷后人）——赋予于伍爷医道以法力和神力。（5）于伍爷先是道士，后成佛，始终一视同仁，不分高下，凡有不公便显法力（居士）——于伍爷成为普世之公道神，为制度化宗教所认可。

不同的人群注重于伍爷不同的秉性，勾绘其不同的形象，而贯穿其中的是于伍爷的仁义和侠义，由济贫、救人而护民、保乡，绅德品格逐渐被神化。这是在饥荒、战乱交加的年代，乡人对平等和平安的祈愿与期盼，进而外人（兵和官）、外盗等同于外鬼。于是人们对疾患和危害（剥夺、抢劫、兵乱、压迫）的恐惧，使得于伍爷崇拜产生和延续着意义。在此，传播者之间的相同认知是故事传承中最稳定的因素。诚然个人所关切的部分被有机储存、浓化、显像，成为内隐的记忆情结，而且习俗圈愈内固，故事传承主干结构愈深刻，然而重要的是重描和再创作，均表达人们对主人公的信奉，只有为百姓内心信服者才成为权威，即使其不拥有官方权力。于伍爷传说成为当地认同和被认同的关节。

现时外地人涌入，冲击当地生存产业；且"近些年外地人当官，不建设杨柳青，赚了钱都投到他自己家乡"（乡民）。于是，当地人先暗下、后变相借助传说神力，或公开与政府抵争，供起了地方神于伍爷。村民和市民每月农历十五、十六都自行进香。

　　H 居士：我是于树彬（于伍爷第六代孙）关门弟子，现在是居士。于伍爷嘉庆年间圆寂、立塔，1986、1997 年重修，起于十六街（村）法鼓队会首倡领，百姓捐款资助。修塔剩余捐款，寄给了安徽水灾区。

S 居士：起先政府不准许，据说市某领导由于三起三落，去津市大悲寺，住持要他治河道和修于伍爷塔。而区委、公安不应，派出所阻拦。后来干事头痛身晃，家门不安，众说于伍爷显灵发威。公安、区、镇政府无奈默许。

SZ 科长：于伍爷坟谁敢动？没人敢动。老百姓信他。有许多传说，说法极多，（于伍爷）是真人，御救塔也是真的。他人仗义，对百姓好，老百姓护他。其他寺庙、神像都拆了，只有于伍爷墓一直保留下来。

H 居士：现在伍爷墓和塔归佛教协会，政府准备扩建，我们是帮国家协调治理。我皈依佛门，有法号，去津市大悲寺，都是师父于树彬托梦给的。天机不可泄露。几个服务的都是我的弟子。

三弟子：我们都是自动尽义务。于伍爷在五台山也有庙门和弟子，都因得难病求助伍爷，得救送信。

S 居士：伍爷保杨柳青，避免了兵灾、地震和龙卷风。

供品生：十六街法鼓会头、善人（居士）曹连发，领百姓捐资重修于爷塔，高压线落下竟没伤人，我亲眼见。

L 奶奶：伍爷治病救人，有求必应。凡初一、十五我都来。我来墓地尽义务三十年了，今年92岁，身体健朗，没有什么毛病。

供品生：区警卫营南营房一个团长，求于伍爷灵验还愿，派一整连为十六村道路扫雪。

G 婶：感谢伍爷保佑，我妈妈身体好了。

Y 居士：当官的关起门在家拜神，不允许百姓烧香。百姓什么都不信，就只会听当官的。

可以看出，S、Y 居士和 H 居士分别为当地民间和佛教协会不同力量的代表。但于伍爷是向心认同的标识。在杨柳青只要说于伍爷、知道于伍爷，即刻就会融入当地，不会被视作外人受漠视和排斥，人们对你会格外友好、亲切、尊重。因为，于伍爷公待、救助过他们的先辈，你敬戴于伍爷如同敬人父母，则受其尊戴。

社群具有独自的思想和情感方式，一些生活实质只有通过亲密群体内人的相互关系才能被发现①，民间行为是中国文化研究的可靠依据。②

（四）民间信仰对社群观念的建构

民间信仰是形构汉人社会的地方性，并因其主体包含或分属于不同阶层而对后者予以解构。庙宇是地方文化中心，汉人乡村有共同祭拜天地神鬼的信仰需求③，其中外来的神祇多为一种仪式上的需要，与地方历史系缘的神是核心，主要的保护神为地方主神。庙宇庙会使民间信仰仪式重复实践，形塑地缘性。"无论在城镇还是乡村，寺庙大多地处交通要道左近和人口稠密地区的中心（除'藏诸名山'者）。它们往往成为一个特定社区的政治、经济、文化中心——这些中心往往不仅是地理意义上的，而且是人们心目中的，即文化凝聚力之所在"④。信仰圈层实际上解构了社会阶层结构。

仪式是民间信仰的行为载体，具有政治象征意义。范·杰尼普（Van Gennep）、涂尔干（Durkheim）、特纳（Turner）认为，仪式可改变社会成员的现实身份⑤；格尔茨（Geertz）视仪式为"策略性的行为模式"⑥，且"产生了细致入微的权力关系，这种关系的特点被视为：接受与抗拒"。仪式通由阈限，使社会框架中的人们，暂度超离现实困扰，把神圣和世俗的事项联结或搁置起来，使地缘集团的内聚力得到象征性确立。⑦源于祭祀礼仪的庙会社火，由信仰仪式转化为世俗仪式迎神赛会，从娱神到娱人，使宗教体验成为集体心理感验。

于伍爷崇拜有固定的祭祀日期、集会地点、朝拜寺庙、僧道师父和唱经科

① Louis Wirth, *Community Life and Social Policy*, edited by Elizabeth Wirth Marvick and Albert J. Reiss, Jr., Chicago: The University of Chicago Press, 1956, p. 182.

② Perry Link, *Unoffieial China*, Westview Press, 1989, p. 1.

③ 参阅林美容《由祭祀圈到信仰圈——台湾民间社会的地域构成与发展》，"中央研究院"三民主义研究所：《台湾史论文精选》，台北，玉山社，1988；《祭祀圈与信仰圈——台湾的民间信仰与社会组织》，台北，联经出版社，1996。

④ 赵世瑜：《狂欢与日常：明清以来的庙会与民间花会》，三联书店，2002，第204页。

⑤ Victor Turner, *The Ritual Process Structure and Anti-structure*, New York, Ithaca, Cornell University Press, 1966, pp. 95-96.

⑥ Clifford James Geertz, *Negara*: *The Theatre State in Nineteenth-Century Bali*, Princeton University Press, 1980, pp. 122-36.

⑦ 周泓：《主体个性还是文化象征：身心体验的信仰人类学研究》，《云南民族大学学报》2006年第1期。

本，政府予以默许。每月初一、十五，从黎明至暮降，香火不衰，人流不息，除青镇乡民市民，尚有津市居民、邻县镇民、外地流民；而政府职员、军武官兵也私下以个人身份祭祀于伍爷。香客还愿敬献、赠谢的石碑、红帐，围满塔、墓四周，挂满树枝、围墙，使土石变成了红墙和驱邪避恶的火焰。清廷"御敕普亮宝塔"立于冢茔前，佛祖纪念日亦成为于伍爷墓冢祭奠日。这使得佛道合于民间，民间则有了官敕正祀的掩护。它实为汉人历史上，尤其是尚佛时代，道民以寺庙掩道观、以正统掩民间之经验实践。① 于伍爷祀地置普亮宝塔，受到了外佛内道的黄天道影响②，这是其能够于佛教为正统的清季兴存的方式，亦与今政府委托佛教协会管理相合。

进香者先敬拜或跪叩普亮塔；再至塔后献香于伍爷或许愿；再跪于伍爷茔前疗病，贴抚冢茔和身体痛患之处，由墓冢向自己撩气；再置供品于于伍爷像下的台案。即将香炉置于伍爷茔前，而非普亮塔前；供像、供桌在最里层。只有深入普亮塔后，才能见到、触摸到于伍爷，为其接纳。于伍爷冢茔如贫民之墓，仅为跪立之高，而普亮塔高于其数倍，恰同掩护之表征。香客可以站立在普亮塔前敬拜，而于于伍爷冢茔前治疾，则只能跪立，使得自己与医神融为一体。道士口念"阿弥陀佛"，宣传政府社区建设，然始终极力申明自己是于伍爷的传人和门徒。这是杨柳青尤其是御河南社群，内外相别之圈层认同的显然解说。民间神祇信仰的重要表达是百姓的社群认同，"本地人"和"外来人"的差别。

汉人社会人的权利意识与中心和核心相联结，而中心和核心往往是在内层，如家屋的里间、寺庙的山门内、堂屋的供桌后等，能够深入里面、内侧、深部则意味着关系的密切，权利与责任的重要。故本地人与外来人的关系即"局内人"与"局外人"的区别。杨柳青外来移民、店铺、民工、流民，大都在御河岸北之北。

杨柳青于伍爷祭拜已近同宗教信奉，敬香、叩拜、诵经、唱法，传人、道士、居士、住持，灵验、道宗、佛法及传世弟子入大悲佛院，使于伍爷兼医（绅）、神、道、佛于一体。当地信众已更多地视其为神灵，但对官方

---

① 周泓：《魏公村研究》，中国社会出版社，2009，第387~388页。

② 周泓：《群团与圈层——杨柳青：绅商与绅神的社会》，上海人民出版社，2008，第303页。

则言神医、绅士——真人祭奠，以使墓地留存。官府中弹疏百姓的官僚正被乡民视为如同病魔的外来物，是神力显法的对象。于伍爷墓祭拜，如同汉人将黄帝作为"人文初祖"的陵祭和将之作为"医祖"的庙祭一样，是陵祭（视为绅神）和庙祭（视为医神）的结合——将医者与拯救地方者合一，亦将邪魔与外来者类置——将外人视作带来病患灾难的疾魔鬼怪。对乡绅墓地的祭拜与医神庙地的祭祀，合一于杨柳青民间，使绅性正义延存当地。而政府以于氏第六代弟子兼职津市大悲寺住持，使祭地正式纳入佛教协会管理。这又与原信徒自行组织者、祭地管理者的认同形成对立，促进了当地信众的圈界意识，维护了原神保护地缘的象征合法性，呈现着民间社会对于国家建构的张弛。

汉德尔曼（Don Handelman）对仪式（rituals）和展演（spectacles）做了区分，认为仪式的元逻辑是"转化"，源于传统的宗教范畴；展演的元逻辑是"表征"，与官府或功利行为系连。前者包含着对正统秩序的冲击，后者多是官方组织方式。在中原黄陵民祭中，县府借仪式运作商业，吸引海内外资费，9位主祭人中6人是企业家；而杨柳青则延留传统礼仪和绅性，于伍爷墓祭拜并没有或未赋予官方及商业展演性。① 黄陵祭祀已疏离了民祭初衷，成为地方引资的象征资源，杨柳青的于伍爷祭拜则官、商二者皆没有触动绅性传统。

（五）社群祭祀研究

Webner认为祭祀研究最好以一个信仰的分布来界定研究的区域范围，而不是以行政村庄来界定。Sangren认为仅借由一个村庄的社区调查无法解说共同参与的进香活动和深层文化逻辑（Sangren，1987：204）。而祭祀联结不同层级的社会组织，联结绅、商与乡民的文化分际以及不同层级的文化单元，从而扩大了祭祀圈。

清季民国，杨柳青御河北与御河南两大圈团中，御河南圈团内，主要是佛教（官府御敕）、道教（当地真人信奉及民间理教）与外来教会三个圈层的道

---

① Don Handelman, Rituals /spectacles, *Internation Social Science Journal*, Vol. 153, No. 9, 1997, pp. 387-399.

统之争。杨柳青镇内外、御河南北居民都祭拜于伍爷墓，从而可知其彼此间终究存在共同的深层认同，即属于该地"本地人"或"当地人"的信念。于伍爷塔当地住持与市内住持存在排行与正统纷争。当地住持来自民间，市内住持自称于伍爷第六代长门传人而入津市大悲寺，属于佛教协会，力宜于伍爷与普亮宝塔即佛祖系缘，力使于伍爷祭拜整合于佛教。而当地住持、侍务等似道观之人，与杨柳青历史上民间信奉多与道教系结是一致的。这与佛道之道统之分相延续。争取住持排行地位等于争取正统性来源，认同取向意味着正统性选择及其对于区域祭祀圈和信仰圈之权力，即道统之争。不超出村庄范围，仅限于一个村庄社区，无法分析其深层联系。

乡村宗教信仰的"仪式规范"大于"信仰规范"，即祭祀圈大于信仰圈；而在市镇、县镇，信仰圈、庙宇圈大于或等于祭拜圈。重商传统在杨柳青产生商农文化，市场交易及城乡关系比华北内地密切，市场圈和祭祀圈在庙会中重合，民间敬香济事盛于官祀文昌阁拜谒，亦即对教育的诉求没有对地方安全感、危迫感之强烈，文昌帝君保佑的学子大多转为城居者出走，与乡济颇微，故民间认同（包括私立庙堂）高于官府所认可的规定性。同时，农商文化携带的特有的个体性或随机性，又突出于理性仪式，使杨柳青信仰圈、庙宇圈和祭祀圈不一。民国时期杨柳青镇各大胡同和街村都有寺庙，而镇中心即大寺胡同，是镇公所和商会斗局所在，系商、农、衙府、绅商、神庙聚结中心。两侧民户区分别以镇西药王庙和镇东天齐庙（阎王庙）为中心。新政权使这一中心及其东西结构分解：御河北为商业、政治区，御河南为农居、民间信仰区——地方庙宇仅存岸南，于伍爷塔与失落的文昌阁并列为民间文化中心，于伍爷延续着绅、神的地位。故御河南于伍爷崇拜的信仰圈和祭祀圈重叠同一；在镇区则信仰圈大于祭祀圈，许多干部内心敬奉于伍爷，但限于身份不便前去祭拜。社会结构反映到宗教信仰上来。（镇府职员："我从小就知道于伍爷坟，初一、十五上香，街、村上的人大都去，区委、镇府的人大多不去。"）

信仰圈层（并非意味着组织团体）的意义在于，当庙宇被拆除或未重建时，没有祭祀的载体、仪式及组织，人们内心的信仰就消逝了吗？即祭祀与信仰，或祭祀圈与信仰圈必定同时存在吗？信仰是根植于内心的理念，是祭祀仪式产生功能意义的感知和认知先导。应该承认，信徒或教民的祭祀行为是源自神灵信仰或有灵信仰的，人类学宗教及仪式研究的功能判断和视点应当检省。

（六） 社民的法力与主体对结构的能动

孔裴力（另译作孔飞力）的《叫魂》研究"受社会困扰"的多数人没有机会接近政治权力和获取社会资源，通常采取积压和弱者反抗的隐藏方式：逆合作和离异正统社会。割辫叫魂成为具有叛逆清王朝统治合法性之隐喻意味的象征，唤起民间谋反的政治想象。[①] 故当一种神灵感应传导于民间习俗，这一直觉共鸣激发起的所有冲动，对于一群体的功效是卓著的。实体主义学者王斯福曾论，民间地方认同从集权化帝国的意识形态与社会支配中脱离，又自发地呈现出"帝国隐喻"的逻辑[②]，信仰仪式在很大程度上显示着对权力中心的模仿。[③] 于伍爷墓祭与御敕普亮宝塔的合一建构正是如此。然而宗教信仰的神力和合法性，亦使官员朝奏模仿了敬神。神力是社民或弱者的法器。

马凌诺斯基（另译作马林诺夫斯基）早期曾注意到土著人也是制度和习俗的操弄者。[④] 柯泽尔（David Kertzer）的仪式—象征研究认为，重点不在于象征本身，而在于它如何被使用以及使用它们的人。[⑤] 利奇认为，仪式是多义的，可在同一时间被不同的人用来表达不同的观点。20 世纪 60 年代"社会生活作为游戏"（social life as a game）的分析模式，注意个人如何运用策略，认为"规则"只是限定可运用策略的范围，社会不仅仅由规则和规范组成。[⑥] 弗瑞德里克·巴泽（Freddrik Barth）指出，社会结构并非是人极力维系的，人们可以通过行动生成、维持和改变制度。[⑦] 1972 年布尔迪厄《实践理论纲要》，概括戈夫曼关于

---

① 参见孔飞力《叫魂》，陈兼、刘旭译，上海三联书店，1999，第 292、66 页。

② Stephan Feuchtwang, *The Imperial Metaphor: Popular Religion in China*, London, 1992.

③ Stephan Feuchtwang, *Historical Metaphor: A Study of Symbolic Representation and Recognition of Authority*, Man New Series, 1993, Vol. 28, pp. 35–49.

④ 〔英〕马凌诺斯基：《西太平洋岛的航海者》，梁永佳、李绍明译，华夏出版社，2001。

⑤ David Kertzer, *Ritual Politics and Power*, New Haven: Yale University Press, 1988.

⑥ Robert Layton, *An Introduction to Theory in Anthropology*, Cambridge University Press, 1997, pp. 116–117.

⑦ Robert Layton, *An Introduction to Theory in Anthropology*, Cambridge University Press, 1997, p. 118.

个人策略的观点和韦伯关于权威合法化以使支配延续的解释，调和行动者能动主体和支配个人的结构。奥特纳（Sherry Ortner）则揭示制度化中个人实践的差异。福柯的权力"生产—运作"模式，也揭示主体具有天然的权力能动性①，使个体不再是结构支配的对象，而是自我选择的主体。

故在杨柳青，拆庙的力量事实上变成建庙的力量。杨柳青乡民选择以历史真人作为神灵信仰，为官府所认可，使得政治与文化妥协。于伍爷迄今是民意的象征，在区、镇行政区划空间于伍爷墓位于边缘，但在民间深层则寓于中心和重心，使阶层社会在此解构为社群圈层。在西方，人文主义复兴后，个人权力被肯定，权义是完整的，其社会中心是可并立、分立的；在中国，儒教理学下的君臣父子，更多意味着上对下的权力和下对上的义务，其身份人格以与权力的距离而异，故中心或边缘多依据距离权力中心的位置而确定，多是同一（重叠）或圈层环绕的。然在民间社会，由于习俗力量强，行政权力分散弱化，则似西方，形成与主流并行的民间权力、经济、文化中心。

三 圈层格局试说

杨柳青基于地籍的地界意识和地方神为象征的地缘圈界观之圈层形态，是汉人社会生活和社会关系的一个投影。"差序格局"是费孝通关于中国乡土社会关系结构的模式。《乡土中国》认为，中国传统社会奉行的是以"己"为中心的个体主义，有别于西方社会的个人主义，提出差序格局的概念②，此格局是"一根根私人联系所构成的网络"，个体（自己、家人、家）是社会关系的类别基础。差序格局未涉及群体关系的差序和社会中的团体身份，未略及在群体和公共领域（地缘、业缘、政缘）中，以义、利分层圈界的利益、信任和认同圈层，涵括经济实体，政治组织，文化（语言、认知、信仰、习俗）群体，历史与社会（地域、阶级、族属、性别、年龄）群层等。

费孝通曾讨论"团体格局"，如"保甲制度是团体格局性的，但是这和传统

---

① Bruce Knauft, *Genealogies for the Present in Cultural Anthropology*, New York：Routledge, 1996.

② 参见费孝通《乡土中国·生育制度》，北京大学出版社，1998，第 24～30 页。

的结构却格格不相入"，认为"团体里的人……对于团体的关系是相同的"，
"在团体里的有一定的资格……团体中的分子一般大家立在一个平面上"；而
"中国社会结构的基本特性……是人伦"。① 即费孝通认为凡团体皆非传统，是
近代西方式的，以权利平等论。

这一观点忽略了中国亲属关系以外的群体（圈团）结构，而这种结构内部
权利并非平等。中国历来重视非亲属的圈子（团帮派别府系：政派、军阀、行
会、商帮、乡党、师承、坊间等）；且圈团、圈层内外权利、交往规则并非如西
方，而如亲属关系，亦以私人为中心（如地绅乡绅、富绅豪绅、绅商商绅、官
绅军绅）；况且，亲属关系中亦非仅依人伦而差序，却往往以权力（社会地位、
身份）和财富论高低轻重。因而，"富于伸缩的社会圈子会因中心势力的变化而
大小"②。阎云翔认为"通过与作为他者的团体格局的对比，费孝通实际上已经
指出差序格局下……没有由平等的个人组成的大大小小的团体"③。王斯福以
"社会自我主义（social egoism）"重释差序格局，强调建立在个人主义基础上的
团体格局及其边界和成员资格，即这一格局上的每一个圈根据制造这些波纹的
人的不同位置而有所区别。④

然而，后者没有涉及团体内部和之间行动的信任层级规则，即在每个圈团
内和内外交往中，又有基于不同功用或利害关系而组合的各个"信任"圈层。
即，在中国的每一个团体（圈团）里，仍都有以个人、私人利害确定的圈层，
成员对于团体的关系并非是相同的。依宪法、法律，"同一团体中各分子的地位
相等，个人不能侵犯大家的权利……团体不能抹煞个人，只能在个人们所愿意
突出的一分权利上控制个人"⑤，实难相符。甚而，中心者为小团体和个人争权
利，牺牲"公"域利益。

亦即，费孝通、阎云翔、王斯福所言团体，皆为法团，而中国的团体，实

---

① 费孝通：《乡土中国·差序格局》，江苏人民出版社，1985，第 21～28 页。
② 费孝通：《乡土中国·差序格局》，江苏人民出版社，1985，第 21～28 页。
③ 阎云翔：《差序格局与中国文化的等级观》，许纪霖、刘擎编《丽娃河畔论思想——华东师范大学思与文讲座演讲集》第 2 辑，华东师范大学出版社，2006。
④ 〔英〕王斯福：《社会自我主义与个体主义》，《开放时代》2009 年第 3 期。
⑤ 费孝通：《乡土中国·差序格局》，江苏人民出版社，1985。

则圈团。如果说"在差序格局中，社会关系……是私人联系的增加"①；那么，在圈团格局中同样，"被圈子的波纹所推及的就发生联系"②，每个人以不同时间、地点、事项所建立的圈子并非相同，在一圈团内又有诸个圈子，可以分属或拥有不同团体和圈层。在团体（法团）格局下个人是具有本体论意义之人格平等的实体，团体格局与平等人格相辅相成。故基于权益、信任和认同的圈层格局，不同于团体格局。而圈层框架已充斥国家公共领域。

王铭铭认为其中国文化—政治之核心、中间、外围"三圈说"，把费孝通个体意义上的差序格局用于整体意义上的圈界观。③ 而笔者的"圈层"，则力求关切各个圈界内亦分圈层之交阁架构。孙立平关于差序格局"公私、群己的相对性"和马戎借引"三维空间"的解说，张乐天"人民公社"研究，均使之触及群体层面，然仍立足个体间性。石瑞（Charlas Stafford）关于台湾、大陆的抚养/赡养圈与交往圈，亦属差序格局范围。阎云翔《礼物的流动》之核心、可靠、有效、村内、村外五层，则属群体内圈层分类。④ 庄孔韶以中心—边缘解说圈层构架：国家地域的中心与边缘，县镇行政区域的中心与边缘，都城及其边缘⑤，属于政治人类学的解析。

张小军研究明清以降宗族不是以家为原型按亲属伦常的自然扩展，而主要是自上而下的互动过程，是一种"干涉—共振格局"；"其动力的源点不是差序格局所描述水波纹中心的石头，而是来自国家、宗族等外部、旁侧的吸引拉伸"，"使得近世中国的家具有内核和功能扩展的二重结构"。其间，家的内核没有因宗族化而丧失，而扩展出的权利义务，则自晚清宗族合法性与宗法国家的式微而减弱，在形式上渐代以地缘社团或"以政治父系取代血缘父系"。他认为差序格局"对中国社会结构的描述尚欠全面和深入"。⑥

① 费孝通：《乡土中国·差序格局》，江苏人民出版社，1985。
② 费孝通：《乡土中国·生育制度》，北京大学出版社，1998。
③ 王铭铭：《从弗思的"遗憾"到中国研究的"余地"》，王铭铭：《中间圈——"藏彝走廊"与人类学的再构思》，社会科学文献出版社，2008。
④ 阎云翔：《礼物的流动——一个中国村庄中的互惠原则与社会网络》，李放春、刘瑜译，上海人民出版社，2000。
⑤ 2011年3月6日，笔者对庄孔韶教授进行访谈。
⑥ 张小军：《家与宗族结构关系的再思考》，（台湾）汉学研究中心：《中国家庭及其伦理》，1999，第166、169、167页。

笔者以圈层形态格局解析、表征群体间及内部圈团、圈层的结构。近现代政界、业界、教界、学界的梯队、乡缘、宗派、师承关系，几乎替代古代宗族、父子关系，或以人际圈层充替行政、业务、教宗、地域、学术诸领域权力内核或核心势力层围。社会关系以一个个圈层表征、竞演，人观信仰、权力第阶、资源机制，维系着差序格局，亦生成了圈层格局。

圈团与圈层构成中国社会群体关系的一种结构格局，是汉人社会群体内外分界的状态写真。团体格局与平等人格相辅相成，个人是具有本体论意义之人格实体。而基于权益、认同和信任的圈团格局不同于团体格局。

差序格局适于解释汉人宗族、乡族内的交往关系，尤其在环境较封闭的状态，它可以作为其社会的格局诠释。而在外界已不封闭和对外的关系中，圈团与圈层可以是其所在社会格局的形态释说，杨柳青御河南的地界观和社群信仰圈层是典型呈现。尤其在以阶级框架解构的乡族社会和建构的国家中，它可以是并行或接续于传统伦理差序格局的汉人社会内外关系结构的新解析。

内蒙古呼和浩特市天主教、基督教发展状况研究

刘正爱 *

本文是中国社会科学院创新工程"民族地区稳定与发展调查研究"子课题调查成果。2013 年 10 月 7～15 日，笔者在呼和浩特地区进行了为期八天的调查，走访了三座天主教堂和七座基督教堂，其中包括正式教堂和家庭聚会点，这些教堂均由内蒙古自治区基督教三自爱国运动会和内蒙古基督教协会（以下简称"两会"）管辖。主要分布在呼和浩特市市区及周边村庄。在调查后期阶段，笔者又到政府相关部门了解了呼和浩特地区宗教工作的总体情况以及信教人数等相关数据。

序　论

内蒙古呼和浩特市包括 8 区 4 县 1 旗，新城区、玉泉区、回民区、赛罕区、如意开发区、金桥区、金山区、金川区、和林县、武川县、清水河县、托县、土左旗。根据呼和浩特市民宗局提供的数据，呼和浩特地区人口有 280 万人，加上流动人口共 300 多万人。呼和浩特地区五大教（天主教、基督教、佛教、伊斯兰教、道教）信教总人数约 30 万人，2006 年统计为 20 余万人，在不到十年的时间里，信教人数迅速增加，尤其是基督教和天主教。伊斯兰教和道教的

---

* 刘正爱，中国社会科学院民族学与人类学所副研究员。

信教人数相对稳定，例如，道教信徒 1 万多人，伊斯兰教信徒 4 万多人，人数一直没有大的变化。佛教信徒约 19 万人。①

　　根据呼市民宗局的统计，目前呼和浩特地区的天主教信徒近五万人，基督教信徒近七万人。民宗局相关人士告诉我们，天主教和基督教信教人数很难统计出一个准确的数据，因为统计标准很难确定，按有无备案，还是按去教堂次数来定？有的信徒很虔诚，每周甚至每天都去教会，有的信徒一年只去数次。信徒的流动性较大，信徒人数每年都在变。因此，实际信徒人数远远超过官方统计。

　　天主教和基督教的堂点数量可按是否登记来计算，因此堂点数据较为准确。目前，呼和浩特市旗、县、区的基督教堂点（包括固定点和临时点）有 480 处，其中有"正式宗教活动场所许可证"的 67 处（简称"正式教堂"），其余都是临时聚会点（有"临时宗教活动场所许可证"的）。天主教正式教堂有 17 座（由"两会"管理的），其中市区有 3 座，固定教堂有 10 座（自行民主选举，自备神职人员，分布在周边旗县区，大型节日时，主堂的牧师也会到固定堂点）。

　　上述堂点基本上为官方所认可。此外还有相当数量的未在政府登记注册的教会，在政府看来，这些教会均为非法教会。政府在加大取缔力度的同时，也在规范临时聚会点，尝试以堂带点的整合工作。该项工作起始于三年前，2013年上半年刚做完一次大规模的堂点调查，民宗局指导各个旗、县、区做上述整合工作，目前正在加紧各聚会点的登记注册。尤其是城市近郊，今年呼和浩特随着大规模的城市改造，有很多地区面临拆迁、搬迁的问题。政府借此机会，对一些不符合政府要求的教会，尝试就近合并，实行以堂带点。不过，整合工作也遇到一些困难，政府相关部门认识到这项工作需要有一个过程。因为要考虑教会与教会之间的距离、人员的构成等问题，有些信徒年龄较大，距离远了，会有行动不便之难。这是全国范围内面临的共同问题。

　　根据笔者调查，呼和浩特市 2013 年有一大批未曾登记注册的家庭聚会点得到了政府的认可，办理了临时宗教活动场所许可证。关于临时教会如何向正式教会转化的问题，政府的态度是，从临时到正式有一个过渡期，逐步地将那些

---

　　① 按上述数据进行加减，佛教信徒应该约 18 万人，但佛教信徒实际上与基督教一样，也很难有一个准确的统计。故此处的数据只是一个大概的数据。

符合要求的、规模较大的临时教会过渡到正式教会。其他小规模的教会或家庭聚会点，只要官方认可，接受政府的管理便不算违法。区分正式和临时的标准通常包括教会的规模、布局、场所的固定性或教会产权的归属（有的是租赁，有的产权归"两会"，有的产权归个人）和组织者的身份，神职人员是否是"两会"所派（神职人员的资质），等等。堂点规模较大并归属"两会"的，便属于正式教会。聚会点举荐的，且规模小一点的（10～20人）则属于临时教会。大部分情况是，在周边教区，由信徒合资租赁房屋，有的具备一定条件的，还将自家空余房产奉献给教会。

在基督教国外渗透方面，韩国的渗透较为明显。他们常常以企业、公司的名义举办培训班，注入资金，派人到中国扩展信徒，呼和浩特市也不例外。

目前有关大陆天主教神职人员的身份认同是一个既敏感又复杂的问题。该问题的缘起可以追溯到20世纪50年代。中华人民共和国成立后，天主教在中国的传行发展掀开了新的历史篇章，中国教会脱离梵蒂冈的管理，开始了"自圣、自养、自办"的"三自"爱国运动。而其中的"自圣"即指神职人员晋升不再需要得到梵蒂冈教宗的批准，中国主教团拥有自主祝圣的权利。这种状况从20世纪80年代起出现变化，即中国自圣的神职人员绝大多数也得到梵蒂冈教宗的认可，很多神职人员都拿到经教宗认可的"羊皮书"。呼和浩特教区现任主教便是如此。但在主教身份认定上仍存争议，在谁认定的话语权上也存在分歧，梵蒂冈教宗先于中国教会认定的主教人选，一般都很难得到中国官方教会的承认，这也是促成民间教会及民间神职人员产生、形成的原因之一。①

这一点在本次调查中也得到了证实。清河天主教堂的朱神父说，天主教的最大问题在于主教的任命，中国政府与梵蒂冈争夺的是主教的教权问题。梵蒂冈想控制全世界的教主、主教。在主教任命的问题上，中国政府不允许梵蒂冈占主导权，主教必须由中国政府来选。例如，呼和浩特教区主教由中国政府选出，不需要梵蒂冈的认可。

中国有一个天主教主教团，它统领整个中国地区的天主教，虽不直接属于梵蒂冈管理，但在信仰上与梵蒂冈始终保持着联系。主教团在对建设中国天主

---

① 南鸿雁：《草原牧者：边缘地带上的天主教会》，《开放时代》2009年第2期，第115页。

教行使的权力上，只是起到一个框架联络的作用，对各教区的发展及具体事宜则无权干涉，不具有行使权，各个教区相对独立，双方并非上下级关系。但主教团也有一个政府给予的权力，对各地区教会主教有认可权。

一　呼和浩特市天主教发展情况

天主教在唐代传入中国，时称"景教"或"大秦教"。至唐武宗灭佛（公元845年），景教由于也属社会排斥之列，即开始向北方草原传播，成为契丹、蒙古、汪古、乃蛮、克烈等草原民族信奉的宗教之一。在内蒙古辽上京、辽中京遗址，内蒙古敖伦苏木古城等地，均发现大批景教教徒的墓碑和十字架。据波斯史学家志费尼《世界征服者史》所载，窝阔台汗统治时，朝中多为景教徒，如丞相镇海、元帅按竺迩即是景教徒。16世纪中叶，天主教再次传入内蒙古地区。天主教在鸦片战争后大规模传入中国并逐渐在内蒙古发展开来。1865年，内蒙古被划为比利时圣母圣心会的势力范围。内蒙古是天主教的一个总教区，下辖5个教区，即呼和浩特教区、包头教区、乌盟教区、赤峰教区和巴盟教区。新中国成立初内蒙古有天主教徒12.3万余人，神父260余人，教堂190余座。截至2008年，内蒙古天主教五个教区中，主教有4人，教区长1人，副主教2人。有神父107人，修女109人，正式登记教堂、活动点共159个，信徒17.8万人。①

天主教呼和浩特教区目前的教堂及弥撒点的情况大致如下：正式教堂有17个，其中呼和浩特市区有3个，分别为牛东沿天主堂、新城天主堂、三合村天主堂。牛东沿天主堂是呼和浩特教区的总堂，也是内蒙古天主教神哲学院和内蒙古小德兰修女会的所在地。20世纪90年代以后，这17座教堂都颁有宗教活动场所许可证。除了正式教堂外，呼和浩特教区还有6个弥撒点，弥撒点没有宗教活动场所许可证，属于临时活动点，但已由政府默认，而且已由总堂上报到呼和浩特市民宗局。目前，呼和浩特地区信徒总数为3万人，加上周边代管的沂蒙、伊盟和呼伦贝尔盟共有5万人，全内蒙古地区总信徒量已由2008年的17.8万人增加到30万人。5年时间增加了近一倍。呼伦贝尔原属齐齐哈尔教

① 圣才学习网，www.100xuexi.com。

区，20世纪50年代以后划给了内蒙古教区。有的神父认为，1949年以前梵蒂冈划分的教区与现在的划分不协调，存在一定的矛盾。

呼和浩特市天主教目前仍有较多的地下教会，天主教会的地上与地下之分早在20世纪50年代就已经存在，地下教会也有主教，通常规模较大，每次聚会可达上千人。这一点与小规模（二三十人）的基督教家庭聚会明显不同。许多信徒不分地上地下，去地下教会是因为离正式的教堂较远，周末去一次路上要花很多时间，老人更是不便。其实，对普通信徒来说，一个教堂是什么教派背景，牧师属于哪个教派，并非首要问题，最要紧的是能够聚会。因此，信徒们往往会选择离家较近的地下教会去做弥撒。上述现象说明，相对于信徒人数，宗教活动场所极度缺乏，新开发的社区中，商场、学校、医院等公共设施一应俱全，唯独没有宗教场所。正式宗教场所又容纳不下数量较多的信徒，教堂供求严重失衡，自然就会流向所谓不合法的地下教会。正如一位神父所言："你不给人家提供合法的场所，他只好去地下了。光明正大的教堂多好，他们也不愿意偷偷摸摸地去地下"。

目前，内蒙古地区天主教教牧人员严重缺乏，许多教堂面临关闭。内蒙古地区天主教堂大部分分布在广大农村地区。仅呼和浩特教区（包括锡林郭勒、鄂尔多斯、呼伦贝尔、呼和浩特）就有37座农村教堂，有24位神父分布在各区各堂口对这些教堂进行管理。此外，还有数量较多的地下神父。据呼和浩特教区主教介绍，该教区内的地下教会神父有30多人，均分布在不同的管辖范围内。在集宁教区活动的有七八人，包头教区有七八人，大同有一人。这些地下教会大都是在一处小院内盖一套房，可容纳数量较多的信徒。呼和浩特市区附近就有七八个天主教地下教会，每个星期天都座无虚席，政府对此情况也有所掌握。呼和浩特市目前正在进行大规模城市改造，许多地下教会面临拆迁的问题，由于他们没有在"两会"登记注册，不具合法性，故得不到任何法律保障（合法教会在拆迁时，政府会给一些相应的补偿）。个别的地下教会与三自教会有一些交流，但大部分不接受三自教会的管理。地下教会之间来往较为密切，他们在管理方面不服从于主教堂的管理。无论是天主教还是基督教，地下教会（家庭教会）在对待政府的态度上是一样的。大多数地下教会与三自教会在教义等方面存在分歧。

一些偏远的农村没有天主教堂，不便于老人做弥撒，基于这种情况，主教堂在居民家中组织几处弥撒点。此类弥撒点与通常所说的地下教会一样虽未经正式登记注册，但在性质上有所不同。弥撒点与总堂是一种归属关系。神父由总堂统一安排管理。有的地方虽然有教堂，但没有固定的神父长期居住。总堂会安排神父定期去做弥撒。

呼和浩特市区三个天主教堂的弥撒点分布情况如下：牛东沿天主堂（主教堂）下属的弥撒点有六个：武川县和耗赖山村（这两处都有教堂），市区有后八里、金川，南郊有茂林太村和什拉壕村（这两处也有教堂），这些弥撒点聚会规模一般为 10～20 人，只有什拉壕村能达到 50～60 人的规模。三合村教堂负责的弥撒点有两处：豪庆营村和石头新营村，聚会的规模也是在 20～30 人。由于神父少，有些地方是一个月一次，有些地方是一个星期或两个星期安排一次弥撒。平时神父不在时，弥撒点每天都有领经的人做祈祷。新城天主堂没有下属的弥撒点。上述所有的弥撒点自 20 世纪 80 年代天主堂复堂以后开始渐渐地有牧师带领。有的地方原来也有教堂，后来随着农村人口的流动，信徒逐渐流向城市。有很多信徒平时不去教堂，主教认为这种状况不利于传教，于是便按照就近的原则将这些弥撒点分配给教堂进行管理，这实际上也属于一种以堂带点的牧养方式。

以下介绍呼和浩特市三个天主教堂以及内蒙古神哲学院的情况。

1. 牛东沿天主堂（主教堂）

20 世纪初基督教在呼和浩特的传播以天主教为最广泛，影响力也最大。19 世纪 60 年代以后，天主教在内蒙古迅速发展，罗马教廷将蒙古教区划归比利时圣母圣心会管辖。当时的归化城，即现在呼和浩特市一带川平野沃、人烟稠密，为内蒙古西部政治经济中心，教会对此地甚为重视，遂购地建堂，布道传教。早在 1873 年，天主教在归化城常平北购地 22 亩，建小堂一座，供教友聚会和往来教士歇息使用。义和团运动爆发，此地小堂被焚毁，嗣后于原有房基建平房数间。1883 年罗马教廷分内蒙古教区为三：东蒙古教区、中蒙古教区、西南蒙古教区。归化城属西南蒙古教区。西南蒙古教区又称鄂尔多斯教区。1922 年罗马教廷又把西南蒙古教区分为东西两个教区：绥远教区和宁夏教区。1883 年划分西南蒙古教区时，当时主教堂设在三盛公，1900年春将主教堂迁至萨拉齐二十四顷地村（因庚子赔款二十四顷地得名），1942 年秋主教葛崇德按天主教上海主教会议的决定，把主教堂迁至原归化城即今之呼和浩特新城。嗣后又在原归绥市旧城牛桥东河沿 9 号（今回民区通道南街 50 号）修建了主教堂。[①] 现存圣堂，主教楼（东楼）均为当时所建。牛东沿天主堂是庚子赔款以后，天主教在呼和浩特地区建立的规模最大的天主教堂建筑群，由比利时籍建筑师设计，天津工匠建造完成。天主教堂以圣坛为主要建筑，圣坛建筑面积大约 600 平方米，正立面呈山字形，堂顶高耸，高约 25 米，宽约 20 米。其建筑风格具有典型的欧洲型罗马制特征，在天主教具有一定的代表性。到抗战爆发前，归绥一带的天主教已相当发展，形成包括医院、孤儿院、修道院等在内的一套完整体系。目前仍有一定影响。"文革"期间，因此圣堂规模较大而且坚固耐用，曾一度作为存放贵重物品的仓库，其作为教堂的功能于 1980 年以后才再度恢复使用。1992 年，该建筑被呼和浩特市人民政府指定为呼和浩特市重点文物保护单位。

呼和浩特教区包括主教在内共有 25 位神父。其中主教堂牛东沿教堂就有 8 位神父（包括主教）。南面的清水河、永圣域、和林县舍必崖村各有 1 位神父，东面察素旗、东胜和小淖村分别有 1 位神父，均由呼和浩特教区统一安排。除了上述有神父的弥撒点以外，还有约二十处没有神父的弥撒点。现任主教孟青禄于 2010 年 4 月 18 日受祝圣为主教。孟青禄生于内蒙古乌盟一个天主教家庭，高中毕业后，于 1985 年进入内蒙古天主教神哲学院，是该院第一届修生，1989 年晋铎，之后十年一直在神哲学院修道院执教及成为教务长，并在堂区服务多年。

教堂分为几个小组：若望仁爱之家、福传组、圣经分享小组、爱心小组、乐队、歌咏团。天主教做弥撒叫领圣体（基督教叫圣餐礼），每天都有这样的仪式。天主教弥撒的时间安排如下：夏季周一至周五早上 7：00，星期天三次，分别为 6：00、8：00、16：00，星期六两次，分别为 7：00、16：00；冬季周一至周五早上 7：00，星期天三次，分别为 7：00、8：00、15：00，星期六两次，分别为 7：00、15：00。除了弥撒以外，周一至周日还有其他活动，周一学习圣经，周二练习唱歌，周三学习圣经（教友主持圣经讲解），周四朝拜圣体，周五拜苦录（纪念耶稣的苦），周六、周日学圣经、唱经。主教只有星期日才进教

---

① 宜今：《基督教在呼和浩特地区的传播》，《内蒙古大学学报》（哲学社会科学版）1988 年第 4 期。

堂，平时由本堂神父（管理教堂的主任神父）来主持。

每天来教堂做弥撒的信徒有 100～150 人，大多为老年人。星期天弥撒分三堂，早上两次，下午一次，最少也有一千五六百人次，信徒以中年人居多，多为女性。天主教信徒以传统家庭式信徒为主，但也在不断发展新教徒。传统家庭式祖辈传承下来的占居多数。传统家庭式信徒与新信徒的比重各占约 80% 和 20%。大部分的新信徒是通过社会关系网接触天主教信徒的，久而久之，逐渐产生感情，遂加入天主教，这些关系网络包括亲戚、朋友、同事等。有的人会在基督教和天主教之间进行双向选择，过一段时间后再做决定。

与基督教相比，天主教增长速度较为缓慢，礼仪形式上的烦琐常常成为发展缓慢的原因之一。但是天主教信徒近年也在持续稳定地增长。该教堂每年新领洗的信徒平均有 100 名左右，不过，数年后也有信徒脱离教会。每年新领洗的信徒可以在各自所在的点由神父进行领洗。一年当中最适合领洗的时间是复活节的星期六晚上，圣周六的守夜礼，或在复活节、圣诞节、圣母升天节、圣神降临节这四大瞻礼上。

该教堂界内有一处养老院，是信徒租教会房产所办。另有一处足疗院，乃台湾吴若石神父创办，也由该堂信徒经营。

教堂目前有一所小德兰修女会，有 17 位修女在此修行。呼和浩特教区共有 3 所修女院，除了小德兰修女会外，还有二连浩特的圣母圣心仁爱会（修女 12 人）和包头的圣母圣心彼女会（修女 39 人）。这两所修女会原来都是地下团体，2012 年他们主动要求登记注册，目前归属教区管辖。

2. 内蒙古天主教神哲学院

天主教面临的最大问题是缺少圣职人员，修道院和神学院数量较少。内蒙古天主教神哲学院的历史从一个侧面说明了这一问题。下面简单介绍一下该院的情况。

内蒙古天主教神学院设在呼和浩特市牛东沿天主堂院内。其前身是绥远省归绥市（即现今的呼和浩特市）天主教神哲学院。1935 年内蒙古教省（属比利时圣母圣心会负责）所辖各教区，因山西大同神哲学院容纳不了众多的修道生，故在归绥市另建哲学院。1946 年，大同修院在国内革命战争中被毁后，大同修院迁往归绥市，神哲学院重新合并。该修院先后培养出许多神父，如今内蒙古五教区仍健在的老神长，大多就读于该修院。1960 年修院停办。

十一届三中全会后，宗教信仰自由政策得到贯彻落实，各地教堂逐渐恢复活动，但由于中断了 20 多年的神职培育，教会后继无人，神职断代已是不争的事实。1985 年 3 月得到内蒙古自治区人民政府批准，成立了学制四年的"内蒙古天主教神哲学进修班"，校址设在呼和浩特教区主教府。1989 年 7 月，第一届 16 位修生领受了铎品。1990 年，内蒙古天主教神哲学进修班正式更名为"内蒙古天主教神哲学院"。学制为 6 年，王学明主教任院长，李英神父任常务副院长，王希贤神父任教务长，并增加孟青禄为教员。2001 年学院领导全部实现年轻化，学制也由 6 年增加为 9 年。截至 2004 年，该院招收修生九届共 224 人，毕业 119 人，晋铎 90 多位（包括转入其他修院的），除三位留院任教外，其余全都奔赴内蒙古五教区的传教第一线。学院现有修生 33 名（三届学生），专职教师 6 人，外聘教师 5 人，义务教师 3 人。①

该院只在内蒙古自治区范围内招生，2006 年招收最后一届（第九届）学生后因生源太少而不得不停办，自 2007 年，该院陆续将学生送到北京大兴、西安和河北的神学院继续学习。目前神学院牌子仍在，但事实上因缺少生源而处于停办状态。

3. 新城天主教堂

新城天主教堂位于万达广场附近的丁香路，是呼和浩特教区三个教堂中历史最短的一所教堂。其前身是位于呼和浩特市新华广场的修女修道院。政府实施拆迁后，1993 年用拆迁款在此地重新修建了一所天主教堂。教堂修建后的初期阶段信徒较少，由于周边也在拆迁，周一至周六几乎没有什么信徒，只有周日有 200～300 人前来做弥撒。与其他教堂不同，这里平时没有信徒来做晨更。该堂神父乔智慧是主教堂 2011 年派过来做长期牧道的，乔神父 1996 年毕业于内蒙古天主教神哲学院，是该院第三届学生。教堂除了主日、弥撒以外，平日大门紧锁。除了一位教友负责打扫教堂和院落外，没有其他同工或义工，只有神父一人常住教堂。

来该堂做弥撒的信徒居住较为分散，有的离教堂很远，周日开车来教堂，做完弥撒后匆匆回家。信徒的流动性也较大，神父认识的人不过二三十人。星期天

① 中国天主教新闻网——信德网，http：//www.chinacatholic.org/index.php? a = show&c = index&catid = 53&id = 1546&m = content。

弥撒有两堂，上午 8：00～9：30（200 多人）和下午 3：30～5：00（60 多人）。

据乔神父介绍，呼市教区除了三处三自管辖的教堂外，还有四五处地下教堂。这几所教堂的信仰生活都很丰富，信徒常常会根据自己的喜好选择所去的教堂。这个星期可能来这个教堂，下个星期可能又去了别的教堂，时常会遇见陌生的面孔，所以信徒们从不提及或区分地上和地下，地上、地下的神父也互不联系，不清楚彼此的弥撒地点，唯恐出事后相互牵连。该堂信徒平均年龄在50 岁左右，女性信徒居多。

4. 三合村天主教堂

三合村天主教堂位于呼和浩特市新城区三合村，是呼和浩特教区历史最长的一座天主教堂，距今已有一百多年的历史。三合村初建于 19 世纪 50 年代，在绥远城（呼和浩特新城）东北约四里，有一个汉人居住的六间房子的村落，新城将军认为该村占了旗人的封地，赦令全村住户迁移。所以全村居民向北迁移半里，村名改为三合村。三合村是天主教传入呼和浩特地区最早的传教点。

在清朝咸丰年间（1851 年以后），有信仰天主教的山西太原韩姓人，在绥远城以拉骆驼经商为生，稍有积蓄后，便在三合村成家立业，后带动太原数家迁移此地，置地立业，定居三合村。当时并未兴建教堂，而是每年由山西来的神父探望教友并小住几日。1865 年，内蒙古传教事务划归圣母圣心会管理。圣母圣心会张玛弟亚神父（中国人）于 1873 年来到三合村。不久西湾子（现在河北崇礼县）巴耆贤主教（比利时人）来此视察，并决定在三合村修建圣堂一所。当时只建了五间坐北朝南房，其中三间作教堂、两间作神父住室。1907 年，何国维神父（比利时人）在三合村执掌教务，正式建教堂 5 间，南北方向（即现在的教堂），先前的堂全部改成神父的住屋。1922 年，呼和浩特市旧城牛东沿天主教总堂建成。自此，三合村教堂隶属呼和浩特市总堂管理。1930 年，由于三合村教堂的教务突飞猛进，绥远教区主教葛崇德当时便派苏贝丁担任三合村教堂的本堂神父，因此，三合村教堂又成了为本堂堂口。苏贝丁对教堂进行了扩建，在旧堂的基础上根据教堂原样，扩建 3 间，共为 8 间（即今天的教堂）。1934 年，段世忠神父（中国人）在大堂路南新建育婴院和女子小学七间（俗称女书房）。1936 年，郝宝继任本堂神父，又紧靠女书房西新建碾磨房院（现由加工厂改建占用）与路北切齐。当时三合村教堂所占地（包括教堂、厢房、神父屋、男小学、花园、女书房、碾磨房）约一顷地。半为教会购置，半为教友捐献。郝宝之后，接任者有葛少波神父、段文彬神父。以上便是三合村教堂的建堂与演变过程。

三合村天主堂现任神父为郑素文，1983 年生，集宁人，2012 年于西安神学院毕业后来到呼和浩特市，受主教派遣到三合村天主堂主持圣事。前任神父田磊于 2012 年被教区派往中国人民大学攻读研究生，之后将由教区统一安排。目前教堂没有事工，只有一位信徒偶尔来帮忙做饭，郑神父有时也到信徒家里用餐。

星期天来教堂做弥撒的有一百多人，信徒都是附近的居民，中年人居多，女性偏多。平时晨更只有二十多个信徒，其中大部分为老年人。信徒有的是家庭传承的，有的是后来才信的。该教堂每年有数十人受洗。平时受洗的有老年人和儿童，年轻一点的通常在复活节前夕受洗，复活节受洗象征着与耶稣共同经历死亡，重新有一个新生命。信徒受洗之后，分散到外地或其他教堂的现象也屡见不鲜。

教堂每天早上 7：30 做弥撒。每逢头等节日，如复活节、圣诞节、圣母升天节（8 月 15 日）、圣神降临节，信徒比往常多出很多，教堂容纳不下，便在院子里做弥撒。该地区外来打工人员较多，居所不固定，一些信徒会到附近其他教堂，还有一些年纪大不方便来教堂的，神父会到这些信徒家中做弥撒。目前此类弥撒点有两个，神父分别于周五、周六过去，每个点有三十多人。平时有一些瘫痪的老人以及不方便出行的人需要行圣事的，神父也会前往信徒家中探望。

目前，三合村正在进行城中村改造，三合村教堂也面临着拆迁移址的问题，教堂建筑虽有百年之久，但目前尚未被批准为文物保护单位，拆迁后将由教区与政府协商解决迁堂事宜。

二　呼和浩特地区基督教（新教）发展情况

呼和浩特市区范围内由内蒙古自治区"两会"管辖的大型教堂共有五所，分别为新城堂、中山堂、府兴营堂、海西路堂和通顺街堂。除了通顺街堂外，其余四所教堂都经历了相同或类似的发展阶段。

第一阶段，由少数信徒在自己家中组织聚会，进行查经祷告。

第二阶段，发展到一定规模后，在外面租房聚会，租房规模也经历了从居民楼到写字楼的过程。

第三阶段，信徒捐资修建堂点。

第四阶段，在政府相关部门进行正式登记后归属"两会"管辖。

实施以堂带点后，这五所教堂分别带领规模大小不一的小堂点。而这些小堂点有的处在第二阶段，有的处在第三阶段，因规模小，尚不具备条件过渡到第四阶段。第三阶段和第四阶段除了教堂规模有所区别外，还有"正式宗教活动场所"和"临时宗教活动场所"之分。获得"正式宗教活动场所"资格的教堂（以下称"正式教堂"）均由"两会"统一管理，上述五所教堂即属于这种情况。而持有"临时宗教活动场所"的聚会点和教堂都归属某一个"正式宗教活动场所"，这便是所谓以堂带点的管理模式。正式教堂自称是"两会"的分堂。分堂所有信徒的奉献款每星期要入"两会"的账户，由"两会"统一开支，统一管理，包括财务、物品以及神职人员的安排。分堂所有的费用都到"两会"报销，牧师在各堂轮流讲道。呼和浩特市有六位牧师，由"两会"统一安排到各教会牧养信徒。除上述五座教堂之外，还有郊区各自管辖的堂点。

内蒙古自治区"两会"还根据当地实际情况，在新城堂和中山堂分别设立了蒙古族团契。为了满足蒙古族信徒的需要，从 2007 年起"两会"又着手筹备翻译蒙古文圣经，该项工作得到联合圣经公会的帮助。2011 年 7 月首先推出蒙古文《四福音》（试读本），在征求蒙古族信徒意见的基础上进行修订的同时，继续推进其他经卷翻译和修订工作。在联合圣经公会的指导下，经过翻译小组近两年的翻译、修订，推出了蒙古文《新约》（试读本）。[1]

与中国其他地区一样，基督教在内蒙古地区发展迅猛，但正如"序论"所言，由于大量家庭教会的存在，基督教信徒人数很难统计出一个准确的数字。虽说近两年政府在加大力度推动家庭教会的"合法化"，事实上也有数量较多的家庭教会实现了"合法化"并归属"大堂"管理（见附录），但由于教义上的分歧，仍有许多家庭教会不愿意归属三自教会管辖。他们"在宗教上不接受以大教派为主的三自教会牧师对教义的解释和对教会事务的主导，不愿意在宗教上妥协。他们只好暗地里坚持自己的信仰，在行动上疏远三自教会"。

这些家庭教会通常都分布在居民小区，若非熟人，很难进入。因此，此次

---

[1] 《福音时报》，http://www.gospeltimes.cn/news/2013_10_02/28224.htm。

调查笔者选择了三自教会。下面介绍"两会"管辖的五所教堂以及 2013 年实现"合法化"的家庭聚会点和农村教堂各一处。

1. 新城基督教堂

新城基督教堂位于呼和浩特市新城南街 78 号，是内蒙古自治区"两会"所在地。该教堂的前身是一个家庭教会，1987 年信徒们筹集资金建起目前这所教堂。教会有十八个团契，老年识字班（每周一个班活动两次，分别为周二周三和周四周五）、看车组、服务组、清扫组（分五个组）、蒙古族团契、朝鲜族团契、探访组、咨询组、贺堂组、诗歌组、青年团契、主日学（托儿所）、初心栽培班、基础班、常青班、婚礼班、电工组、售书处（后勤）等。圣诞节、复活节等重大节日人数多达四千五六百人。平时主日礼拜也有四千人左右。礼拜分两次聚会，均安排在上午。下午是蒙古族团契，每次聚会约二十余人，用蒙古语讲道。朝鲜族团契也有二十余人，在外面聚会。

教堂现有圣职人员十余人，牧师一位，长老一位，其余为同工。服侍早祷的有七位义工，每逢主日，"两会"也会安排义工前来教会协助。呼和浩特市市区共有四位长老，其中新城基督堂有一位，其余都在郊区教会。呼和浩特市基督教"两会"有六位牧师，负责呼和浩特市教会信徒的牧养。

2013 年呼和浩特市进行市容改造，政府出资 150 余万，为教堂进行外部装修，教会自己也出一部分资金进行内部装修。笔者调查时，教堂装修尚未完工，该堂的信徒们都分散到中山堂和通顺街基督堂进行礼拜。

从 2012 年底开始，新城基督堂在"两会"的推动下，对分布在新城区的家庭教会或家庭聚会点进行整合，将登记表发放到家庭聚会点。登记采取自愿原则，愿意登记的，教堂就对他们进行管理；不愿意登记的，聚会点自己负责。登记内容包括聚会地点、聚会点面积、成立时间、负责讲道人姓名等。2013 年已经有十几处家庭教会纳入新城基督教会，实行大堂带小点的管理方式。下文介绍的如意小区聚会点便是 2013 年归属新城基督教堂管辖的家庭教会。由于缺乏神职人员，这些聚会点基本上由义工负责管理，有时讲个道。通常义工由聚会点自己找，讲道水平参差不齐。聚会点一般都分布在居民楼里，信徒受洗有时到大堂，有时请牧师去施洗。

2. 中山路基督教堂（中山堂）

该堂位于呼和浩特市玉泉区中山路，是一座四层建筑，一次能容纳 2000 人同时聚会。1945 年由信徒筹款捐资在马道巷新建一座教堂（原名"神召会"），由于信徒不断增加，原来的平房不断扩展。随着改革开放的深入，党和国家政策不断落实，教堂在 20 世纪 80 年代重新开门聚会，归内蒙古基督教"两会"的直接管辖。2006 年 1 月，教堂由原来的马道巷平房换置成现在的中山路基督教堂。该教堂地处繁华闹市商业街区，占地面积 300 多平方米，建筑面积共1200 多平方米，二楼、三楼分别为主堂和副堂，还有教学和办公的处所多间。堂内由堂管组负责管理，下设有圣工组、诗歌组、祷告组、探望组、接待组、执勤组、卫生组、看车组、后勤组、圣餐组等十二个组，另外还有三大团契：诗歌班团契、青年团契和蒙古族团契。全职侍奉有 3 人，同工 50 人，各组之间有分工有合作，每天都有形式不同的敬拜聚会。

每周例会通常由本堂自己安排，周日礼拜则由"两会"统一安排。此外还有十几个家庭聚会点也归中山堂管，这些聚会点平时在信徒家中聚会，星期日就近到教堂礼拜。自 2013 年起，小规模聚会点必须登记，否则将被取缔。聚会点向政府申报登记注册，经认定得到政府许可后，就近归规模稍大的教堂管理。比如，位于什拉门更的光明教会原来是一处未经登记的家庭教会，2013 年正式向政府登记注册后，归中山堂管理。信徒赵月英个人房产较多，她拿出自己的楼房和一部分平房作为家庭教会的聚会点，以前是每星期天聚会礼拜，归中山堂后，将聚会时间改为每星期五下午，以便腾出时间让信徒们星期天到中山堂礼拜。

中山堂一周的聚会时间安排为：星期天是主日聚会，共有两堂，上午一堂7：00～8：30，上午二堂9：30～11：00。星期一至星期六有晨更，时间为早7：00～8：00。星期二是祷告见证会，时间是下午3：00～4：30。星期二、星期五是诗歌班，时间为晚7：00～9：00。星期三、星期六是青年团契，其中周三为查经会，周六为崇拜聚会，时间为晚7：00～8：30。星期六是蒙古族团契，时间是下午3：00～4：30，团契之后学习半小时蒙古语。

中山堂蒙古族团契通常有三十多人，人数不大稳定，但每年圣诞节和复活节这两大节日要求信徒必须参加。该团契女性居多，有的会蒙古语，有的不会，每月最后一次团契活动用蒙古语讲道，平时则用汉语。蒙古语讲道人包金凤曾在内蒙古圣经学校研修班学习三年，目前在参与蒙古文圣经的翻译工作。包金凤以前信的是佛教，2006 年去欧洲旅游半个月，参观了很多教堂，在朋友的劝说下接受了基督教。退休前，包金凤是大学教授，研究蒙古史。

中山堂蒙古族团契下属两个聚会点，一个在希拉姆仁草原，另一个在通辽。这两个聚会点都是 2013 年中山堂蒙古族团契信徒所开拓的传教点，每个点有十几个蒙古族信徒。希拉姆仁草原属于巴盟旗，巴盟旗是中山堂蒙古族信徒 A 的故乡，故选择此地传教。负责传教的信徒说，在这些牧区传教很不容易，因为旁边就是一个很大的喇嘛庙。两地信徒起初都出现动摇。通辽是另一位信徒的故乡。但因通辽距离呼和浩特市较远，目前准备将此点交给当地教会蒙古族团契管理。2014 年团契还准备到阿布扎旗和锡林郭勒盟等地传教，以此为据点逐渐扩展到牧民家中。A 说："如果突然到牧民家中传教，有些人不太容易接受，也可能把我们轰出去，当地政府也可能误认为我们会怎么怎么样。"

每年圣诞节中山路基督堂有蒙古族团契专场。届时蒙古族信徒们会表演长调、舞蹈等颇具民族特色的节目。一位信徒非常自豪地说，"我们要把蒙古族草原文化与基督教结合起来传福音"。据了解，除了上述三自教会管辖的蒙古族团契外，也有非"三自"的蒙古族家庭聚会点，这些"地上""地下"的全部加起来，呼和浩特市区的蒙古族信徒约有 300 多人。

3. 海西基督教堂

海西基督教堂位于呼和浩特市回民区海拉尔西街。它的前身也是一个家庭教会，起初在一个女信徒家里聚会，规模逐渐扩大后，开始在居民区租房聚会。2002 年从一所夜总会那里用 125 万元购买现在的建筑作为教堂。该堂为二层建筑，一楼礼拜堂能容纳约九百人。二层是办公区和会议室，供老年团契和诗歌班灵修。该堂归属新城"两会"管辖。

教堂每周一至周六早上有晨更，冬季为 7：00 ~ 8：00，夏季为 6：30 ~ 7：30。周二下午 3：00 ~ 4：30 有例会，讲基本要道；周五 3：00 ~ 4：30 为查经时间，周六上午 8：00 ~ 9：00 为初信栽培。每月最后一周的星期二有见证会。主日礼拜有两场，第一场为 7：00 ~ 8：30，第二场为 9：30 ~ 11：00。除了主日由"两会"统一安排外，平日均由各堂自行安排时间。来该堂礼拜的信徒既有郊区农村的，也有市区的，以中老年信徒居多。

该堂有一个青年团契，规模为 50 ~ 100 多人，信徒多数为内蒙古师范学院的大学生，每周日下午举办团契活动。圣诞节和复活节等重大节日会专门安排青年团契的晚会。

海西堂目前下辖十三个聚会点，采取以堂带点、就近管理的原则。这些家庭教会有的分布在教堂附近（如，教堂对面的居民楼里有一个名曰"安息日"的家庭教会，规模在 60～100 人），有的在团结小区、草原明珠附近。钢铁路、咱家点、车站西街（老人和女性居多）、厂汉板、东乌什图、大庆路、东北沙梁、南马路（老年人多）等也有堂点。这些堂点有的是居民楼中的一室，有的是临街的门面或教堂，它们都有"两会"颁发的临时宗教场所许可证。其中，厂汉板村和塔布板村都是拆迁后由村委会划拨的宅基地。部分堂点的讲道人都是由海西堂所派。

4. 通顺街基督教堂

玉泉区通顺街基督教堂是位于呼和浩特市旧城最大的也是历史最长的一座基督教（新教）教堂，又称耶稣堂。据《呼和浩特千年大事记》记载，早在1881 年就有瑞典人在此建堂、传道、办学等。该堂正式建于 1921 年，并于 1923年建成，是由美国差会捐资，瑞典籍牧师麦植里主持建设。当时主堂由三部分组成，除主体工程礼拜堂外，中院为传教士的住宅，后院为四合院。"文革"时期教堂停业，该堂作为粮仓。1980 年初落实宗教政策后教产回归，在内蒙古基督教"两会"的统一管理下，1995 年 9 月对原来危堂进行拆迁、重建，新堂从1996 年 10 月建成后沿用至今。教堂总占地面积为 3602 平方米，新建的主堂建筑面积有 1010 平方米，可同时容纳 1500 余人聚会，分上下两层，另有会议室及主任教牧办公室。该堂设有十二个小组，分别是：圣工组、诗歌组、探望组、接待组、祷告组、执勤组、看车组、后勤组、文化信息组、卫生组、保卫组及维修组。每个小组都有专门的办公场所，新建教堂是一座含崇拜、停车、会议、招待等活动场所在内的多功能建筑物。

目前，教会在这里开展了各类活动，星期天有两场崇拜，参加人数平时约 1200 人，圣餐礼的时候约 1500 人，主日聚会有两堂，第一堂 7：30～8：30，第二堂 9：30～11：00，星期天讲道人员都是由"两会"安排，其他每天 7：00～8：00 有晨更祷告。讲道人乔文学 2003～2007 年在北京清河神学院学习神学，毕业后开始在该教会服侍，星期二、星期三、星期六下午都有聚会（例会），时间为下午 3：00～4：30。聚会形式：星期二是祷告会，有半个小时的集体祷告；星期三是查经聚会；星期六下午是见证会，分享信仰经历。教会的组织形式：主任牧师分配一些主要的服侍工作，由组长和主管会的主任兼任事务方面的工作，还有教牧主任担任教会讲道方面的工作。周间有姊妹聚会、主日学、查经祈祷会、诗歌班练唱。此外教会近年来又开办了初信栽培、新生命成长班、基础培训班，同时还有售书组、福音组、信仰咨询等与信仰相关及其他方面针对弟兄姊妹服务的活动。教会每年举办一期慕道班，专门牧养即将受洗的信徒。星期天下午由年轻人带领的青年团契，人数20余人，年龄平均在30岁左右。

该堂现有教牧同工10多人，职员15人，主要做牧养和日常事工，还有义工300多人。教会还开设了幼儿班，这是专门为带小孩的信徒们考虑的，他们把小孩托付给幼儿班，家长可以安静地参加礼拜。还有老年识字班，是为那些年纪大的没有受过很好教育的信徒开辟的，由于认字比较少，教会专门有老师教他们认字，平时这些老年人还可以互相交流。探望组则是针对那些有困难或有问题的家庭而设的，教会会组织人员前去探望和沟通，做他们的思想工作。

该堂每年受洗人数不等，2013年的受洗人数是80多人，2012年是130多人，2011年有150多人受洗。他们有的在教堂受洗，有的在家里受洗。教会规定慕道一年后方可受洗，但也有例外，根据慕道者的意愿可提前受洗。信徒构成以老年人、女性居多，男性占总信徒人数的1/10。信徒主要是附近的居民。

5. 府兴营基督教堂

府兴营基督教堂的发展是反映当代中国基督教发展的较为典型的案例。它经历了一个从家庭聚会到购房聚会，再到归属"两会"而实现合法化的整个过程。该堂位于呼和浩特市赛马场附近，府兴营是一个城中村，过去是农村蔬菜种植基地。该教会最早由孙海夫妇创建。1980年国家落实宗教政策，教会复堂后，1982年信徒孙海在家里组织聚会，后来信徒增加至500人，孙海家的三间房容纳不了那么多人，1998年教会出资30万元，在体育场附近购买一处房产作为礼拜堂（该建筑为428平方米的二层建筑），当时可容纳800多人，圣诞节时信徒人数较多，略显拥挤。

孙海夫妇年迈后将教会的管理权交给了新城"两会"。2007年成吉思汗大街改造，教堂被拆除，政府以1000元/平方米进行了补贴，另划拨了一块地方，2008年先建起主堂，2009年又建起了副堂，二层为神学生教室。主堂和副堂一共能容纳800余人，最多时信徒人数能达到1000余人。购堂时因资金不足，便从"两会"借了15万元。过去该堂因位于郊区，归郊区管理。重建后无法偿还

"两会"的贷款，遂划拨"两会"管辖。

该堂的牧师叫王大卫，是由"两会"配派的牧师，另外还有两名神学生，内蒙古"两会"培训的义工也在此做牧养。参与本堂讲道侍奉者共有12位（包括神父和神学生等）。该堂设有五个团契：老年团契（60人）、青年团契（30余人）、儿童团契（十几人）、初信栽培团契（50余人）、诗歌班团契。主日有两堂：上午第一场7：00~8：30（500人），第二场9：30~11：00（300人）。每年受洗人数50~100人，另外还有一部分慕道人员，信徒人数逐年稳定增加。

孙海夫妇当年在周边传教建立了12个点，这12个点目前都有礼拜堂，夫妇俩年迈后只带其中4个点，后来红山口村和岱洲营村每年举办1~6个月的短期培养，开始独立牧养，现归郊区管理。目前只有一间房村和坝口子村归府兴营堂带领。每周三堂里派义工去这两个堂点进行牧养，在管理方面则实行自行管理。据该堂同工介绍，周边每个村庄都有教堂，呼和浩特郊区有200多个聚会点。

6. 厂汉板基督教堂（海西堂点）

该堂属于海西堂外带的一个堂点，位于呼和浩特市回民区攸攸板镇厂汉板村。厂汉板村位于呼和浩特市北郊城乡结合部，北靠京藏高速公路和坝口子村，南与成吉思汗大街相接，东邻塔布板村与工农兵路，西至乌素图村，110国道和环城路横贯当村。全村占地6.5平方千米，原有可耕地面积1800多亩，农业常住户1389户，人口3892人，非农业常住户123户，人口数184人，其中蒙、满、回少数民族128户，286人。近年来由于城市改造和市政工程建设等，占用了厂汉板村大面积的土地，许多农民迁居楼房，开始自谋生路。

厂汉板基督教堂的前身也是家庭教会，发展到一定规模后，信徒集资购买了一处房产作为礼拜堂。2011年拆迁后，厂汉板村委会给教会划拨一块土地，重建教堂，但只有使用权，没有转让权。最多能容纳60~70人。信徒老年人、女性居多。新教堂位于城市化改造后的居民小区里，由于居民构成比以前复杂，信徒构成也有所改变，既有原来的村民，也有外来人员。该堂每年有十几个人受洗。冬季农闲时来教堂的人会多一些。

每天早上来做晨更的有十多人。星期天下午只有一堂礼拜。星期天上午内蒙古财经学院的大学生借用教堂场地做礼拜。星期四下午3：00~4：00有例会。周六下午3：00有主日学。信徒每两个人轮流到教堂祷告两个小时，一年昼夜不停。

7. 如意小区教会（家庭教会）

2013 年，在政府相关部门和内蒙古"两会"的推动下，相当数量的"非法"家庭教会向呼和浩特市民宗局登记备案，取得"临时宗教活动场所许可证"，归属内蒙古"两会"管理。如意小区家庭教会便是其中一个。从"非法"到"合法"，他们走过了一个漫长的过程，之前申请登记过很多次，均未得到政府的批准，2013 年政府简化登记手续、放宽政策、加大整合力度后，如意小区教会才与其他一大批家庭教会一道，加入"合法"教会的行列。

该教会位于呼和浩特市如意开发区如意小区居民楼，归属新城基督堂管理。若非有人介绍，外人无论如何也不会想到看似普普通通的三室一厅住宅里会有一个小型教会（见图1）。目前，中国有千千万万个家庭教会分布在各个居民小区里。如意小区家庭教会起步于 2006 年。当初只有两三个人在信徒家里聚会、查经，没有专门的讲道人，后来人数渐渐增多。2011 年，信徒家里已经容纳不下越来越多的信徒，教会遂在如意小区内租了一间 145 平方米的房子作为聚会点。租房费用均为信徒们的奉献。教会礼拜需要唱赞美歌，常常会惹来邻居的怨言。或许是因为扰民等因素，房东要收回房子，所以 2012 年又重新租了现在这套房。聚会时经常要关上窗户，拉上窗帘，将音乐声调小，有时甚至连赞美歌也不敢唱，唯恐影响周围邻居的正常生活而遭投诉。教会房屋面积 102 平方米，每年租金 22000 元。

图 1　如意小区教会

　　该教会周一查经，周五祷告，周日主日礼拜，主日有 25 人左右，时间为
3∶00 ~ 4∶00。每周一至六早上 6∶00 ~ 7∶00 有晨更，10 余人。信徒年龄参差
不齐，从高中生到八九十岁老人不等，大部分为女性。该教会目前有 12 名义
工，讲道人有 4 人。2012 年该教会曾经申请登记，但没有批下来。2013 年新城
堂受理了一批家庭聚会点，该教会才得以正式登记。

　　信徒受洗可以在家庭聚会点受洗，但是需请长老或者牧师施洗，或直接去
新城堂受洗。聚会日程自行安排，牧师和讲道人也都是教会信徒自己去联系。
有时请呼和浩特市圣经学校的学生前来讲道。教会庆祝圣诞节的时间与新城教
堂的时间错开，自己先过，圣诞节那天在新城堂跟大家一起过。

附录1　呼和浩特地区部分县镇基督教
聚会点分布表

序号	聚会点名称	占地面积（平方米）	建筑面积（平方米）	详细地址	信徒人数（人）
1	托县基督教点	820	500	双河镇创业巷	650
2	团结基督教点	484	100	五申镇团结村	95
3	补还岱教点	464	70	五申镇补还岱村	75
4	祝乐沁教点	225	110	五申镇祝乐沁村	85
5	三间房基督教点	510	88	五申镇三间房村	80
6	黑兰土力亥村教点	432	216	五申镇黑兰土力亥村	180
7	什力邓基督教点	823	158	古城镇什力邓村	150
8	南园子基督教点	400	205	古城镇南园子村	65
9	东湾基督教点	380	146	古城镇东湾村	60
10	养大圐圙（kulue）基督教点	400	70	双河镇养大圐圙村	60
11	黑兰根教点	600	70	五申镇黑兰根村	80
12	缸房沟基督教点	320	144	古城镇缸房沟村	50
13	燕山营基督教点	390	99	新营镇燕山营村	280
14	南斗林盖基督教点	240	48	古城镇南斗林盖村	60
15	古城基督教点	578	128	古城镇古城村	230
16	新营子基督教点	598	190	新营子镇新营子村	80
17	五申基督教点	540	90	五申镇五申村	75
18	乃只盖基督教点	480	194	五申镇乃只盖村	95
19	刺尾沟基督教点	600	80	五申镇刺尾沟村	60
20	左家营基督教点	196	120	五申镇左家营村	70
21	伍什家基督教点	800	240	伍什家镇伍什家村	60
22	北斗林盖基督教点	—	50	古城镇北斗林盖村	50

序号	聚会点名称	占地面积（平方米）	建筑面积（平方米）	详细地址	信徒人数（人）
23	宫士夭基督教点	—	30	五申镇宫士夭村	45
24	荒地夭基督教点	—	20	五申镇荒地夭村	55
25	高家西滩基督教点	—	60	伍什家镇高家西滩村	45
26	一间房基督教点	—	20	五申镇一间房村	80
27	什拉儿新营点	—	42	五申镇什拉儿新营村	45
28	东一间房基督教点	—	42	古城镇东一间房村	55
29	后壕村基督教点	—	30	双河镇后壕村	45
30	赵兵女家基督教点	—	—	城南街赵兵女家	—

注：呼市村镇教点约 30 处，信徒大约 2975 人。

附录 2 内蒙古天主教神哲学院历任院长、副院长、教务长简历

王学明主教简历

圣名方济各

1910 年 10 月 2 日生于内蒙古达拉特旗小淖村

1923～1929 年在廿四顷地小修道院学习

1929～1935 年在山西大同神哲学院学习

1935 年 7 月 28 日晋铎，历任各堂区副本堂、本堂

1951 年元月任绥远教区副主教

1951 年 10 月 7 日祝圣为绥远教区总主教

1985～1996 年任内蒙古天主教神哲学院董事长兼院长

1997 年 2 月 10 日病逝于呼和浩特

王希贤主教简历

圣名若翰

1926 年 5 月 21 日出生于呼市郊区三合村

1932～1939 年在本堂区小学学习

1940～1944 年在绥远教区小修道院学习

1945～1952 年在归绥神哲学院学习

1952~1957 年在归绥神哲学院教授神哲学

1953 年 5 月 31 日晋铎

1958~1979 年因错划右派被判在东北农场劳动

1980 年回教堂工作

1985 年后在内蒙古神哲学院任教

1990~1995 年任内蒙古天主教神哲学院教务长

1997 年 6 月 24 日祝圣为呼和浩特教区正权主教

1998 年始任内蒙古天主教神哲学院董事长兼院长

李英神父简历

圣名若望

1917 年 2 月 11 日出生

1933 年入廿四顷地小修道院

1940 年入呼和浩特哲学院

1942~1946 年在大同神学院学习

1947 年晋铎

1947~1951 年在北京辅仁大学读书

1952~1957 年在上海管教产

1960~1962 年在内蒙古医学院服务

1978~1985 年在中学教书

1985~1995 年任内蒙古天主教神哲学院常务副院长

1995~2001 年任神师

2003 年退休

庞峻山神父简历

圣名若望

出生于 1917 年 12 月 1 日　　原籍：乌盟察右后旗大六号镇

1932~1937 年在玫瑰营小修道院学习

1937~1939 年在河北崇礼县小修道院学习

1939~1942 年在呼和浩特市读哲学

1942~1946 年在大同读神学

1946 年 8 月 4 日晋铎

1947~1951 年在北京辅仁大学读书

1951～1954 年因圣母军在集宁看守所改造

1954～1958 年任玫瑰副堂

1958～1966 年合作化后在察右前旗制鞋厂当机工

1966～1978 年下放前旗固尔班农业社劳动

1978～1983 年调前旗平地泉中学教英语

1983～1995 年调任玫瑰营本堂、乌盟爱国会副主任兼秘书长

1985～2001 年调呼市任内蒙古神哲学院任常务副院长

2002 年返玫瑰营后任玫瑰营本堂至今

曹国海神父简历

圣名若瑟

1961 年 6 月 24 日生于内蒙古赤峰市松山区东山

1983～1989 年在中国天主教神哲学院学习

1990 年 1 月 7 日在北京晋铎

1993～1997 年任赤峰教区苦力吐教堂主任司铎

1997～2001 年任赤峰教区大营子教堂主任司铎

2000 年 10 月任赤峰教区副主教

2001 年 9 月调任内蒙古天主教神哲学院常务副院长至今

孟青禄神父简历

圣名保禄

1963 年 6 月 22 日生于内蒙古察右前旗弓沟乡

1986 年入内蒙古天主教神哲学院修道

1989 年 7 月 16 日晋铎并留院任教

1995～2000 年任内蒙古神哲学院教务长

2001～2003 年在呼市教区陶思浩建教堂一座、舍必崖任本堂一年、永圣域建教堂一座

2003 年调回内蒙古"两会"工作

田磊神父简历

圣名若瑟

1968 年生于内蒙古察右前旗圣家营村

1989 年入读内蒙古天主教神哲学院

1995 年 7 月 2 日晋铎并留院任教

2001 年起任副院长兼教务长，讲授礼仪神学课。

朱君神父简历

圣名伯多禄

1970 年生于内蒙古赤峰市

1988～1992 年就读于内蒙古天主教神哲学院

1992 年 8 月 9 日晋铎并留院任教，主讲圣经旧约部分

1999～2003 年在内蒙古大学人文学院中文系进修

2001 年任修道院副院长（分管总务）

基督教冲击下的萨米文化变迁

吴凤玲[*]

萨米人（Sami）是居住在北欧斯堪的纳维亚半岛北部和俄罗斯科拉半岛的一个群体，分属于挪威、瑞典、芬兰和俄罗斯四国。在亚欧大陆北部的地理环境和北极地区的生态环境中，萨米人发展了独特的狩猎采集和放牧驯鹿的生计方式，以及与之相适应的萨满文化传统。在漫长的历史中，这种生计方式和萨满文化传统经历了变迁。

文化变迁的动力可能来自文化群体内部的发展，也可能来自群体外部的异文化的影响，这种异文化影响下的变迁也被称为"涵化"。《简明文化人类学词典》中对涵化的定义是"两种或两种以上的文化相互接触、影响、发生变迁的过程。文化涵化的前提是'文化接触'。通过一段时间的相互影响，可以使接触的双方都发生一定的变化。其结果一般有自愿接受的'顺涵化'（positive acculturation）和被迫接受的'逆涵化'（negative acculturation），即对抗涵化。"① 童恩正先生对涵化的解释是："当一个社会与另一个经济文化上都比较强大社会接触时，这较弱小的社会经常要逼迫接受较强大社会的很多文化要素，这种由于两个社会的强弱关系而产生的广泛的文化假借过程即称为涵化。"② 这个定义中进一步强调涵化是发生在强弱对比鲜明的两种社会之间。

萨米人作为亚欧大陆北部萨满教核心分布区的一个组成部分，其萨满文化

---

* 吴凤玲，中国社会科学院民族学与人类学研究所助理研究员。

① 陈国强、石奕龙：《简明文化人类学词典》，浙江人民出版社，1990，第93~94页。
② 黄淑娉、龚佩华：《文化人类学理论方法研究》，广东高等教育出版社，2004，第226页。

既有这个区域的共性，也有自身的特殊性。这种特殊性与它在基督教的强势冲击下所经历的文化变迁密切相关。从 13 世纪或者更早基督教进入萨米人地区开始，到 18 世纪萨米人最终放弃萨满教信仰而成为基督徒为止，萨米人萨满教被基督教涵化的过程长达 7~8 个世纪，其中尤以 17~18 世纪中叶最为剧烈。萨米人萨满教被基督教涵化的过程构成了萨米人文化变迁的一个重要组成部分，是我们认识由于外力影响而造成的文化变迁的一个极佳的例证。在萨满教研究界，大多数学者的研究都是从文化群体的内部探讨其萨满教的特征及其与文化整体的整合，多为偏于静态的研究，关注萨满文化变迁的动态研究比较少见。本文对萨米人萨满教与基督教互动进而涵化的历史过程的探讨，将从萨满文化变迁的动态视角更好地诠释文化变迁理论。

需要指出的是，萨米人的不同文化群体在受基督教影响和保持本土宗教的程度上是不同的。随着萨米人的生计方式由渔猎和采集转向大规模放牧驯鹿和在其他斯堪的纳维亚群体的影响下定居务农，萨米人分化为：务农和定居的农区萨米人；饲养驯鹿但定居的森林萨米人；放牧驯鹿的驯鹿萨米人。前两者受到教会和周围信奉基督教的斯堪的纳维亚邻人的影响更多，其宗教文化的涵化过程更为急剧和彻底。这一部分萨米人在文献中获得的记述不多。驯鹿萨米人则因为更多地保留了萨米人的文化传统，尤其是萨满文化传统，而在与基督教的冲击下经历了持续而典型的涵化过程，并在 17 和 18 世纪的教会和法庭记录等历史文献中获得大量记述。因此这里探讨的萨米人主要是指驯鹿萨米人，关注的是他们在这段历史中本土宗教与基督教的融合和涵化情况。

一　基督教向萨米人的传播

基督教向萨米人的传播，在不同的历史时期以不同的教派为主导。根据文献，在 13 世纪初或更早，天主教的修道士就开始在市场等地点接触萨米人，这些地点通常也是建立教堂的地方。天主教会最初是沿着挪威的海岸建立教堂，服务于那些非萨米人。在 13 世纪中期，第一个教堂在特罗姆瑟建成，拉丁文的名称为 "在异教徒中心地区的圣母玛利亚教堂"（ecclesia sancta Maria de Trums iuxta paganos），服务于非萨米人和萨米人。此类教堂的建立使挪威的萨米人要比瑞典和芬兰的萨米人更早进入基督教的宣教体系。有资料表明，修道士进入传教的地区，以免罪的承诺人和另一种宗教师的身份，到萨米人的家庭中去接触他们。

基督教的路德宗随着马丁·路德的宗教改革于1529年创立于德国，这一新的宗派的建立，标志着基督教新教的诞生。大约在16世纪上半叶，随着北欧各国的国王陆续接受基督教路德宗并确立其为国教，基督教作为一种强有力的外来宗教，在国家政权的支持下，开始在斯堪的纳维亚半岛全面传播。萨米人则以1603年萨米人地区最早的教堂的建立为标志开始了被整合进教会的基督教化过程。

在17世纪上半叶，瑞典和挪威的当权者和教会对萨米人中存在的"异教信仰"问题更加敏感，开始在萨米人的会集地点更多地修建教堂，传教活动日益活跃。萨米人按要求每年必须在教堂附近停留若干周，以便于接受基督教的信仰。经过几个世纪的基督教化熏陶，萨米人已经被整合进了教会组织，他们的受洗、结婚和葬礼均按照基督教的礼仪，虽然他们中的很多人一年中只在冬季到市场的时候见一次或两次牧师。

然而，在被纳入教会组织的同时，相当一部分萨米人还在坚持传统的宗教习俗，还在使用鼓和古老的献祭场所，这种情况直到1700年前后还在不同的萨米人居住区继续保持着。为了让萨米人彻底放弃本土的宗教信仰和习俗，而不仅仅是死记硬背基督教的教义和参加教堂的某些仪式，从17世纪末开始，一个旨在让萨米人放弃非基督教信仰的宣传和强迫运动开始了。

二　基督教方面对萨米宗教的基本态度和措施

在基督教向异族传播的过程中，其典型的做法是采用暴力手段反对他们的传统宗教并破坏其圣地和神圣对象。相比在世界其他地区的传教情况，这样的方法用在萨米人身上的程度要轻一些，但是惩罚和亵渎神圣仍旧是基督教方面的主要方法。

我们发现，以暴力相威胁来劝告萨米人放弃本土宗教习惯和使用暴力惩罚继续本土信仰实践的萨米人，是在政府司法的框架下发生的。在挪威和瑞典两国，萨米人被要求与王国内的其他居民一样遵守同样的法律。在整个阶段，挪威和瑞典两国都运用威胁和惩罚作为迫使萨米人放弃本土宗教而转向基督教信仰的手段。

在挪威学者霍堪·日德翁的《鼓的时代的终结》一书中，作者以约克莫克①（Jokkmokk）的萨米人为例，通过对 17 和 18 世纪约克莫克地区法庭记录的分析，归纳和总结了萨米人会受到惩罚的几种原因。他提道，"受到惩罚的原因主要有三个：第一，从事'迷信'和'巫术'活动；第二，去教堂的次数没有达到规定数目；第三，拒绝将孩子送到可以在基督教信仰方面给予指导的学校。惩罚由地区法院实施，同时有很多萨米人列席为陪审团成员"②。

除了利用惩罚的手段迫使萨米人放弃本土宗教信仰外，教会方面使用的另一个方法就是没收萨米人本土信仰的重要器具和象征物——萨米鼓和其他神圣物品，烧毁和亵渎萨米人的圣地，希望通过此举根除他们的信仰和仪式。

在这一过程中，萨米人不得不交出他们的鼓。例如，在 1671 年的冬天，在芬兰北部的凯米（Kemi）地区，许多"巫师被发现"，他们被迫交出他们的鼓，由于这些鼓非常宽大，不方便运送，所以被当场烧掉。在历史记录中，有一个名叫爱克森（Aikie Aikiesson）的萨米人因为拒绝交出他的鼓而被判处死刑，但是他在教会对他行刑之前就死掉了，因此当局失掉了利用这一判决杀一儆百的机会。在 17 世纪 80 年代的后期，在瑞典和芬兰，对鼓的搜寻更为强硬和彻底，萨米人必须将手中的鼓交到地区法院，对于拥有和使用鼓的人的惩罚也更为严厉。1686 年在一个对于"拉普马克的崇拜形式的记述"中，海讷桑德③（Härnösand）宗教法院写道：如果发现有人进行国家禁止并必将惩罚的粗鄙的偶像崇拜，那么对这个人实施惩罚可以起到对其他人有效的警示作用，那些拉普人因为害怕已经在发抖。④

除了这些严厉的威胁和惩罚手段，当局还施行了相互揭发的措施，两者相

---

① 约克莫克为瑞典北部北博滕省的一个自治市，是瑞典萨米人的文化重镇。

② Håkan Rydving, *The End of Drum-Time*：*Religious Change among the Lule Saami, 1670's–1740's*, Almqvist & Wiksell International, 1993, p. 56.

③ 海讷桑德（Härnösand）是位于瑞典中东部海岸地区的一个港口城市，隶属于西诺尔兰省。

④ 参见 Håkan Rydving, "The Sami Drums and the Religious Encounter in the 17th and 18th Centuries", in Tore Ahlbäck and Jan Bergman eds. *The Saami Shaman Drum*：*Based on Paper Read at the Symposium on the Saami Shaman Drum Held at Åbo, Finland on the 19th –20th of August 1988*, Donner Institute for Research in Religious and Cultural History, Åbo, Finland, Stockholm, Sweden：Almqvist & Wiksell International, 1991, p. 30。

结合产生了相当明显的效果：萨米人不再敢逃避去教堂，不得不遵守各种规定——至少当着传教士，或某些可能告发他们的人的面如此。因此传教士成为很多萨米人害怕的对象，其害怕的程度，我们可以从一些萨米人对传教士的谣言中可见一斑。其中一则提到，有一个传教士会把萨米人送到格陵兰岛，或送到土耳其给土耳其人当食物；另一则提到，某个传教士不论去哪里都带着刽子手；还有一则提到有两个传教士到萨米人中间实际上是为了给正在与俄国交战的瑞典招募士兵。① 我们看到，在这个过程中越来越多的萨米人把基督教看作自己的事情，成为揭发和告发的主力军，那些拥有鼓和进行献祭的人要想不被发现，已经越来越难。

三　萨米人对基督教的态度

在基督教向萨米人地区传播的过程中，萨米人表现出非常复杂的心态和文化行为，从他们的表现中我们不难理解在强势的外来宗教文化的压制下，一个弱小文化持有者的本能反应以及不得不应对的主动或被动的文化选择。

在萨米人初遇基督教的阶段，萨米人的态度更多的是一种漠视态度。萨米人的本土宗教萨满教是萨米人在北极地区恶劣的生存环境下自发产生的一种信仰与祭祀体系，是与其生产、生活和社会组织有机结合在一起的一种文化制度。对于萨米人来说，外来宗教基督教是与其原来的信仰体系迥异的一套新的信仰体系，在观念和认识上存在巨大差异。同时，由于初期的传教士们大多不懂萨米语，因此基督教在萨米人中传播的收效并不显著。萨米人的漠视态度，迫使基督教会转变策略，开始采取更多的暴力手段强迫萨米人皈信基督教。

面对基督教咄咄逼人的进攻，萨米人采取了一些应对措施，以维护自己的本土宗教传统。一方面，面对有官方法律支持背景的强势宗教，萨米人被迫加入基督教会的组织体系中，参加教堂的活动，遵从基督教的相关礼仪，有些人也在潜移默化中接受了基督教的上帝和其他教义。另一方面，他们也进行法庭

---

① 参见 Håkan Rydving, *The End of Drum-Time*：*Religious Change among the Lule Saami*, 1670's-1740's, Almqvist & Wiksell International, 1993, p. 59。

抗争和辩护，随着这种努力的失败，他们采取了对基督教的消极接受和迎合的态度，借此迷惑教会，分散教会对于其本土宗教实践的关注，以期获得继续实践和传承本土宗教的空间。这种表现的主要方式体现在如下几个方面。

首先，通过躲避与教会的接触而进行消极的抵抗。针对基督教要求的必须去教堂达到一定次数的义务，和必须将家中的男孩送到学校接受基督教指导的义务，很多萨米人选择在传教士从来不涉足的边界高山中逗留更长时间，有人甚至待几年。还有一些挪威的萨米人为了躲避基督教的逼迫，跨越边境搬到瑞典，到那里寻求宁静。这样的做法对于以放牧驯鹿为生计的萨米人来说，一度是可行的，因为他们每年都要跨越瑞典和挪威两国边界，在山地和平原之间进行季节性迁徙。不过这种做法随着挪威和瑞典两国教会方面的共同协作，以及萨米人内部的揭发报告体系，最终也是徒劳的。

其次，面对教会，其中主要是传教士，对本土宗教专家诺艾迪（noadi，即萨满）的审问，诺艾迪们通过各种策略尽可能保全更多的本土宗教知识的秘密。被教会召集的诺艾迪可能没有被判死刑的危险，但是审问是强制的，他们不可能抵制这种强制性询问，但是他们也有自己的策略，比如在交代的过程中故意隐瞒一些本土宗教知识。在每次询问之后，这些诺艾迪们都被强迫去诅咒他们的神灵，传教士们希望通过这种方式迫使他们宣布同传统宗教的决裂。针对传教士们的这种企图，在这个最后的诅咒环节，诺艾迪们总是表现得很灵活，比如他们只是诅咒那些并不重要的对象，或在诅咒中使用一些双关词语来代替萨米神灵的名字，由此化解了困境。由于有"萨米人的使徒"之称的传教士托马斯·万·韦斯滕（Thomas Von Westen）[1] 在很长一段时间内对于萨米人的知识了解得很有限，因此诺艾迪们通过这些手段很容易将他糊弄过去。但是，随着追随他的那些新皈信的、充满热情的萨米人基督徒的出现和增多，这样的方式也失去了效力。[2]

---

[1] 托马斯·万·韦斯滕（Thomas Von Westen，1682-1727），挪威传教士，曾在很多萨米地区传教，在促进萨米人皈信基督教的过程中发挥着十分重要的作用，因此被称为"萨米人的使徒"。他充分利用其他传教士提供的信息，撰写了很多关于萨米人本土宗教的手稿，虽然这些手稿大部分都没有保存下来，但保存下来的一小部分有着很高的学术研究价值。

[2] 参见 Håkan Rydving, *The End of Drum-Time：Religious Change among the Lule Saami*, 1670's-1740's, Almqvist & Wiksell International, 1993, p. 60。

最后，将萨满教的宗教实践转为不易被教会和萨米基督徒发现的地下活动。针对教会对萨米鼓的收缴，一些萨米人将鼓藏到人际罕至的高山。在不同的萨米地区，根据教会控制程度的不同，萨米人的表现也不一样。有些萨米人只能秘密地进行本土宗教实践，有的萨米人"不得不进入藏匿鼓的时代"。事实上不同地区的萨米人先后进入藏匿鼓的时代，凯米地区是 17 世纪 70 年代，皮特（Piteå）① 地区是 17 世纪 90 年代，于默奥（Ume）② 地区是 18 世纪 20 年代。再后来，不仅要在教会方面前隐藏鼓，而且还要在族人面前隐藏，以防被揭发。③ 同时隐秘的还有献祭等仪式活动，它们同样必须秘密进行，以防被告发给政府和教会。

四　萨米人为维护本土宗教所作的抗辩

面对基督教强迫萨米人放弃本土宗教的命令以及其相应的惩罚措施，萨米人也曾经据理力争，他们从宗教传统对于萨米人的重要意义出发进行了旨在维护这种传统的抗辩。在所有维护本土宗教的抗辩中，从经济角度出发的抗辩是最为重要的，对于萨米人来说，本土宗教在渔猎、狩猎和驯鹿放牧方面有直接的意义和价值，而基督教对于萨米人的生产生活并未产生针对性的价值，这是它最薄弱的环节。

献祭活动对于保证经济繁荣的意义是萨米人在抗辩中一直强调的。萨米人指出，放牧驯鹿群、狩猎和采集等重要生计活动的顺利和成功进行需要借助献祭活动，因为只有将这些活动纳入神灵的保佑之中才能够成功。当传教士格兰（Olaus Graan）向一位萨米人询问，他放在某献祭地点的一个鸟形西伊德④是期

---

① 皮特为瑞典北部北博滕省的一个自治市。

② 于默奥为瑞典北部西博滕地区的一个城市，也是瑞典北部最大的城市。

③ 参见 Håkan Rydving, "The Sami Drums and the Religious Encounter in the 17th and 18th Centuries", in Tore Ahlbäck and Jan Bergman eds., *The Saami Shaman Drum: Based on Paper Read at the Symposium on the Saami Shaman Drum Held at Åbo, Finland on the 19th–20th of August 1988*, Donner Institute for Research in Religious and Cultural History, Åbo, Finland, Stockholm, Sweden: Almqvist & Wiksell International, 1991, pp. 33–34。

④ 作为献祭地点的圣地，通常有石头或木质的偶像作为神灵的象征，称作西伊德（Siejdde）。这些石头只有少量的人工雕饰，更多的还是因为它们本身的形状而被人们选择用作西伊德。

待得到什么时，他回答道："驯鹿群会兴旺，捕鱼和捕鸟会成功"。在皮特萨米人地区，某些萨米人被问及为什么在秋季丰收节进行献祭，他们答道，他们必须按照祖先的规定给土地献祭，这样他们才不会生病，他们的驯鹿也不会在夏季生脚病，同时还会给他们的公驯鹿提供食物，使它们有力量交配，这样畜群才会繁殖和扩大。他们给雷神献祭，是因为希望自己和他们的驯鹿群不会遭受闪电和其他邪恶东西的袭击，同时希望乌黑浓密的云层中出现的雷声会带给草地、苔藓和驯鹿生长所需要的雨水。①

鼓占卜对于预言萨米人经济活动很重要，人们借助鼓占卜的结果决定他们在经济活动中采取怎样的实际行动，保证生产生活的顺利进行。在一个地区法院，一位性格温和的老者解释，他使用鼓是为了获得好运气，是要了解在到森林里去捕猎和捕鱼之前降临在他们身上的是好运还是噩运。在尤卡夏维（Jukkasjärvi）②，萨米人使用鼓的理由是，他们"直到今天都是只是单纯地遵循祖先留下来的古老习俗，利用鼓来实现获得好运"。在约克莫克，萨米人"迄今都在使用鼓，不过他们说他们并没有用它来做任何邪恶的事情，只是希望用它来预见将在他们身上发生什么好的或坏的事情，例如他们到森林中狩猎或渔猎会有什么结果，他们的畜群将会怎样，等等"③。

面对教会对萨米鼓的收缴和对使用鼓的人的惩罚，萨米人还对使用鼓的目的提供了一种"罗盘"说法，即鼓只是作为一种罗盘，它在森林狩猎和驯鹿群的迁徙中有作用，即它服务于其与大自然和地理环境密切联系在一起的经济活动，因此鼓的使用应当被允许。据记载一位名叫奥洛夫·斯卓尔森（Olof Sjulsson）的法官，他来自南部萨米地区的韦伯斯滕郡（Vapsten），曾于 1688 年

---

① 参见 Håkan Rydving, "The Sami Drums and the Religious Encounter in the 17th and 18th Centuries", in Tore Ahlbäck and Jan Bergman eds. , *The Saami Shaman Drum*: *Based on Paper Read at the Symposium on the Saami Shaman Drum Held at Åbo*, *Finland on the 19th – 20th of August* 1988, Donner Institute for Research in Religious and Cultural History, Åbo, Finland, Stockholm, Sweden: Almqvist & Wiksell International, 1991, p. 31。

② 尤卡夏维为瑞典最北部的城市、隶属于北博滕省的基律纳市下辖的一个村。

③ 参见 Håkan Rydving, "The Sami Drums and the Religious Encounter in the 17th and 18th Centuries", Tore Ahlbäck and Jan Bergman eds. , *The Saami Shaman Drum*: *Based on Paper Read at the Symposium on the Saami Shaman Drum Held at Åbo*, *Finland on the 19th – 20th of August* 1988, Donner Institute for Research in Religious and Cultural History, Åbo, Finland, Stockholm, Sweden: Almqvist & Wiksell International, 1991, p. 31。

写了一封请愿书，请求给予萨米人使用鼓的权利。①

　　萨米人还从社会角度提出抗辩，强调本土宗教是祖先保留下来的传统，是萨米人的社会得以延续的根本，失去了它，萨米人的社会也会发生动摇。例如，在皮特萨米人地区传教的牧师诺尔汝思（Noræus）向萨米人宣教，要求放弃他们本土宗教习俗，一个名叫索尔森（Amund Thorson）的萨米人和其在教堂外面的同伴对诺尔汝思说，他们很反感他的布道，并告诉他，他们将永远不会放弃祖先的习俗。索尔森在坚决地表白这番态度之前还曾生气地告诉这位牧师，他的祖父和父亲遵循传统的习俗，他们生活得非常好，如果按照牧师诺尔汝思的说法，坚持本土宗教习俗而不相信基督教的上帝的人们将在死后下地狱，若他的父亲去了地狱受苦，那么他也能忍受他父亲受到的惩罚。②

　　除了经济和社会需求外，萨米人的抗辩还从本土宗教本身出发，强调不能放弃传统宗教。在萨米人的本土宗教传统中，梦的幻象非常重要，因为人们认为死者会出现在生者的梦里。文献材料中记述，为了支持本土宗教，在18世纪20年代末，葛家杜姆（Gájddom）的某些萨米人声称，至上神（Värálda ráde）向他们显现，要求人们在一定时间段内进行献祭，否则这个世界将走向末路。"一个好的天使"也曾向吕勒奥（Luleå）③的一个萨米人显现，并要求他不要听从托马斯·万·韦斯滕的传教。④

　　从17世纪末到18世纪中叶，萨米人的本土宗教与基督教的很多对抗都集中在萨米鼓上。基督教会大量地收缴和毁掉萨米鼓，萨米人一方面拒绝交出萨米鼓，捍卫使用鼓的权利，另一方面又在强压之下由公开的反抗转为藏匿萨米鼓和秘密使用萨米鼓。萨米鼓也因此成为萨米人抵抗基督教化的象征。"对于萨米人来说，鼓代表着他们受到威胁的文化，代表着对基督教霸权的抵抗和保留

① 参见 Håkan Rydving, "The Sami Drums and the Religious Encounter in the 17th and 18th Centuries", in Tore Ahlbäck and Jan Bergman eds. , *The Saami Shaman Drum: Based on Paper Read at the Symposium on the Saami Shaman Drum Held at Åbo, Finland on the 19th–20th of August* 1988, Donner Institute for Research in Religious and Cultural History, Åbo, Finland, Stockholm, Sweden: Almqvist & Wiksell International, 1991, p. 31。
② 参见 Håkan Rydving, *The End of Drum-Time Religious Change among the Lule Saami*, 1670's–1740's, Almqvist & Wiksell International, 1993, p. 86。
③ 吕勒奥为瑞典北部北博滕省的一个自治市，同时也是北博滕省的首府。
④ 参见 Håkan Rydving, *The End of Drum-Time: Religious Change among the Lule Saami*, 1670's–1740's, Almqvist & Wiksell International, 1993, pp. 87–88。

传统价值的努力，即'好的东西'必须被保留。"① 我们可以从当时的法庭记录的描述中充分了解这种对抗。根据现存的记录，皮特萨米人的抵抗是最为直接的。1682 年 2 月在阿尔耶普卢格（Arjeplog）② 法庭开庭过程中皮特萨米人展开了抗议，他们拒绝遵照告诫放弃他们祖先留下来的习俗，并宣称他们未来还将继续用鼓召唤他们的神灵。这样的辩论无疑是不同寻常的，因为如此直言不讳直接对抗的情形在萨米人与基督教遭遇的过程中只发生在非常个别的情况下。同样用武力来保护鼓的情形也只发生在极个别的情况下：当传教士诺尔汝思收走了一个萨米人的鼓后，他在返回的路上受到萨米人的攻击，鼓也被追回。③

五　基督教与萨米宗教的融合与涵化

在长期的基督教统治下，不论出于主动还是出于被动，萨米人开始深入接触基督教，了解基督教，并将基督教的部分内容融入自己的观念体系和实践中，萨米人的宗教观念呈现出基督教观念与本土宗教观念并存和交织的情况。

1. 仪式空间和仪式时间上的变化

在萨米人的传统生活中，宗教仪式活动渗透到个人、家庭和群体生活的各个方面。与个人相关的有在出生、成年、结婚和死亡等重大转折时刻的转换仪式，在生病、遭遇不幸时举行的危机仪式。与家庭有关的有在家屋内举行的献祭祈福仪式，与家庭的生产和生活相关的危机仪式，以及在固定时间和非固定时间举行的献祭和祈福仪式。与群体生活相关的有群体性的危机仪式和群体性的献祭、祈福仪式，这种仪式通常在每年规定的日期范围内举行，也被称为历

---

① Håkan Rydving, "The Sami Drums and the Religious Encounter in the 17th and 18th Centuries", in Tore Ahlbäck and Jan Bergman eds., *The Saami Shaman Drum: Based on Paper Read at the Symposium on the Saami Shaman Drum Held at Åbo, Finland on the 19th - 20th of August* 1988, Donner Institute for Research in Religious and Cultural History, Åbo, Finland, Stockholm, Sweden: Almqvist & Wiksell International, 1991, p. 29.

② 阿尔耶普卢格为瑞典北部北博滕省的一个自治市。

③ 参见 Håkan Rydving, "The Sami Drums and the Religious Encounter in the 17th and 18th Centuries", in Tore Ahlbäck and Jan Bergman eds., *The Saami Shaman Drum: Based on Paper Read at the Symposium on the Saami Shaman Drum Held at Åbo, Finland on the 19th - 20th of August* 1988, Donner Institute for Research in Religious and Cultural History, Åbo, Finland, Stockholm, Sweden: Almqvist & Wiksell International, 1991, p. 30。

时性的节日。这些仪式分布在不同的仪式空间和仪式时间，在基督教侵入以后，这些仪式的空间和时间发生了相应的改变。

萨米人众多的本土宗教仪式分布在不同等级的空间内，例如在吕勒奥萨米人中间，第一等级的仪式空间是整个社群或其他社群（tjiellde tjärro）的人们到这里来举行献祭的圣地；第二等级的仪式空间是那些沿循着同一迁徙路线或在同样的湖泊中捕鱼的人们，即属于同一个工作群体西伊达的家庭使用的圣地；第三等级的仪式空间是在帐篷附近或内部，是家庭（goahtefuolkke）举行日常仪式的地方。

第一等级的仪式空间通常很少，在本土宗教的背景下，每个社区有一个或两个献祭地点为这个层面的仪式空间；在基督教的层面，每个教区至少有一个教堂或一两个礼拜堂。在基督教不断推进的过程中，基督教的教堂和礼拜堂逐渐取代萨米人本土宗教的第一等级的主要献祭地点。

第二等级的仪式空间包括所有共同狩猎、渔猎和共同迁徙放牧驯鹿的萨米群体所利用的领地内的许多圣地，此外每个家庭还有自己的献祭山，在迁徙中经过此地时，这个家庭要在那里献祭。而在这个等级，没有基督教的圣地与这些地点相对应。

第三等级的仪式空间为萨米家庭所住的帐篷的内部或周围。尽管第一和第二等级的仪式空间的圣地类型很重要，但是日常的宗教仪式并不是在那里举行，而是在第三等级的仪式空间举行。与前两种类型的圣地不同，在帐篷内部或周围的圣地不是固定在某个地方，而是帐篷在哪里搭建，圣地就相应地在哪里存在。这个等级的仪式空间在很长一段时间后才被基督教所替代。学校建立以后，那些在学校接受了基督教教育的孩子们便开始了对大人们的指导，加之后来的传道活动进入家庭，基督教的某些礼仪和紧急洗礼也会在家庭中进行。

随着越来越多的萨米人放弃本土宗教，第三等级的仪式也被基督教所替代。但是，有些第二等级的圣地仍被使用，此外还有不断确立的用于举行本土宗教仪式的新地点。不过，任何一个想继续献祭祖先神灵们的萨米人，都必须防备那些努力阻止他们进行这些实践的当局的人。因此本土宗教的仪式多在牧师足迹罕至的山脊处进行，尽管如此，也还要冒着一旦被族人和妇女——他们与新宗教的联系要比与旧宗教密切得多——发现，就报告给当局的风险。

三个不同等级的仪式空间与不同的仪式类型之间并无必然的对应关系。至少危机和转换仪式，可以在不止一类的仪式空间举行。这种模式与基督教的模式形成强烈对照，因为所有的基督教仪式都要以一个地点为中心，那就是教堂。历时性的仪式是否在第一等级主要的献祭地点举行并不一定，它们很可能会在中间层次的仪式空间举行，例如每年9月底的秋季大庆典；也可能是在第三等级的仪式空间举行，例如12月的洛塔（Ruohtta）庆典。危机仪式可以在三个等级中的任何一个举行，它取决于危机的种类，如果危机影响的只是个人或单个家庭，那么祭祀会在帐篷的后面或在一个中间等级的献祭地点举行；如果危机影响的是大一些的社会单位，必要的献祭将在第一等级的主要献祭点举行。转换仪式在本土宗教的层面都在帐篷内或周围举行，而基督教的转换仪式和其他类型的仪式，都在教堂举行。①

萨米人本土宗教仪式空间的变化，突出反映了本土宗教在与基督教遭遇后经历的变化过程。驯鹿萨米人的季节性迁徙使移动性成为本土宗教的一个特性，萨米人的仪式空间因此遍布其迁徙范围的地理空间中，出现了诸多不同层次的圣地。随着基督教渐居主导地位，宗教仪式空间日益集中到教堂，其所在区域同时也是萨米人与非萨米人进行接触和经济交换的地点。不过在基督教的强制力无法和不易触及的地理空间，本土宗教的仪式空间依然在不同程度地、隐蔽地发挥作用。

2. 命名仪式

与许多文化一样，萨米人的孩子也要通过一个命名仪式来获得社会身份。在基督教的冲击下，萨米人的命名仪式也打上了基督教与传统信仰互相竞争的印记。

在17世纪，吕勒奥萨米人参加萨满教和基督教两种宗教仪式，其命名、结婚和葬礼等仪式都是按照基督教的方式来进行的，萨米人对这些基督教仪式的参与程度很高，连牧师们也认为萨米人已经是基督徒。就命名仪式而言，基督教对于萨米人的影响相当大，大多数萨米人，甚至包括诺艾迪们都让他们的孩子接受洗礼。然而，在很长时间内，当地的牧师并不知道这个基督教的命名仪

---

① 本节关于仪式时间和空间的变化的内容，参见 Håkan Rydving, *The End of Drum-Time*: *Religious Change among the Lule Saami*, 1670's – 1740's, Almqvist & Wiksell International, 1993, pp. 93 – 108。

式，事实上，只是作为复杂的萨米人命名庆典中的一个仪式环节发挥作用。

根据相对详细的南部萨米地区的材料，我们可以归纳出这个仪式的几个步骤：第一，母亲向生育神（Saaraahka）祈求，生育神通过一位出现在母亲梦中的过世的人告诉她，孩子未来将沿用这位死者的名字；或者是孩子的父亲以及其他人利用鼓或其他的占卜用具来确定孩子的名字；或者孩子的父母向某位诺艾迪询问孩子该起的名字。第二，到教堂进行基督教的注水仪式（用基督教的术语称就是洗礼），通过这一仪式，孩子获得了一个斯堪的纳维亚的名字。第三，从基督教仪式回家后，父母带孩子举办萨米人的命名仪式，这个仪式包括两步：第一步，通常由一个女孩或妇女将在教会获得的斯堪的纳维亚名字洗掉，她给孩子一个戒指（sjiele），或者黄铜或银质的装饰品，这是孩子已经从基督教的洗礼中解脱出来的证据。当这个斯堪的纳维亚名字被洗掉后，在萨米人中间这个名字就不再被使用，如果有人用这个名字称呼他人，则被视为是对这个人的冒犯。不过在与斯堪的纳维亚人打交道的场合，萨米人还会用这个名字。第二步，由孩子的母亲（或其他妇女）实施注水仪式，将神灵给予的萨米名字赐予孩子，人们不会将这个名字透露给非萨米人。在为孩子进行注水仪式的同时，孩子的父亲负责必要的献祭。此外，与这个命名仪式相联系，孩子也获得了一个特定的兽形守护神"姓名鱼"。

在北部萨米人地区的材料中也记述了这样的命名仪式，萨米人说，孩子在基督教的命名仪式后总是出现生病或哭闹的情况，因此萨米人的命名仪式必不可少。仪式给予孩子的萨米名字是一个死者的名字，这个名字在这个家庭里传承，孩子接受了这个名字，将和过去同样也使用过这个名字的先辈们一样，成为一个聪明的诺艾迪、猎手、渔夫或家庭主妇。不过与南部萨米人地区的情况不同的是，这个萨米人的命名仪式不是由一位妇女主持，而是由一位诺艾迪主持。

在吕勒奥萨米人地区，材料显示只有在孩子接受了基督教的洗礼之后生病或哭闹不止时，才需要一个新的萨米名字。而在南部萨米的材料中，萨米人的命名仪式与孩子的健康状况无关，而是在洗礼之后都会有的仪式。还有一点不同的是，在吕勒奥萨米人的材料中，"姓名鱼"只会给予男孩，女孩则没有。牧师们认为萨米名字是"异教"的名字，不应该使用它们，因此不愿意给孩子们以萨米人的名字。

萨米人的命名仪式在实现一个婴儿从没有身份的存在物转变成为一个有身

份的家庭和群体成员的作用上，与其他文化的命名仪式无异，都是作为转换仪式发挥作用，所不同的是，萨米人的命名仪式包含了本土宗教和基督教两个平行的命名环节。

萨米人通过命名仪式有了自己的名字后，在其一生中还可以有重新命名仪式来更换原有的名字，用以改变与这个名字相关的身份。这个重新命名仪式可以帮助我们认识在萨米人的文化中名字与身份的密切关系。在与基督教相遭遇的时代，这些仪式为萨米人同时具有萨米人和斯堪的纳维亚人的双重身份发挥着重要意义。

在萨米人的世界中，一个人可以通过改换名字来改变身份，帮助实现这一目标的仪式，从基督教的角度经常被称为"萨米人的再洗礼"。当一个孩童接受了萨米人的姓名之后，其姓名与身份便结合在一起，但是这种结合又有着很大的风险：这个姓名和身份可能对于这个孩童是不好的。这种不好的征兆会在他的生活中或早或晚地表现出来，如孩子会生病、遇到意外，或不能很好从事自己的职业（如放牧驯鹿）。当发生这些情况时，人们通常会认为这个孩子有了一个错误的身份，他（或她）不高兴用这个名字，需要为其改变身份。实现这一目标需要举行一个重新命名的仪式。在这个仪式上，旧的名字和身份被洗掉，孩童或成人（因为这一仪式也为成年人举行）获得了一个新的名字，这个新名字通常是一个祖先用过的名字。重新命名的仪式在人的一生中可以进行几次，即使是一个老人也可以重新命名。托马斯·万·韦斯滕指出，他曾经遇到过一些萨米人在 70 多岁时还重新使用一个新名字，甚至有的人一生更换了 4 次名字，不过这一仪式多给孩童举行。①

在基督教的改造过程中，萨米人不得不融入基督教的仪式中，但是在命名仪式上，他们还是巧妙地利用了本土宗教中名字与身份的关联，一方面，接受教会的洗礼，获得一个斯堪的纳维亚的名字，并将这个名字用于在斯堪的纳维亚世界生存所必需的场合中；另一方面，通过萨米人的命名仪式，将斯堪的纳维亚名字的效力去除，重新赋予孩童一个萨米人的名字，来体现其在萨米人文化中的身份。"这两个名字代表着身份的变换和身份认同，正是有了这双重的名

---

① 本节关于命名仪式的内容，参见 Håkan Rydving, *The End of Drum-Time*: *Religious Change among the Lule Saami*, 1670's–1740's, Almqvist & Wiksell International, 1993, pp. 115–127。

字，两个宗教世界的界限变得更清晰，才使一个人同时存在于萨米人的世界和斯堪的纳维亚人的世界变得更容易。不过当本土的体系变得越来越衰弱，基督教的体系占据主导地位时，命名仪式的社会和宗教功能也发生彻底改变。"①

小　结

基督教冲击下的萨米文化变迁，为我们展示了一个外来强势文化影响下的弱势文化变迁的实例，为我们更好地认识文化涵化现象提供了很多有益的启示。

首先，涵化的前提是两种文化的长期接触。萨米人长达 7~8 个世纪的基督教化过程是其文化发生改变的历史基础。基督教文化的漫长推行和压迫政策，使一代又一代的萨米人逐渐远离了自己的古老传统，后代萨米人不断汲取前辈留下的各种文化适应经验，形成一条萨米人独有的文化涵化道路，于是产生了上述种种结果。

其次，在涵化的不同阶段，文化接触的方式不同，所产生的结果也不同。在基督教最初接触萨米人的阶段，基督教采取温和的传教形式，在萨米人中间影响力和影响面都很有限。一方面萨米人对基督教持漠视态度；另一方面他们也受到了基督教的某些观念和仪式的影响，但并未毁坏萨满教传统的根基。17和 18 世纪上半叶，基督教与国家政权结合在一起，强力推进基督教。在基督教的控制和惩罚下，尽管萨米人与基督教对抗了一个多世纪，但最终还是被基督教所涵化。

再次，在强势的外来文化影响下，文化的涵化是必然的。基督教在萨米人中强力推进的阶段，暴力和强压是最为常见的手段，为了提高传教的效果，更快地取代萨满教这个竞争对手，基督教方面也在尝试了解这个对手，如传教士们对萨米人本土宗教专家的询问并非单纯地了解另一种相异的宗教知识，而是服务于让萨米人放弃本土信仰而改信基督教的目的。基督教号召传教士学习萨米语，到后来它还培养萨米传道者，特别是它强令萨米人的孩童到基督教的学校接受教育，无异于釜底抽薪，从根本上让传统宗教无以为继。面对基督教的

---

① Håkan Rydving, *The End of Drum-Time: Religious Change among the Lule Saami*, 1670's–1740's, Almqvist & Wiksell International, 1993, p. 127.

步步进逼，萨米人进行了维护本土宗教的抗辩，采取了对基督教消极的迎合等策略，但都阻止不了传统文化的衰退和变异。上述论及的仪式时间和空间上的变化以及命名仪式都表现出在基督教势力下的萨米文化的挣扎，以及通过文化融合改变困境的化解方式。

最后，文化涵化通常表现为在强势的异文化影响下一个群体整体性的文化变迁，但是在涵化过程中，群体中不同的个体和群属的反应却不尽相同。面对基督教的压制，萨米人因个体、群属不同而不乏多样性的反应：在基督教的强压之下，有藏匿鼓和继续祭祀圣地的人，也有向基督教告发族人的人。就不同人群而言，妇女、儿童、青年乃至不同地区的萨米人，对基督教带来的变迁的反应和态度，以及在其中的作为也不同。关注这些丰富的表现无疑将深化我们对于文化涵化过程的理解。

非裔巴西人宗教中的入巫、出神与着魔

——一位来自马拉尼昂的 mineiro* 的故事**

Roberto Malighetti （马力罗）

　　本文呈现了巴西马拉尼昂州的主要宗教传统 Tambor de Mina 的入巫过程（initiation process）。Tambor de Mina 指的是一种奇特的宗教信仰，它将非洲不同传统因素（尤其是 Nago e Jeje①）、天主教要素及美洲印第安文化因素（pajelança②）等结合在一起。Tambor 有"鼓"之意，源于该器具在仪式之中的重要性。Mina 一词指的是 El Mina 堡垒，位于非洲西部黄金海岸葡萄牙人建立的一个奴隶市场。在巴西，*mina* 一词已成为奴隶的统称。

* 　　Roberto Malighetti （马力罗），意大利米兰比可卡大学。

　　　米内罗（mineiro）一词来源于 mina，指的是 Tambor de Mina 宗教的神职人员。Ferretti, S. F., 1996, Querebentã de Zomadonu, São Luís, EDUFMA, 2a ed. Revista, （Orig. 1983）. Nunez Pereira, M., 1979, A Casa das Minas. O culto dos voduns jeje no Maranhão, Petrópolis, Vozes, （Orig. 1947）. Parès, L. N., 1997, The Phenomenology of Spirit Possession in the Tambor de mina, London, University of London, SOAS, Tese de Doutorado. Verger, Pierre., 1990, Uma Rainha Africana mãe-de-santo em São Luís, São Paulo, "Revista USP", n. 6, pp. 151-158, （Orig. 1952）。

** 　本文为 Nguyen Phuong Tram 所翻译，发表于《民族学刊》2014 年第 5 期。

① 　Nago 是针对来自达荷美共和国和尼日利亚西部的约鲁巴语言与文化的奴隶所起的巴西语名字。Jeje 这一名字的来源尚未确定。据说，它源于法国人对达荷美中部居民的普遍分类。它同时也指 fon 和 ewe 语族的一种方言。

② 　Pajelança 或 cura 是巴西北部和东北部非洲印第安人着魔仪式的统称。Ferretti, Mundicarmo, "Maranhão Encantado: encantaria maranhense e outras histórias", São Luís: UEMA Editora, 2000。

本文转述了一位米内罗（mineiro）所说的话。故事的呈现基于笔者在吉马良斯（Guimarães，巴西马拉尼昂州的一个村子）持续进行的对话。笔者以"人类学视角"，通过编辑、选择和再组织对话者的讲话等手段题写了这篇故事。①

我是一位米内罗。我活着是为了料理宗教。

我的名字是维森特·雷蒙多·卡多佐（Vincente Raimundo Cardoso），人们叫我米姆（Meme），没人知道我叫雷蒙多。1935 年 4 月 5 日早晨 6 点我出生于吉马良斯。② 我父母是雷蒙德·马特乌斯（Raymond Matheus）和多名家·齐利亚·卡多佐（Dominga Zelia Cardoso）。

我爷爷曾经是一个奴隶，在吉马良斯这是一件很平常的事。整个世界曾经是由奴隶构成的。我没能来得及认识我爷爷，他去世的那年我出生。我也未能认识我的奶奶奥诺拉塔（Honorata）。我爷爷是一个很有名的人，他的主人教给他除了识字之外的所有东西。他们不想让一个黑人识字。③

我母亲是全职妇女，她什么家务都会做。她也从事纺织，整天跟织布机和线轴在一起。我的肤色像我的父亲一样，但他比我高而且强壮。他很有名，他几乎从事过所有的工作，但没有在田里干过活儿。他没有具体固定的工作：他曾做过机修工、管道工和木匠。我也是一个木匠，修建房子，打制门和窗户。我父亲虽然很穷但是很有名。他是吉马良斯年龄最大的人，是历史人物。他与大家友好相处，人们也经常向他请求劝告。他们请教他哪里可以建足球场、哪里可以建医院。他可以料理所有的事情。他是各个宴会最重要的组织者。他教

---

① Roberto Malighetti, "Clifford Geertz. Il lavoro antropologico", Torino: Utet, 2007, Ricoeur, Paul, "Temps et récit", Paris: Seuil, 1983.
② 1935 年 4 月 5 日至 1998 年 7 月 20 日。
③ 马拉尼昂是巴西 18～19 世纪中叶最主要的经济中心之一，因此它也是巴西各州中进口为数最多的奴隶之一。吉马良斯城代表着具有最多 *fazendas*（农场）的地方之一，该城市被描述为当时尤其富有和肥沃之地。据 Afonso Taunay 所描述，1822 年，马拉尼昂州 20 万人口之中的 66.6% 是奴隶，在全巴西比例最高（Dantas, Lucas, "Estudos sobre a escravidão negra", Recife: Editora Massangana, 1988, pp. 75-86）。吉马良斯市当局（塞萨尔·马克斯）承认了奴隶人口的高密度，即 1870 年，14500 人当中有 5000 人是奴隶（Marques, Cesar, "A Dicionário histórico-geográfico da Provincia do Maranhão", Rio de Janeiro: Cia. Ed. Fon-Fon, 1970 [1870], pp. 11-23）。

大家非洲舞蹈。任何舞蹈团队如果来到村子里都要去找他。他给 Mundoca① 打过工：搭建围栏、装修房子等。Mundoca 是我父亲的朋友，也是我的朋友。每次来到我们村子里她都找我父亲。无论是下雨天还是刮风日，白天还是夜里，他必须遵守她的使令。奴隶们要将她扛在自己的肩膀上，从佛雷切尔到吉马良斯，而她是特别丰满的女人。但我父亲不怕这个。②

我出生时就"死"了。那是下午三点。我"死"了一整夜。那天夜晚，人们守在我旁边，为我悼念。我母亲请我舅舅去找我父亲，当时他在另一个村子里打工。父亲两点回来，也带回了棺材。但到了第二天，我"死"后的第二十四小时，也就在下午三点钟，我动了动自己的脚并开始喊叫。我哭得很大声。所有的人都惊呆了。我那时已经被放在棺材里，马上要被抬到墓地去了。

人们开始着手治疗我，因为我开始患病和失踪。很多日子，他们都是在追逐我。第一次是在我的家。那时我开始往森林跑。我的"指导者（guides）们"为我领路。他们将我带走，拿走我的思维。我那时还是很天真的，什么都不懂。就像你在睡觉的时候，你不知道周围发生什么事。其他人告诉我发生过什么事情。我不知道这到底是怎么回事儿。这问题从我很小的时候就开始出现了。第一次就发生在我出生三天之后。他们将我从摇篮里带走了，不让我父母看到我。

我被"带"走后，一般藏在井口里、河里、森林里。之后人们找到我并把我带回家。有一次人们花了二十四个小时才找到我，另一次则花了两三天时间。还有一次，我被带走了十五天。那时我十岁，我消失了，人们在灌木丛里找到了我，很多人去找我，甚至警察也去了。我父亲常常要经历千辛万苦才能找到我，但他一直努力去做，总是大喊大叫请求周围的人去找我。

我七岁以后就被送到 Sinha Paca 那里去了，她是我出生那天做助产的一位妇女。我的母亲把我放在自己的肩膀上并紧紧地握着我的手。Sinha Paca 将会负责

---

① Raimunda Fernandes Bogéa（叫 Mundoca，1890～1956 年）是一位寡妇，她是亚瑟·科埃略德索萨（1875～1952 年）的继承人。亚瑟·科埃略德索萨于 1919～1922 年任吉马良斯市市长，他是曼努埃尔·德·索萨·科埃略（Manuel de Sousa Coelho，1772～1843 年）的最后后裔。曼努埃尔·德·索萨·科埃略是殖民此地的第一个人，他建立了马拉尼昂一些最繁荣的农场。Coelho de Souza, José, "Famílias maranhenses", Rio de Janeiro：Pioneira, 1974, Malighetti, Roberto, "Il Quilombo di Frechal. Identità e lavoro sul campo in una comunità di discendenti di schiavi", Milano, Raffaello Cortina Editore, 2004。

② 吉马良斯和佛雷切尔之间的直线距离大约为 20 公里。

我，我父母未能控制我。她做好了将我治愈的准备。我凭自己的直觉知道的，当时我什么都不懂。Encantado① 正是干所有这些事的人。你叫他，他来给你指导。这巫术是他做的。如果你因为太小而不能与他并合，他就通过你的**主人**来跟你说话。他甚至是你的 encantado，你的守护神，而你是属于他的。

Sinha Paca 一度不能应付我。她意识到，她解决不了我的问题。我仍然失踪。后来我父亲求助于我堂叔约翰·苏亚雷斯（João Soares），他是我爷爷的侄子。他是吉马良斯很有名的一位**pajè** ②。他被请来是为了找到令 Sinha Paca 费解的问题的答案。直至我十八岁，约翰一直照顾我。我学会如何应付各个神灵实体，如何称呼他们，如何与他们并合，如何理解他们的家系，以此来摆脱邪恶力量和治愈。

约翰也未能解决一切事情，但他已尽其全力了。他主要教我怎么治愈。他没能继续做下去因为我强于他，我的指导者也强于他。他把我带到圣路易斯去找一位叫玛丽亚·皮娅（Maria Pia）的妇女。她是马拉尼昂州最老的米内罗（mineira），是一个叫作"埃及（Egypt）"的特雷罗（terreiro）③ 的领袖。

所有人都知道这一特雷罗。它很古老，是马拉尼昂州最古老的宗教空间，具有六千多 filhos de santo④。该特雷罗是一个来自非洲的奴隶（名字叫 Nhá Bá）建立的。她花了很多年。她是玛丽亚·皮娅的 mãe de santo。她去世之后，玛丽亚·皮娅继承了她的位置。玛丽亚·皮娅是个很重要的人物，因为她是"埃及"特雷罗的领导：Jeje 和 Nago 的头人。她很小的时候，母亲带着她从非洲来到这里，她是一个奴隶。后来她被解放了。⑤ 玛丽亚·皮娅负责特雷罗里的所有事情。她解决所有问题，包括神灵实体。这些实体很压抑，他们的来临可能变得

---

① Encantado 一词在 terreiros de Mina 中指的是和已入巫的神职人员合并在一起的各个神灵实体。他们可能是那些神奇地失踪并隐藏起来的人或者那些从不有形化的神灵实体。无论如何，他们永远不被视为死者的灵魂，即使他们与那些在人间生活过的人有联系。在 Meme 的讲话中，encantado 一词包括非洲传统的神：约鲁巴文化（Nago）的 orixas 和达荷美文化（Jeje）的 voduns。

② Pajè 一词表示巴西印第安人中的神职人员和治愈者。

③ Terreiro 一词指的是非裔巴西人举行宗教仪式进行的宗教空间或场所。

④ Filha or filho de santo 一词指的是新手和新入巫者，分别是女性和男性。

⑤ *The Lei do Ventre Livre*（《自由子宫之法律》）生效于 1871 年 9 月 28 日，该法律承认了奴隶妇女子女（生于该法律生效日期之后）的自由。他们的父母继续奴隶身份。在巴西，奴隶制度的绝对终止是在 1888 年。

很危险。他们也可能变得很愤怒，殴打、辱骂、哭泣和呼喊。他们是武士，唯一想做的是殴打和杀人。神职人员的作用是控制和驯服他们。

在"埃及"特雷罗，我跟着玛丽亚·皮娅在 mina 里做好所有准备。我已知道怎么治愈。① 我是她的 filho de santo。我学会如何教化 encantados。

使命

每一个人都是一个灵媒，没有一个人不是灵媒。有的人更有力量，有的人却虚弱一些。人是善良的，也是邪恶的。如果某一个人没有吸收到神灵那就是因为他自己没有准备好。人是一种显灵。另外某些人很神秘，但他活着是为了追随 encantado 的命令。他有很多力量因为他是隐藏着的。灵媒是透视的。他进入了昏睡状态且变得精通于某些事情，这就像你睡觉和做梦一样。他知道事情而不需别人告知他。他有一种预感。他只认识一部分而非所有事情。没有一个人可以认识一切事情。每一个灵媒都有自己的特殊故事。我给我父母和朋友带来了很多麻烦。对其他人而言，事情总是简单得多。许多人进了一个特雷罗，他们便倒在地上，pai de santo② 将会看他们可否变成一个 filhos de santo。然后，他会找到谁是他们的指导者。有些人来参加仪式并**摔倒**了，有些人受攻击了，另一些人感觉极为不舒服且十分疼痛。

这是务必要做的一种考验，目的是得到真理。你把放满了油的锅放在炉床上，等油滚开时，你把自己的手放在油里面。那些已收到神灵之感的人不会把自己灼伤。纯洁无邪的人会烧灼，不纯洁的人则不烧灼——他是冷酷的，即使他在出很多汗。

我也这样做了。如果你接收了 encantado，我会给你的 encantado 一条信息。这位 encantado 进入了我里面，而现场的某一个人将传给你一个信息。我请这人将此信息传给你。若是他没有把我的信息传到你那里，那么这说明你在欺骗、行骗或迷惑。你不是真的，因为你没有接收 encantado。你可以等待整整一天，但 encantado 也不会来。

Encantado 就像一个兽群。动物是自由的。它们没有主人。Encantado 在草场上很放纵。他像是不受控制的牲口，他可以随时来临，他不会在一个固定的时

---

① 专用于治愈的宗教的一部分。

② Mãe o pai de santo 是从事非裔巴西人宗教活动的神职人员。

间来。我们经常没有时间吃东西和睡觉。我们吃午饭时，他来。我们要停下来，他攻击、呐喊、大声喊叫。这是很令人毛骨悚然的。他不想被控制。唯有 pai de santo 或 mãe de santo 可以帮助他，他完全不接受其他人。Pai de santo 可以看出谁是属于这个人的 encantado，但首先他要控制这个人。他也要控制这个 encantado。

所有灵媒都是为自己的灵媒身份而出生的，而这一诞生似乎是注定的，如果有些人不是注定成为灵媒但富有力量的话，那么他务必要接收那些神灵实体。他不必耗费很多力气，他知道如何保护自己。他去找 pai de santo 只是为了得到确认和完成他的准备而已。如果你天生就很聪明，你来到这里是为了完成你的学业。但你已经知道，灵媒是需要测定的。他要找一个地方来受教导。我们称之为 levantamento。它是在你摔倒在地上的过程当中发生的某些事情——你摔倒且某些人将帮你站起来。Levantamento 的意思是被提升、被支持，从而可以更加了解事情。

如果一个男孩天生是灵媒，那么 pajè 可以立马认出来。我记得有个男孩，他从出生时就已患疾病，被送到大夫那里去。大夫说他无法治愈。因此这个男孩被送到另一位大夫那去了。这位大夫也束手无策。该男孩还是一直摔倒。所以人们把他送到我家里来。我治愈了他，否则他已经死了，或者发疯了，成为残疾人或失明者了。但一开始我要和他父亲或母亲等负责监护他的人说话。我给 encantado 男孩的衣服让他看看。Encantado 说男孩是一个很有力量的灵媒，而我应该负责他的这一力量。所以我治愈他了。我按照程序，把所有的东西都准备好。我医治了他。我要将他的身体关闭起来，因为在任何时候任何人可以接收这些神灵。它是很突然的。Pajé、mineiro 和 curado，他们都知道这些。这是很要命的事情。男孩父亲不想让他继续献身于 mina。他父亲极为恐慌。因此他说他不想自己的儿子通过"准备"仪式。他想让儿子的身体被关闭，因为他不想为此而操心。但这是很危险的。

灵媒为自己做好"接收"准备。他必须要在**治愈**中准备好。**治愈**之后，他去找 *mina*。有一个专门为治愈仪式做准备的人。假若你天生是灵媒，你要从淋浴开始，之后你就收到你的使命。使命就是任务。你要追随你的任务直至你达到高度专心的程度（concentration）。

淋浴的目的是保护你自己。让 encantados 去找你是很必要的。我们身体必须要有很多力量来呼叫他们和接收他们。这不同于叫 meme。为了能够呼叫，我要接收很多力量。所以，首先你要净化你的身体并将之交给 encantados。淋浴是为了使身体干净，这是一件很重要的事情。有各种各样的淋浴产品，它们是店里现成可买的东西，而且它们并不昂贵。

第一次淋浴是为了给各神灵实体开路，这是鲜花淋浴。你要用各种各样的鲜花，而花朵的数量必须为单数而非偶数的。你还要放一点酒精。如果你有 cachaça① 的话，可以放半杯，加上一点氨（阿摩尼亚）。然后再放入你的日常生活用品，如香水、除臭剂等。每样放 7～9 滴。你要洗个熏香澡。你要用从药店买回香和药。香是为了开路，是在洗澡之后用的。穿衣服之前，你要用香把衣服熏好。

连续七天或九天的时间，你每天都要洗一次澡，这叫作七天或九天淋浴。之后你可以用香皂冲一般的澡。洗澡之后你不要擦干，当你身体干了以后，你可以用上已准备好或已买好的淋浴产品。不要从头部上方往下冲，你只需要将淋浴品涂抹全身并等到全身干透，千万不能擦干。这是最后一次淋浴，之后不可以再冲澡了。这是虔诚之淋浴。我们活着必须要洗澡，这是无穷无尽的事情。你出远门时，要把淋浴品也带上。

Filho de santo 要准备头部装扮。Encantado 要把他头中部的头发剪掉，但你几乎看不出来被剪掉的那部分。之后要准备 contas，是三个小石头，有的人叫它们 conta，有的人叫它们 firmeza，另外一些人叫它们 cabo verder。我管它们叫 conta。Encantado 从他身上拿出 contas 并把它们放在 filho de santo 的头部中心。在把 contas 放到 filho de santo 的身体之前，encantado 会给 filho de santo 看这些石头。把石头放到身体上是为了让 filho de santo 变得更有力量。Encantado 将石头从他胳膊、嘴里（任何他想的地方）弄出来。为了可以让石头出来，他要碰撞自己的身体，然后吸入、吐出。他冲撞自己胸部，小石头就出来了。encantado 将这些石头拿过来，放到你的身上，加上一点油，这油给你更多的力量。石头可以被打碎。如果这事发生的话，你要把所有碎片拿出来并放入一个新石头。你不知道它们从哪里来的。它们在你身体里转动着。当出现某种反对你的邪气时，这些石头会出来。这就是 firmeza。Firmeza 会帮助你、会给你指路，一切会

---

① Cachaça 是通过蒸馏甘蔗汁而得来的一种烈酒。

变得容易许多。

为了成为一个 pai de santo，你要通过很多艰难的考验。你要独自一个人待六个月或者一年，将你孤立起来，关在屋子里。你只能和家里人说话。我记得我曾经如何被封锁、关闭和隐藏地活着。我只跟我父亲、母亲和家里其他人说话。家里人若是想看我和跟我交流的话，他们要洗香熏澡。经过这些艰难的考验之后，你可以看。你可以通过你的梦来看。你睡觉时，神灵实体会到来并跟你说话。他们只在你梦里说话。你开始对所有事情有了预感。你开始可以看很多东西。

专心是为了收到 encantado。你坐下来并专心于各种事情。你要保持沉默，不说话。你专心，然后你会吸收。最好是闭上你的眼睛。当他经过，闪光是一掠而过的。这是严肃的事情。你要闭眼睛，这样你比睁着眼睛能看得更多。你看到一切东西，神灵和 encantado。你坐着并只想着一个事情。想着耶稣的神圣之心。想着上帝，想着大海，想着 encantado。就像一幅画似的。唯有一种考虑。你想着、想着直至他来，指导者来。你有了一个频道。就像调整收音机频道似的。对所有灵媒而言，事情总是如此——他们专心并接收到神灵。神灵给各种问题做出回答，同时也下命令。他们会暗示你要做什么。

专心者要专心。Encantado 到来。他可以讲某些事，也可以做某些事。他知道需要的是什么的。入迷者告诉你是否要跳舞。你按 encantado 所告诉你的去做。当你开始接收时，你的指导者会控制一切。如果他要你去治愈，你要接受治愈。如果他想要 mina，那你要找 mina。若是他希望你做神灵工作，那么你也要照着去做。如果他希望你做这所有事情，那么你要把这三件事情都做好。

Encantado 第一次到来时，pai de santo 问他："你是否为这些人的主人"。他回答："是，我是。"如果这样，指导者会命令所有属于其家系的 encantado。他是使令所有 encantado 的人。Pai de santo 是带有各神灵实体的人，他负责为灵媒能力做准备。他可以看到谁是指导者。每一个 pai de santo 都有自己的指导者和主人。他负责这一家系的所有成员。

Encantado 不再是 meme 了。Meme 只不过是灵媒，是 encantado 的马。我什么都不记得。Encantado 在我里面时做了某些我不喜欢的事情。我接收 encantado 时，我问朋友 encantado 做了什么。我睡着了，我不知道谁来过。朋友告知我

encantado 做了什么，encantado 参与了什么，encantado 说了什么话，encantado 说何时他会回来等。所以通过我朋友我知道 encantado 要什么，否则我不会知道的。Encantado 走了以后，朋友会告诉我 encantado 是什么时候来的、他是否高兴、他做了什么、他想要什么。Encantado 不直接把这些东西说给 pai de santo，他没有跟我说话。他给 filha de santo 或家里某些人留下一条信息，然后他们会转告我。

当他想跟我说话时，他会留下一条信息。我与他并合在一起，并给在场的某些人留下信息。然后那个人会告诉我。他匆匆忙忙地来到这里，说出他想要的东西。就像你去找朋友似的。其实 pai do santo 和 encantado 之间也有一种友谊，他们信任彼此的话。如果他说在某一时间他会回来，那么他一定会来。如果我想的话，我可以向 encantado 要某些东西或请求某些事情。他告诉我他可否帮助我。我通过信息跟他交流。有一个人会记下 encantado 所说的然后转告给我。

Pai do santo 负责接收各种神灵实体。他的脑子为此而做好了准备。Pai do santo 控制并确认作为家系领导的 encantado。我负责很多家系。如果我们收到 cura 的家系，我们就要治愈。但明天也许会来一个邪恶的家系。他们可能想做邪恶的事情，让我失去方向。他们跟我们一样。他们想杀人、想打架。所以 pai do santo 是必须有的，因为他可以控制和妥协他们。

只有 pai de santo 或 mãe de santo 可以控制 encantado，后者不接受其他人的控制，他们是勇敢的。过了一段时间，他们会习惯我们。但他们是裁判。他们惩罚。他们斗争。如果他们愿意，他们可以让你失业，如果你不够强，他们可以惩罚你。你通过"准备"仪式之后，encantado 会来找你，他会跟着你，而你要遵守其命令。他来并提出要求。如果你不听他的话，他会变得很愤怒。他会敲碎你的脑袋，他要卸掉你的胳膊。如果你不顺从，你会被惩罚。这是很痛苦的。如果你不能来参加仪式，你要送一条信息，说明你因为某种很致命的原因而不能去。

特雷罗（terreiro）里的所有人都要去参加仪式，从开始到结束。人们每天来到这里，Encantado 也来，他要看看事情是如何进行的。然后他才走。如果你不能亲自参加仪式，你要尽量赞助，捐献衣服、蜡烛、水、咖啡等。这是我们的一种宗教义务。你不可以当旁观者。你的义务是为了受苦。随着时间的变化，你仍要受苦，因为它是一种忏悔。每个人都要受苦。而苦难是不可治愈的。

从凉山彝族的灵牌玛都祭祀
看其社会结构[*]

樊秀丽^{**}

引　言

大凉山彝族是彝族的一个下位集团的族群，散居在四川省的山岳中，从事着刀耕火种的半农半牧生活。由于受山高谷深等自然条件的限制，他们与外界接触极少，几乎没有受到外来文化的影响，逐渐形成自己独特的文化。

灵魂不灭的观念，形成大凉山彝族的日常生活和各种仪礼的基础。他们对死者和祖先的崇拜及其丧葬仪礼，已形成一个完整的体系，其核心内容是对独特的祖界（祖先们的世界）以及人死归祖的信仰。通过死者的子孙对死者的祭祀，把对祖先的崇拜具体化了。在这些祭祀活动里，作为死者或祖先化身的灵牌玛都，有着特别重要的意义。玛都的种类和祭祀层次不仅反映了大凉山彝族人们的灵魂观，还揭示了与所谓的三魂说和三灵说之间的密切关系。而且，由玛都的祭祀层次还可看出大凉山彝族社会结构的原有状态。

---

* 本文于 2009 年 2 月发表于《西南民族大学学报》（人文社科版），题目为：《从凉山彝族的灵牌玛都祭祀看其社会功能》。
** 樊秀丽，首都师范大学教育科学学院研究员。

本文试图从玛都在大凉山彝族丧葬等诸多仪礼中受到的祭祀层次入手，以此来弄清其灵魂观的体系特征以及其社会结构的原有状态。

一 三大丧葬礼仪

大凉山彝族的丧葬礼仪通常由三个部分组成：播叠或撮漆、玛都牒、撮毕。下面，就丧葬礼仪的三个部分作简要说明。

（一）播叠

播叠是以火葬过程为中心的系列仪礼。火葬采取的是架柴焚尸的古老传统方法。① 这个仪礼一般开始于人断气、献牺牲羊（雄性绵羊）的同时。具体包括：尸体的净身和白寿衣的准备，报丧，议葬，吊唁，在死亡后的 2 日或 3 日、5 日或 7 日后由祭司毕摩念诵《指路经》，指路，招魂，出殡，焚尸，聚食等。②

（二）玛都牒

玛都牒是以制作灵牌玛都为中心的系列仪礼。即在人死后数日或数月内，死者的亲属请毕摩占卜吉日决定制作玛都的仪礼。在做玛都牒的前夜，毕摩先要为死者之魂驱除鬼魔。当日的早上，死者的亲属们还要持长剑，在火葬地点呼唤死者的名字让其觉醒。而后，毕摩在火葬地点插神枝，边读经文边制作玛都（这里的玛都被称为玛都 I）。亲属将做好的玛都安放在死者家里炉塘上方的房梁上。此后，每到新年和传统节日或家里出现病人的时候，都要给玛都供奉酒、肉等。玛都的祭祀是由幺子③来承担的。

---

① 用于火葬的木柴女性架七层，男性架九层。
② 如果在新年和传统节日家中有人死亡，不能哭，也不报丧。据说要过完新年或传统节日后，才能进行播叠（樊秀丽，2000：272）。
③ 家里最小的儿子。

（三）撮毕

撮毕即送灵（魂）的仪礼。一般是在玛都牒后的一年或数年（富裕的人家），有的甚至要推迟到数十年或三代人以后（较贫穷的人家，也有几家合办的）才举行。举行这个仪礼时，先要请毕摩重新再制作一个新的玛都（这里的玛都被称为玛都Ⅱ-1）。并由毕摩念诵《指路经》，将旧的玛都（玛都Ⅰ）送到山上的洞窟里安放（安放后的玛都定称为玛都Ⅱ-2）。这个过程是以把死者的魂送到祖界为特征的。由于撮毕是大凉山彝族丧葬仪礼中的高潮部分，又处在丧葬仪礼的核心的重要组成部分，所以举办得也最为隆重。撮毕的规模根据其家支的实力和经济状况各有不同，但无论规模大小，一旦议定撮毕的日期，死者的所有亲属，都要给承办者送家畜和食品。这也是作为后代必须要尽的义务。

此外，在播叠和撮毕仪礼上念诵的《指路经》，对解读大凉山彝族灵魂观的形成，具有十分重要的意义。

二　灵牌玛都的继承

在这里，首先将继承灵牌玛都的应有状态加以说明。图1是幺子继承下来的历代祖先的玛都示意图。可以这样设想：在家支A中从A到O的几代人都已亡故，并且已为他们举行了送灵的撮毕礼仪。在家支A所属的P家庭里，从被供奉着的该家支的共同祖先A，到P的父亲H的历代玛都Ⅱ-1，父系夫妇的玛都数量共为8个4对。由家支A从3代①前的C分出去的家支C的后裔X的家庭里，供奉（安放）着的父系夫妇的玛都应为6个3对。

然而，假定在P家庭里，还未给父母（H与其妻子）举行撮毕礼仪，那么在P家里存放的玛都应该是做完撮毕的死者之魂，即玛都Ⅱ-1为6个3对，还有没举行撮毕仪礼的P父母之魂即玛都Ⅰ两个②。

---

① 实际上分支已经过7~10代才举行。
② 实际上这个玛都Ⅰ可以在一定的世代的限度内在家族中被供奉。

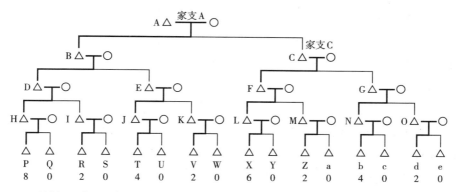

图例：△夫　○妻　—父系直系

注：数字：被供奉的灵牌数。

另外，B、D、F、H、J、L、N、P、R、T、V、X、Z、b、d 是幺子。在家支 A 中从 A 到 O 的世代已亡故，P 到 e 为生者的世代。

资料来源：樊秀丽：《大涼山彝族における葬送儀礼と霊魂観を通してみた帰属集団意識の形成》，日本，勉诚出版，2004，第 119 页。

图1　玛都的继承

三　祭祀的层次与灵牌玛都

　　大凉山彝族对死者及祖先的祭祀，大体可分为家庭层次的祭祀和家支层次的祭祀。但无论哪个层次的祭祀，作为死者及祖先化身的灵牌玛都，都有着重要的意义。按照丧葬仪礼分类，灵牌玛都的祭祀层次可分为家庭和家支两个类型，再加上彝族新年枯史祭祀和人生仪礼相关的祭祀，可以细分为以下三类。

（一）家庭层次的祭祀

　　对死者在家庭层次的祭祀，是在制作灵牌的玛都牒之后进行的。所谓玛都牒是通过制作玛都Ⅰ，把在火葬播叠后浮游在火葬地的死者之魂（在学术上被称为"游灵"，详解后述）招附到玛都上的仪礼。由此，这个魂在位格上被称作家灵。这个玛都Ⅰ被供奉在幺子的家里，接受着种种祭祀。在接受家庭层次的祭祀过程中，附在玛都Ⅰ的死者之魂（家灵），因其还没有完全获得守护灵的性格，所以存在着偶尔威胁子孙的可能性。但由于子孙们的随时祭祀，其灵威得到抚慰，作为守护灵的性格逐渐增强。①

在家庭层次上为死者或祖先举行的祭祀，既有秋季的转咒礼仪吉觉等定期举行的祭祀，又有家中有人生病或有客来访时等举行的不定期的祭祀。这些祭祀的举行，基本上可以说是为了追求对各自家庭的守护。

（二）家支层次的祭祀

对死者在家支层次的祭祀始于撮毕。通过撮毕把一直安放在家庭层次的玛都Ⅰ做成一对夫妻形状的"哦补"，送进本家支在山里安置历代祖先玛都（玛都Ⅱ-2）的家支洞窟（汉语称为祖箐洞）里。至此，一直在家庭层次被供奉的死者之魂，从作为家庭守护灵的"家灵"，升格为家支共同守护灵的"族灵"。安置玛都进祖箐洞的过程，象征着死者之魂前往祖界的过程。因为他们相信撮毕之后，死者之魂将在祖界得到永生。

与家庭层次的祭祀相比，在其后举行的家支层次的祭祀中，祖先魂的个人性格被家支属性所代替，成为集合性格。也就是说，原本在以幺子为中心的家庭里被供奉的"家灵"已经递升为"族灵"，被供奉在家支共同祖先的祖箐洞里。在家庭供奉阶段，家庭成员对死者寄予哀思，而家庭成员以外的人对死者的感情就淡漠许多。通过撮毕，把一直在亲属身边的死者之魂（家灵），与祖先相连融入家支中，升格为整个家支的守护灵。此后，家支所属的全体子孙，把升格的家灵作为家支的共同祖先之灵（族灵）来供奉，祈祷族灵在祖界行使其所有权利，保佑家支的全体子孙，从而形成了互相依存的关系。

在祖箐洞，为作为家支共同祖先的玛都Ⅱ-2举行的祭祀，有定期举行的晒祖仪礼，还有临时性的分支仪礼和合族祭祖，等等。这些祭祀仪礼不仅关系到每个人和每个家庭，还与整个家支的生存与兴衰息息相关。

（三）中间层次的祭祀

如上所述，对死者及祖先的祭祀，根据其祭祀的场所、参加祭祀人员的范围以及祖先之灵守护生者的范围，分出了家庭层次祭祀和家支层次祭祀两个层次。如果进一步细划，还可分出存在于这两个层次之间的祭祀。如：彝族新年

---

① 巴莫阿依：《彝族祖灵信仰研究》，四川民族出版社，1994，第 10 ~ 11 页。

枯史祭祀、与出生和婚姻等人生仪礼相关的祭祀，最后才是撮毕。

第一，在彝族新年枯史举行的祭祀。① 这个祭祀在各个家庭里进行，参加者基本上都是族人。因为人们相信在此期间祖先的魂会从祖界"返回"，附着在玛都Ⅱ-1上，理论上讲，被祭祀的主要对象已经获得了守护家支全体的"族灵"属性。

第二，与人生仪礼相关的祭祀。这些仪礼基本上也是在单个家庭里举行（婚姻仪礼在婿方的家里进行），参加的人员多为家人及村落近邻的人们，不像撮毕那样家支全体都参加。但这些仪礼对单个家庭来说，确实都是喜事，因此也是祝福出生婴儿和新婚夫妇的守护礼仪。祝福新生儿寓意着人丁兴旺，而婚姻则是联系不同家支间的纽带。它直接关系着两个家支的共同兴旺。考虑到附在玛都Ⅰ上的"家灵"还未完全获得作为守护灵性格的实际，在上述仪礼中，祝福婴儿和新婚夫妇的应该是附在玛都Ⅱ-1上的"族灵"，这在理论上至少是成立的。

总之，在枯史和人生仪礼中，就其举行的场所和参加人员的范围而言，其魂的位格与原守护的范围是不一致的。也就是说，很难将它们归于家庭层次还是家支层次。除此之外，还试着透过撮毕找出中间层次的依据。

第三，撮毕仪礼。根据上述两个实例，换个角度来看撮毕仪礼，也可将其归为中间层次。

这是因为：就死者或祖先之魂守护对象的范围而言，撮毕把死者之魂从"家灵"升格为"族灵"，其守护的范围也随之从单个家庭扩展到整个家支。也就是说，撮毕不仅位于两个层次之间，而且还以动态的表现形式显示出在两个层次之间的演变过程。同样，参加祭祀者的范围也随之不断扩大。由玛都牒后对玛都Ⅰ的祭祀延伸到撮毕，参加者的范围也由家庭成员扩展到家支全体。并且，在撮毕的后半部分，玛都Ⅱ-2从家庭被移送至家支共同的祖箐洞，形象、直观地显示了从家庭层次祭祀到家支层次祭祀的演变。在撮毕时被重新制作的玛都即后来在幺子家里被保管的玛都Ⅱ-1，可视为是两层次间的媒介。即通过撮毕玛都Ⅱ-2被移送至祖箐洞，从而使死者之魂升格为"族灵"。但是，玛都Ⅱ-1仍然被继续供奉在幺子家里。玛都Ⅱ-1，对每个家庭来说至关重要。在一

---

① 2004年，笔者把枯史归类为家庭层次的祭祀，但在这里根据论文内容更进一步的整理，为容易理解，把它分类为中间层次的祭祀。

定意义上，它集"家灵"的个人性格和"族灵"的集合性格于一身，起着连接二者的纽带作用，其意义在于被守护的单个家庭和家支全体共同兴旺发展。正因为如此，在彝族新年枯史等的中间层次的祭祀活动中，作为"族灵"的祖先之魂也是可以在各个家庭里被持续供奉的。

四 三魂说·三灵说

（一）三魂说

大凉山彝族相信人有三魂，他们把生者之魂一般分为三类。即人在生前已具有三个魂（娜依、娜居、娜格），并且这三个魂是独立存在的。至于生前魂与死后魂之间的关系，目前还尚不清楚。有关三魂的观念，不只是在大凉山，其他地区的彝族也有此说。按照巴莫阿依（1994）的解释，娜依意味着聪明之魂，人死后它随之赴往祖界；娜格意味着愚笨之魂，留在墓地守护坟场；娜居是介于娜依和娜格之间的中间魂。在玛都牒时，它栖身于毕摩制作的灵牌玛都上，被供奉在家里。

（二）三灵说

上述的三魂说和死后的三灵说以复杂的形式联系着。即死者之魂娜依，因其聪明，已在火葬仪礼播叠中被送往祖界。在播叠上念诵的《指路经》，可以认为是为死者之魂娜依指路的。举行火葬仪礼后，娜格留下来守护墓地。而娜居则游荡于坟场周围，这期间它又被称为"游灵"。通过制作灵牌的玛都牒，这个魂（游灵）获得了家庭守护灵的位格，升格为"家灵"。在以后举行的撮毕仪礼上，这个"家灵"最终升格为"族灵"。这一系列过程如图2所示。①

如上所述，在三魂说里，娜格栖身于坟场，娜居栖身于灵牌，娜依则前往祖界。在三灵说里，按照时间轴上的变化，魂的位格是不同的，可以把它分为

---

① 另外，关于这些灵的名称是巴莫阿依在把大凉山彝族的三魂说与灵的三形态连起来论证时的学术用语，当地的人们对灵不具有这样被细分化的称呼。

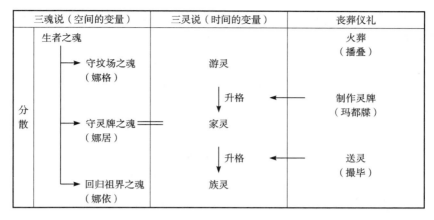

图2 三大丧葬仪礼与三灵·三魂的关系

资料来源：樊秀丽：《大凉山彝族における葬送儀礼と霊魂観を通してみた帰属集団意識の形成》，日本，勉诚出版，2004，第189页。

"游灵""家灵""族灵"三类。

有关"灵""魂"的栖身地与丧葬仪礼的关系，可用图3表示。

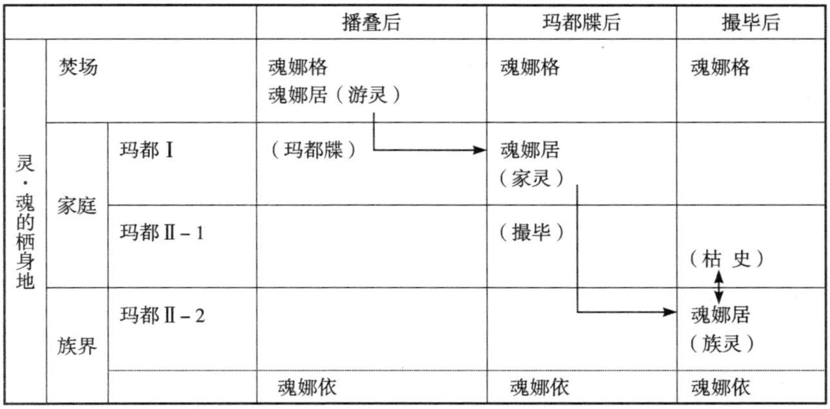

		播叠后	玛都牒后	撮毕后
灵·魂的栖身地	焚场	魂娜格 魂娜居（游灵）	魂娜格	魂娜格
	家庭 玛都Ⅰ	（玛都牒）	魂娜居 （家灵）	
	玛都Ⅱ-1		（撮毕）	（枯史）
	族界 玛都Ⅱ-2			魂娜居 （族灵）
		魂娜依	魂娜依	魂娜依

图3 "灵""魂"的栖身地与丧葬仪礼

资料来源：樊秀丽：《大凉山彝族における葬送儀礼と霊魂観を通してみた帰属集団意識の形成》，日本，勉诚出版，2004，第190页。

根据这个图，可以看出，魂娜格和魂娜依的栖身地是固定的。而魂娜居的栖身地，则随着其位格在一系列仪礼中得到递升而不断地变化着。其灵性位格的递升使它离开了家庭被送往祖界，在彝族年枯史期间，它又以玛都Ⅱ-1为化身再次返回家里，可见死后魂娜居与家庭的关系根深蒂固。由此看来，玛都Ⅱ-1作为"祖灵"前往祖界成为家支全体的守护灵以后，仍然维系着家庭，并在家庭和祖界之间起着纽带和媒介的作用。这个假说至少可以用彝族年枯史祭祀的例子来证明。

五　祭祀与社会结构的关系

大凉山彝族为死者及祖先举行的祭祀，按祭祀的场所、参加的人员和被守护的范围，可分为家庭层次和家支层次的祭祀。不同层次的祭祀，供奉着不同的灵牌玛都，其宗教目的和社会作用也不相同（参照表1）。

表1　家庭·家支·中间层次的祖先祭祀

	祭祀的种类	参加者的范围	被守护者的范围	祭祀的场所	玛都的种类	宗教的目的	社会功能
家庭层次	患病	家庭	家庭	家庭	Ⅰ	由家灵递升为祖灵，以此祈祷家庭幸福	增进家庭成员的凝聚力
	来客	家庭	家庭	家庭	Ⅰ		
	转咒吉觉	家庭	家庭	家庭	Ⅰ		
家支层次	晒祖	家支（代表）	家支	祖箐洞	Ⅱ-2	祈祷在祖界的祖灵幸福，祈祷整个家支兴旺与发展	增进整个家支的凝聚力
	分支	家支（代表）	家支	祖箐洞	Ⅱ-2		
	合族	家支（代表）	家支	祖箐洞	Ⅱ-2		
中间层次	人生仪礼	村（中、小家支）	受礼者及家支	家庭	Ⅱ-1	祈祷每个人及家庭的幸福，祈祷整个家支发展	增进中、小家支的凝聚力
	撮毕	家支全员→家支的代表	家族→家支	家庭→祖箐洞	Ⅰ→Ⅱ-2	由家灵递升为祖灵的最终仪式	魂娜居在家庭与家支之间动态变化的媒介
	新年枯史	家庭	家支→家庭	家庭	Ⅱ-2→Ⅱ-1	祖灵的个人性格与集合性格的媒介	

资料来源：参见樊秀丽《大凉山彝族における葬送儀礼と霊魂観を通してみた帰属集団意識の形成》，日本，勉诚出版，2004，第136页。

第一，在幺子家里对玛都Ⅰ进行的祭祀，是根据接触和记忆的远近法，把死者之魂从特定范围内（家人）的思念对象（家灵），逐渐提升到家支崇拜的偶像（族灵）的过程。这个阶段的魂还未完全具有作为家支全体的守护灵的性格，其间所举行的祭祀，主要是为了死者本人及其家庭。可认为，这个阶段对死者的祭祀，在集团记忆和接触远近法的范围内，具有提高凝聚力、增进族人相互团结的作用。

第二，在家支共同的祖箐洞举行对玛都Ⅱ-2的祭祀，一般认为其目的是祈祷在祖界的祖先平安、保佑家支全体兴旺发展。同一家支所有祖先的玛都被安放在共同的祖箐洞里，祭祀时该家支每个家庭的代表——幺子都要在此相见。在这一点上，被祭祀的对象和祭祀者全都具有了集合的性格。由此意味着这个祭祀已经超越了以死者为中心的记忆和接触的远近法的界限，具有增强家支凝聚力和团结的作用。

第三，位于中间层次的祭祀。诸如出生、婚姻、撮毕、枯史等仪礼，其举行的场所确实是在各自的家庭。但这些仪礼的祭祀，除祈祷处于人生转折点的家人及其家庭幸福外，还具有祈祷家支全体共同兴旺发达的宗教目的。此外，参加这些祭祀的既有家人又有毗邻的族人，因此具有促进中、小家支在各村落内融和的作用。

撮毕也是如此。它位于两个层次祭祀的中间，是把作为家庭守护灵"家灵"的死者之魂，提升为家支全体的守护灵"族灵"的仪礼。不仅如此，撮毕还以动态的表现形式显示了灵牌玛都在两层次之间的演变。这种演变既包括守护范围和参加者范围的扩大，又包括祭祀场所的变化。

在位于中间层次的人生仪礼、枯史等祭祀中，玛都Ⅱ-1起着特别重要的作用。即在撮毕中被重新制作、后又在幺子家里被世代保管的玛都Ⅱ-1，就宗教意义而言，虽然它已被升格为"祖灵"而存在，但同时它又以具体的形式存在于每个家庭，维系着子孙们的记忆。正是它的这种媒介作用，把"族灵"的家支集合性格和家庭个人性格联系起来。此外，就其社会功能而言，它带给每个家庭及其子孙们的记忆也许是抽象的，但正是由于它的存在、它的这种媒介和纽带作用，才使每个家庭及其子孙不会失去对整个家支的记忆。换言之，根据接触和记忆的远近法，玛都Ⅱ-1的存在，已远远超出了特定的祖先范围，正是它的媒介和纽带作用，将同一家支的各个家庭联系起来。尤其是在枯史期间，祖先之魂（祖灵）返回每个家庭的过程正好与撮毕逆向，由此认为祖先之魂的集合性格与个人性格，也是随着家庭和家支层次的变换而以动态的形式变化着的。

傣族日常生活中的多元信仰实践

——基于云南官纯寨的调查 *

孙　嫣 **

引　言

与基督教、伊斯兰教等制度性的宗教形态不同，中国社会尊崇的宗教表现出明显的多元性和复杂性，以至于在中国宗教研究兴起之后的很长一段时间，一些学者认为中国是一个没有宗教的社会。随着研究的进一步深入，这种观点慢慢被学者们所摒弃。首先，因为人们逐渐意识到这种言论最开始描述的对象只是中国社会中的一部分——汉族人群体，而对中国社会内部存在的民族和宗教多样性几乎没有考虑；其次，正如杨庆堃先生的研究表明，即使是中国汉族人内部也尊崇着一套丰富的宗教信仰体系，只不过这套体系与西方人熟知的宗教形态很不一样。①

杨庆堃先生基于对中国社会宗教的观察，运用结构功能主义的方法，区分了两种结构的宗教。一是制度性宗教（institutional religion），二是分散性宗教（diffused religion）。② 前者有自己的神学、仪式和组织体系，独立于其他世俗社

---

　*　本文曾以《傣族地方人生场域中的灵魂关照——以官纯寨为例》为题，发表于《北方民族大学学报》2010 年第 3 期。此次出版进行了补充完善。

　**　孙嫣，中国社会科学院民族学与人类学研究所助理研究员。

①　杨庆堃：《中国社会中的宗教：宗教的现代社会功能及历史因素之研究》，范丽珠等译，上海人民出版社，2006，第 365~380 页。

②　杨庆堃：《中国社会中的宗教：宗教的现代社会功能及历史因素之研究》，范丽珠等译，上海人民出版社，2006，第 35 页。

会组织之外。后者的神学、仪式、组织与世俗制度和社会秩序其他方面的观念、结构紧密相连。这两种结构的宗教同时存在于中国社会之中，只不过在不同的地方表现形式有所不同。后来的学者们延续这样一种分析思路，尝试着去挖掘原本被认为是琐碎散乱的"迷信"现象背后的宗教性，因此我们后来才看到，"民间宗教""民俗宗教""民间信仰"等概念自 20 世纪 90 年代开始成为中国宗教研究领域的流行语。

一些学者的研究认为这些分散的宗教现象表现出来的功利性可能是中国宗教的主要特征；而还有一些学者提出，民间信仰的"散"实际上是下行的特点，但同时也存在上行的"聚"，① 也就是说早期的某种地域性的信仰后来可能发展成主流的宗教信仰形态。无论这些研究最终的指向如何，他们都共同揭示出"实践性"在理解中国社会宗教过程中的重要性，同时，基于民间实践性的分散性，宗教结构和制度性的宗教结构之间并不必然是彼此隔绝的关系。

本文即是在这一分析框架的指导下，对云南傣族人宗教信仰及实践的一项研究。笔者采用人类学田野民族志的方法，试图通过翔实的一手材料分析考察官纯傣族人日常生活中宗教实践的形式，并对他们内部存在的多种信仰并存的现象进行阐释，从而尝试对中国制度性宗教和弥散性宗教之间的关系问题进行回应。

一　村寨概况

官纯寨是云南省德宏傣族景颇族自治州盈江县平原镇新莲村所辖的一个自然村。盈江县位于云南省西北部，东北面与腾冲县接壤，东南面与梁河县接壤，南面与陇川县接壤，西面、西北、西南面与缅甸交界。国境线长 214.6 公里，是云南省国境线最长的县市之一，有大小百余条通道通往缅甸。从秦代开始，这一地区就是中国内地通往缅甸、印巴各国的主要商道。县城被列为省级开放口岸，是滇西南各省区对外进行经贸活动的重要枢纽。

盈江县辖 8 镇 7 乡，共 103 个村（居）委会，1168 个村民小组，1 个地方农场。2008 年，全县总人口 29.8 万人，其中农业人口 25.2 万人，占总人口的

---

① 金泽：《民间信仰的聚散现象初探》，《西北民族研究》2002 年第 2 期。

84.56%。全县有傣族、景颇族、傈僳族、德昂族、阿昌族等 25 个少数民族，少数民族人口 16.9 万人，占总人口的 56.71%。

官纯寨位于盈江坝北端坝区，是盈江坝往北延伸的部分。这一坝区除两个汉族村落和一个汉族农场五小队外，共有 24 个傣族寨子，分属新莲村和新和村两个村民委员会，官纯就是其中的一个傣族寨子。

官纯寨西、南两面以平卡公路为界，东临盏达河①，北边与另一个傣族寨相邻。寨子西端为寨头，东端为寨尾。两条水泥硬化路垂直交会于寨子的中心，道路两端分别是寨子东南西北四个方向的出口。十字路口一带则是寨子最热闹的地方。十字路口南侧是寨里唯一一座佛教寺院，寺院主体为一座两层的佛寺，傣语称"奘"，汉语一般称之为"奘房"。与奘房相邻的一侧是一户寨民临街开设的一间小理发馆，也是村里中老年男子们常聚在一起打纸牌的地方；另一侧是寨子的文化活动室和一户寨民开的麻将室。奘房东面与其隔街相望的是寨里的卫生所、小卖铺、化肥代销店。背后紧挨着的便是寨子的公房、广播室、会议室和晒场，晒场南侧是官纯小学。十字路口北侧也是寨民临街开的小卖铺和碾米房。每天正午前后，村里的妇女都会在十字路口卖自己做的小吃或菠萝之类的水果。寨子边缘和一些寨民的庭院周围都长着高大的翠竹，据寨民讲，过去整个寨子就像坐落在竹林中，这些年由于建房等各种原因已经少了很多。寨头的路两旁有几棵参天蔽日的大青树，寨神的神坛隐约其中。寨尾也同样有几棵大青树，一棵树下的土埂上是祭祀寨神之母的地方。

截至 2006 年，官纯寨共有 152 户 732 口人，其中傣族人口 703 人，汉族 28 人，彝族 1 人，傣族人口占人口总数的 96.1%。全寨有思、管、谢、龚、方、邵、刀、线、杨、朗、孟、盖、崔、陈 14 姓。其中思姓 47 户，管姓 46 户，为寨上的两个大姓。思、管、谢、方姓居民是寨上最早的居民，其他都是后来陆续迁入的。

二 官纯傣寨的南传上座部佛教

根据文献记载，德宏地区傣族所信仰的佛教属于南传上座部佛教。德宏傣族自称佛寺为"奘"，汉族则称其为"奘房"。在这一地区基本上每个傣族寨子

---

① 盏达河是大盈江的支流。

都有自己的佛寺，奘房是寺院的核心建筑，而每一个奘房就是一个独立教区的标志和核心区域。官纯的佛寺位于寨子最繁华的中心地带，一堵围墙把寺院与外界的喧闹隔开。奘房是一座一层建筑，殿堂中央有一座大佛像。奘房的一侧是僧舍以及僧侣做饭的厨房。佛寺的另一个标志就是竖立在院子里的换顿①：一根又粗又高的竹竿，顶端是宝顶，从宝顶垂下一条长约十米的用彩色绒线、丝线编织的布幡。布幡随风飘荡，意为荡去人们心中的烦恼，使人快乐。

官纯奘房一共有三位僧侣，一位"召长"，两位"召尚"，他们都是寨民从缅甸请来的，在官纯已经七八年时间了。缅甸傣语与当地傣语相通，所以僧侣和寨民交流起来基本没有障碍。每逢佛教节日庆典，佛寺大院便成为欢庆的场所，全村人在这里烧火做饭，十分热闹。而平时，只有老人才会到奘房来。寨民们认为，寨中有佛寺，全寨人就会受到佛祖的庇护和保佑。

寨民普遍认为自己佛教信仰者的身份是与生俱来的，信仰佛教是老祖宗传下来的，是自然而然的事情，并没有谁会对此提出异议或怀疑自己的身份。但从严格意义上讲，官纯寨真正的佛教信徒只有寨里部分老年人，这一老年群体被称为"卜陶痕奘"，意为上奘房的老人。而其中老年妇女占大多数，老年男子则很少。这些老年妇女通常儿女已经结婚，并且抱上孙子，自己基本脱离体力劳动，只在家中做些日常的家务，帮忙照看孙子，没有什么负担。上奘房对于她们来说既是一种精神寄托，也是平日里打发时光的一种休闲娱乐方式。而老年男子们的闲暇生活本来较妇女丰富许多，要么在一起打牌、搓麻将，要么就喝酒聊天，有点钱基本都拿去买酒买烟了。他们认为信佛不一定就非要去奘房听经、念经、献卤之类，有些人觉得家里老伴去就全都代表了，自己再去也没必要。也有少数人佛教信仰观念比较淡漠，认为有没有来世谁知道，这辈子过好就行了。寨里的中年人和青年人则认为，上奘房、参与佛事活动都是老人的事，与自己无关，有些中年妇女表示：等自己老了，有时间了，就会像母亲或者婆婆一样去做那些事情。这些中青年人普遍对佛教的知识知之甚少，有些甚至根本不了解。

---

① "换顿"为竖立在奘房一侧的高十余米的旗幡。它是人们献"卤"的一种物品，凡是集体和个人做摆，都要在奘房旁立换顿。转引自刘江《官纯——变迁中的土司属官寨》，云南大学出版社，2008，第138页。

上奘房的老人中通常有一个主事的领头人，被称为"贺卤"。他们并未脱离世俗生活，而是作为各种公众佛事活动在世俗世界的代理人。贺卤的文化素质相对较高，他们通晓经文，熟悉各种佛教活动的操作流程。其主要职责是组织安排全寨公共性佛事活动，如本寨奘房有佛事时，贺卤会领来上奘房的老人们念诵经文，在佛教节庆日中登记代收老人们向佛、佛寺和僧侣们捐赠的钱物。同时，贺卤也向寨民传达僧侣们的计划打算，僧侣有什么要求一般都通过贺卤告知寨民，并由贺卤组织上奘房的老人们共同商议执行。贺卤是由寨子里上奘房的老人们共同推选出来的，而官纯寨每个社中也由本社上奘房的老人公推出两位主事者，他们协助贺卤一起管理奘房大小公共事务。每逢寨里有公共性的佛事活动或节日，各社的主事人便向本社人下达活动安排，并负责收取募集经费等。

开门节是傣族传统的佛教庆典节日，通过对开门节的了解我们能够更好地理解当地人的佛教信仰。开门节的头一天晚上，卜陶痕奘的几位主事人要提前去奘房做一些准备工作。一些上奘房的老人也会来献卤①。通常情况下，开门节头天下午，老人就要做好献卤用的标杆②。标杆用各色彩纸剪成，黏在细竹棍上，象征着吉祥如意和喜庆之意。备好大米、菠萝、玉米花、小面包等吃的东西，晚饭后傍晚时分，老人便出发去奘房献卤。开门节当天凌晨四点多，老人起床后先蒸上一锅新鲜的米饭，自己便去精心洗漱穿戴一番，过程很是讲究。他们仔细地把长发洗净，梳得十分光洁，竖在头顶，再包上傣族已婚中老年妇女传统的包头，穿上节日的盛装，这样一来表示对佛祖的尊敬，二来也是节日里喜悦心情的体现。老人的"盛装"其实很素净，清一色的纯黑长裙，浅蓝或白色上衣，与平时的服装相比，只是在布料上更加讲究。一切准备妥当后，老人先把饭菜和点心摆在自家堂屋的贺兴③上，点香祭拜祖先神灵，随后才端着同样一份饭菜出发去奘房。这个时候寨子通常还在夜色的笼罩下，家里其他的成员还都在熟睡。

---

① "卤"又称"赕"，意思是向佛布施、献贡，其方式是向佛、佛寺、僧侣捐献钱物，是敬仰佛供奉佛的实物性表达。转引自刘江《官纯——变迁中的土司属官寨》，云南大学出版社，2008，第 144 页。

② "标杆"是"卤"的一种，用彩纸和小竹竿做成的彩旗。

③ "贺兴"是寨民家里供奉祭拜祖先神灵的地方。

按照当地的习俗，进入奘房不允许穿鞋，老人们进入大殿面向佛祖跪下，将卤举过头顶，嘴里默念着，之后将托盘举过头顶三次。接着将每一样卤分别举过头顶后放在相应的容器内。大殿中间摆放卤的地方已经很壮观了，所献卤的种类很多，包括大米（生熟都有）、各种水果、点心、糖果、标杆、钱，等等。所有贡品中凡是吃的东西都归奘房的僧侣所有，用于日常生活，吃不完的粮食可以卖，所得收入也归僧侣所有。化得的布施则分为两部分，一部分给僧侣作为日常零花，一部分则由负责奘房公共事务的老人会管理，作为奘房修缮、进行各类佛事活动的费用。

通常情况下，老人们献完卤后就坐在大殿里低声聊天，等待陆续前来献卤的人。大概到八点钟，念经、听经的活动正式开始。这时大殿里会坐满老人，绝大部分是老年妇女，通常只有领读经书的贺卤和另外两三个坐在前排的老年男子。僧侣盘坐在佛祖的下方，面向信众，手拿一柄圆扇，半掩着面部，这是他们讲经时一贯的动作。在此期间，如果某个老人有特殊要求，想把卤献到佛祖脚下的，必须先交给贺卤，贺卤和年纪轻的僧侣说明后，由小僧侣敬献到佛祖脚下。

这一种卤是为个人和小家庭献的。官纯人的佛教信仰观念中，今世所献的所有贡品，都是由佛祖暂时保管，来世仍然归自己享用，献卤是一种为来世积攒钱财福分的方式。同时，献卤也是一心向佛、信仰虔诚的表现，并会因此积攒功德，获得佛祖赐予的福分、好运，得到佛祖的保佑。卤越多，得到佛祖佑护的力量就越大，一方面意味着今世生活更加安康，家财更加兴旺；另一方面也表示来世的福分越大，人们因此获得心理上的宽慰与心灵的寄托。另一种卤是寨里的老人为全寨人献的，祈求佛祖保佑寨子兴旺祥和，保佑全寨的男女老少平安健康，这是老人的一片心意。寨里的年轻人为了感谢老人，也会自愿在这样的日子里为老人做饭。有时，个别人家还会为上奘房的老人们准备早饭。这些做法与当地人的民间信仰有很大关系。

三　官纯人的民间信仰

英国人类学大师泰勒认为，对人类灵魂的信仰和崇拜乃是全世界一切民族均须经历的一个阶段；因为任何民族都首先需要去面对如何诠释这样两个"生命之谜"：首先，什么是活人与死人的差异？什么引起醒来、睡眠、恍惚、疾病和死亡？其次，出现在梦里和幻象里的人类形体究竟是什么？① 官纯人对此的思考在其世代相传以灵魂观为核心的超自然信仰中体现无遗。

（一） 寨神——创寨者的不灭之魂

寨神是建立寨子的祖先的神灵，是寨子的守护神，也是寨民最重视的神灵。官纯寨称自己的寨神为"发贺曼"，意为"寨头之神"，因祭拜寨神的神坛设在寨头的几棵大青树下得名。据寨民讲，官纯寨的建寨祖先是盏达土司刀思忠的四子——四太爷。因此直到现在，官纯举行全寨性的祭寨神活动时，其主祭者必须是四太爷子孙中的长辈。每年正月的癸亥日是全寨共祭寨神的日子。寨神的神坛非常简单，一间两三平方米的砖房，只有三面围墙，中间摆着供桌，没有寨神的塑像或画像，根本无法与奘房的气派相比，但在寨民的心里寨神却有着佛祖永远无法替代的地位。对于寨神的崇拜源于寨民根深蒂固的灵魂观，是一种根植于寨民心底、融于他们血脉之中的信仰，神秘却真实地存在。与寨神共同守护寨子的还有寨神母亲的神灵，她的神坛位于寨尾。

与上奘房的情况不同，在与寨神有关的活动中，无论集体还是个人的祭拜，都不允许女性出现，她们甚至不能靠近神坛。平日里，寨民家有人久病不愈、家运不顺或是家中有什么大事，都要由家里的男性带着祭品来祭寨神，祈求寨神保佑。

（二） 女巫——灵魂观的角色体现

女巫是傣族民间信仰中的重要角色，傣语称之为"咩莫"。官纯寨曾经一直都有女巫，但是前几年最后一个女巫因为年纪大"退休"后，寨子就再也没有女巫了。平日里，寨民有事便去其他寨子找自己比较信赖的女巫，如果需要也会把女巫请到自己家里。请哪个女巫完全是个人自由，相信谁灵验就可以请谁，如果觉得不准下次可另寻高明。名声对于女巫很重要，大家都说某女巫灵验，口口相传，很多人便会慕名而来。

---

① 〔英〕泰勒：《原始文化》，连树声译，上海文艺出版社，1992，第16页。

在调查期间，思某家的女儿带我一起去找女巫办事，我因而有幸认识了一个被当地人认为很灵验的女巫。女巫四十岁出头，没有孩子，前两年刚和一个还俗的僧人结婚，平时她给人占卜、做各种仪式等，丈夫则给婚丧嫁娶的人家算良辰吉日。据说女巫从小就和一般的孩子不一样，十几岁时生了一场大病，病中有一位"前辈"模样的人在梦中传授，病愈后种种作为女巫的本领都"无师自通"了，从此便开始了女巫生涯。

因为每天找女巫的人都很多，我们一大早便出发了。出发前，思姐向娘家买了两块钱的大米，拿了一把香。在当地，找女巫一定要带一些礼物，大米是一定要有的，而且必须向自己的亲人买，以示诚心，否则，女巫的占卜就会不灵。这里的"买"并不是严格按市场价交易，只是象征性地给一点，一来向神灵表示自己的诚意，二来也是对女巫的尊敬。其他的礼物随个人的心意，可多可少。除大米外，思家姐姐还特地在这个村的小卖部买了些点心。她虽然表面上对此事将信将疑，但其实内心还是非常重视的。

很幸运，我们到时女巫刚刚起床正在洗漱，我们便坐在院子的一角静静等候。大约二十分钟后，女巫穿戴整齐。她领我们来到一间单独的房间，小屋只有背阴的一面开了一扇小窗户和一扇门，这里是她"工作"的地方。很不凑巧当天整个村子停电，小屋里昏暗得很，但还是可以辨认。紧靠内墙摆放着一张供桌，上面供奉着观音菩萨像，供桌两侧各有一个小柜子，一个柜子里垒满了崭新的缎面，另一个柜子里放了些类似祭祀的用物。供桌上方的墙壁上贴着三幅观音菩萨的画像。紧挨着供桌的是一张方桌，上面摆放着香炉、蒲扇和一个竹编的米盘。屋子的一角有几袋大米，想必是来占卜的人带来的礼物。思姐把带来的米倒在米盘里，把点心摆在方桌上，点燃三炷香拜了拜菩萨后，把香插在米里，便在一旁的凳子上坐下来。女巫端坐在桌前，一手不停地摇着蒲扇，一手用毛巾擦脸，深深地打了几个哈欠后，便开始用巫婆调唱念起来，并且时不时重复着这些动作。唱了一会女巫开始向思姐问话，让她道明来意。思姐的婆婆去年去世了，一直都没有问问婆婆在阴间过得可好，这次就想和婆婆说说话。在当地，一般家里有老人去世，晚辈都会通过女巫询问，了解老人在阴间的情况，一来尽晚辈之孝，二来也求老人在天之灵保佑子孙。又唱了一段后，女巫的声音略微变化，说话的语调却和之前大不相同，俨然成了另一个人。她和思姐就像婆媳俩聊天一样，十分自然。她说自己过得很好，让孩子们不要牵挂。思姐向婆婆告状说她儿子不好，两人有了矛盾。婆婆让思姐要定心，好好在家不要老往娘家跑，要互相谅解，告诫思姐不要打麻将，要好好过日子。还提醒思姐，她的两个小姑子，一个是真心对她好，另一个和她是口和心不和，说话做事要多留心。女巫在聊天的过程中总会用问题试探自己的判断，比如说出来一个和思姐有关的事情，便会向她确认是否正确，从而进一步推进。而聊到有些地方，也能够感到思姐情绪上的微妙变化。整个过程大概持续了十五分钟，随后女巫用毛巾擦了擦脸恢复了原先的样子。只是好像经历了一场什么，看起来很疲倦。思姐掏出二十块钱放在米盘里，我们便出了小屋，此时屋外已经排了好几个新来的人。走出女巫的家，一路上思姐的情绪有些低落，问及她的感觉，她认为女巫说得挺准的。

正如思姐一样，官纯人相信女巫具有通鬼魂的能力，她能够和鬼魂对话，鬼魂也能够借女巫的口传言，在某种程度上，女巫是沟通阴阳两界的桥梁。当阳世间的人无法割舍或是不放心已经去世的亲人，便会通过这种方式与亡魂对话。通常人去世一段时间后，亡人的亲属都会找女巫询问。女巫原本属于傣族民间信仰中的一个角色，这一信仰体系是独立于佛教之外的本土的信仰，但其屋内仍然供奉着佛教的观音菩萨。看来，在作为当代民间信仰代言人的女巫心中，两套信仰体系同时存在，并行不悖。

思奶奶今年七十六岁高龄，是寨子里最受尊敬的老人之一，也是同龄妇女中文化素质相对较高的。据她讲自己年轻时还去云南大学参加过培训，过去的汉语讲得很好，只是后来回到家里不常用，现在很多都忘了。在拜访老人之前，就听知情者讲老人以前是寨子里唯一熟悉各种民间信仰仪式，能够为寨民占卜、驱鬼的咩莫。思奶奶虽然已经年近古稀，但精神矍铄，思维非常清晰活跃，也很健谈。但当我想试图了解一些过去做女巫的故事时，老人只是说现在年纪大了，做仪式有时候也是一件辛苦的体力活儿，自己已经没那个精力、跳不动了，加上儿孙也不愿让她再去管那些事情，自己便不再做了。至于其他的老人不愿再提起，只说那些都是过去的事情，很多都不记得了，自己这些年一心向佛，是一个虔诚的佛教信仰者。她说经常上奘房听经、念经，佛教的节庆日、佛事活动给奘房献卤，都是在为自己和家人积德，以祈求佛祖保佑全家人平安。平日里，也常有其他上奘房的老人找思奶奶帮忙做一些献的"卤"，如用一角、二角或五角纸币折扎成的小树，或是用各种好看的彩线、珠子、亮片在红布上穿成的幡，老人认为这些都是在为佛做事，也是在积德行善，并不求什么财物上的回报。尽管如此，来请奶奶帮忙的人出于礼节和尊敬也会带一些小礼物。有时候，一些人家做小型仪式仍然会请思奶奶过去主持，比如孩子满月、周岁等。

（三）满月仪式中的灵魂崇拜

在寨里调查期间，我有幸亲历思奶奶为一户人家的小孩做周岁仪式。仪式的时间是请巫婆算好的，定在当天的正午。做仪式的方桌搁在院子正中，上面摆放着所需的用物，包括：两只水煮鸡、两盘卤猪肉、两碗米饭、两碗茶水、两盘菠萝、两碗小锅酒、两盘点心和一些香。仪式是面向北方的，桌子前方的地上摆着三个用黄表纸包着的纸包，桌面上，纸包的上方摆着三炷香，桌子另一端摆着算盘、铅笔、本子、钱和一杆秤，桌子后方铺着一块凉席。三炷香被点燃，仪式正式开始，孩子被抱到凉席上。思奶奶开始不断地念念有词，孩子的奶奶也不时随着一起念，念诵大概持续了五分钟，最后思奶奶从贴身的腰包中掏出来五元钱放在点心盘中。后来思奶奶告诉我，她所念的都是些吉祥的好话，替孩子在祖宗神灵面前多说些吉祥话，请家神能够保佑孩子平安健康地成长，以后有出息，等等。祖先崇拜可分为"寨神崇拜"和"家神崇拜"两种不同形式。"所谓祖先崇拜就是相信祖先的灵魂不灭，并且成为超自然的神灵而加以崇拜。"① 满月仪式中祭拜家神便是家神崇拜的具体表现之一。祭送鬼魂，即由主持人把家中的鬼魂送到路口，用食物款待并进香，以求鬼魂能够回到自己的住地，不要惊吓到孩子。很多仪式中都会有送鬼的环节，过程和意义大同小异。和中国许多地方的风俗一样，官纯人也会准备算盘、铅笔、钱、秤四样物品，让孩子随意抓取，预示将来的作为。也会让孩子自己抓食带肉的饭团，以示长大后能够自食其力、衣食无忧。

（四）拴上红线——拴住灵魂

拴红线在寨子里相当普遍，无论小孩还是青年人，他们的手腕或胳膊上常常可以看见这样的红线。红线一般都是像思奶奶这样的老人或女巫亲手

---

① 李亦园：《宗教与神话》，广西师范大学出版社，2004，第117页。

做成的，并且要她们亲自拴上才能灵验。红线是用很细的丝绵线先搓后编而成，编好之后老人会把红线放在手心，双手合住放在嘴前，双目微闭专注地默念着，念一段之后朝双手掌心的红线吹三口气，红线便具有了神奇的力量。红线最大的作用便是把人的灵魂拴住，并保护被拴的人，使他不再因灵魂离身而生病或遇到灾难。寨子里的人都认为活着的人有 120 个灵魂，包括大魂和小魂，大魂如头魂、心脏魂等，小魂如耳魂、鼻魂、眼魂等。类似于汉族民间信仰中常说的三魂七魄。只有这 120 个魂都在活人身上时，人才表现为一个正常、健康、平安的个体。缺魂少魂的人会有各种外部表现，如精神失常、得一些莫名其妙的病、久病不愈等。小孩子爱哭闹也被认为是丢魂的表现，如果只是受了惊吓，一般由寨里像思奶奶这样的老奶奶，或孩子自己的奶奶为孩子拴红线即可。拴红线的另一个作用就是一种预示着吉祥如意平安的护身符，上面寄托着长辈对晚辈灵魂的祝福和保佑，满岁时拴的红线意义便在于此。一般请老人拴的红线是不收钱的，完全是老人对于子孙后代的一种心意。而女巫拴的红线一般是牵魂祛病免灾的一种手段，是女巫开出的一剂"良方"，上面具有女巫的法力，而被拴的人也是报着非常明确的目的和功利心，因此这样的红线都是收钱的，一根往往价值二三十元钱不等，一般根据女巫的名声而定。如果名声大，人们认为她算得准、很灵验，这样的女巫身价往往比较高，她开出的方子也价格不菲。

四 官纯寨信仰体系——多元信仰的共生现象

官纯寨这一典型的乡土社会在不断发展的过程中，逐渐形成一套属于自己的信仰体系，这一体系并不是多元信仰的简单并存，而是官纯人在坚守其原创并世代相传的民间信仰，同时接受外来佛教信仰的基础上，将二者有机结合，建构起的一套具有鲜明民族性与地方性的多元共生的信仰体系。而这一建构过程的出发点和落脚点都来自官纯人世俗而明确的功利性心态。

傣族地区的佛教和原始宗教即佛和神的对立所引起的斗争，仅见于某些经文记载和口碑传说；现实中，二者长期共存于寨中，共存于官纯人心中。朱德普先生认为，傣族社会佛教和原始宗教之所以能长期共存，一是由于傣族封建领主制精神文化的需要，二是封闭性的封建领主经济为两者共存提供了温床。① 在特殊的历史背景下，二者从不同层面满足了封建统治者的需要。外来的佛教和本土的民间信仰，尽管崇拜的对象和信仰的内涵不尽相同，但都从属于精神文化领域。凡是精神文化的产生和存在，乃至其衍变和发展，都势必同历史发展中的社会经济形态和社会组织形式的主体面貌有一定的适应性。以寨神家神崇拜为主体的民间信仰和外来佛教，对适应当前官纯傣族的精神文化需要，满足其带有鲜明功利色彩的心理需求，可谓异曲同工，相得益彰！

官纯傣族既礼佛又敬神，佛寺和神坛同时在寨子中存在，只不过前者辉煌，占据寨子的中心，佛幡熠熠招人注目；后者简陋，隐约于寨头，神位空无偶像，祭如神在。但这并不意味着两种信仰在人们心中的地位悬殊。恰恰相反，从官纯人生活的点点滴滴来看，两种信仰在互为补充的基础上已经在官纯的乡土社会中寻求到一种达至和谐的良好途径。南传上座部佛教在传入傣族地区的六七百年间，为适应当地社会环境，以谋求自身的生存与发展，力求地方化与民族化。如今，佛教文化已经融入官纯人的生活中，各类佛教节日和佛事活动成为官纯人文化生活的重要组成部分。而个人佛教信仰的终极目标并非为追求至高的境界，仅仅出于佛祖能够保佑今世、赐福后世的功利性目的。佛教为后世积攒钱财福分的功能，也在一定程度上使官纯人对于来世有了更加实惠的寄托。官纯的佛教对原始宗教持相当宽容的态度，不干涉信众保有自己的民间信仰。而民间信仰往往借助于佛教达到自己驱鬼安魂等目的。这一点在官纯人的生活中体现得尤为明显。无论久病不愈、家境不顺或家里遇到重大的事情，人们往往都会求助于女巫，而女巫除了通过仪式、咒语等一套自己的方式解决问题外，有时也会指点寨民使用拜佛敬佛的各种方式达到目的。下述方某找本寨贺卤思永庆抄经、念经、烧经就是典型的代表。

见到思永庆老人是在他自家的佛堂里，当时他正在伏案抄写经书，大病初愈看起来还很虚弱。他的佛堂是家中二楼一间三平方米的小木屋，除了一张供

---

① 参见朱德普《傣族佛教和原始宗教的关系试析——兼析两者长期共存的原因》，《思想战线》1992 年第 2 期。

奉着佛像的长方形贡桌、一张方桌和一条长凳外，别无他物。平日里老人就在这里拜佛念经，或是抄写经书以备不时之需。因为生病，老人已经有段时间没有抄写经文了，正在抄的这本是受寨里一个远房亲戚所托。寨里方某的丈夫前几年因吸毒被送到州上的戒毒所强制戒毒，期满出所的日子，家人等了一整天，始终没有盼到他归来的身影。后来打电话去戒毒所，管理人员确定此人当日已经离开。此后，丈夫一直杳无音讯。寨里人都猜测人很可能已经死了，慢慢地，家人也不再抱有希望，想他可能已经客死他乡。因为失踪原因不明，死未见尸，家里没有为其举行相应的丧葬仪式。过了一段时间，方某莫名其妙地生病了，浑身乏力，心悸心慌，情绪忽好忽坏，去医院也查不出究竟，持续了很长时间都不见好。家人便去外村请来一个咩莫看病。咩莫查出来说家里之前有非正常死亡的人，得到确认后，咩莫说她丈夫死得不明不白，死后变成恶鬼，因为鬼魂不安，活着的时候没能回家，所以死了在家里到处游荡，方某就是被丈夫的鬼魂缠住，灵魂跟着丈夫的鬼魂走了才会生病。咩莫让方某请寨子里的贺卤或者会抄写经书一心向佛的老人为丈夫抄一部经，抄好后拿到奘房，请僧侣和上奘房的老人一起念诵，念毕把经书烧掉。经书的的内容思永庆老人无法用汉语转述给我，但他告诉我经书里面讲的都是好话，是念给佛祖和各位神听的，目的是为死者多说些好话，以此安抚死者的亡魂，使其能够回到亡魂的住地，最终还是为了保生者的灵魂平安。此外，开门节的当天，由家里的老人出面，将提前备好的食物，如米花糖、小面包之类带到奘房，念完经后分发给在场的老人们，以此得到大家的祝福，也是行善积德的一种方式。而咩莫则要为方某做一场驱鬼叫魂的仪式。据村民讲，根据具体情况，仪式少则两三个小时，多则四五个小时。家里要按照咩莫的要求提前准备好各种用物，如煮熟的公鸡、猪肉、酒、大米、菠萝、点心等。开始前要将这些物品都摆放在一张木质方桌上，咩莫手持扇子，端坐在桌前，不停地唱念着什么，时不时地与家里人对话。

今年开门节时为老人做饭的寨民管某家，去年至今一直不顺，今年小女儿又要高考，家里人一直心有余悸。于是便去找女巫算。女巫指点管某，在开门节的日子为奘房献一部经书，并请上奘房的老人们为家里念经祈福，家里则要为奘房和老人们做自己的贡献。而在奘房发小食品的另外三户寨民，情况各异，但原因都和管家类似，均拜女巫指点，只是要做的程度不同罢了。

由此可见，在傣族人的日常生活实践中，制度性的佛教和分散性的民间宗教并行不悖，并在互为补充的基础上达至和谐，共同构成官纯人的信仰体系。官纯傣族的宗教案例丰富了我们对中国宗教内部的多样性的认识，并更进一步验证了制度性宗教和分散性宗教这一分析框架对理解中国宗教的有效性。

非物质文化遗产作为公共文化的保护[*]

——基于对湖北长阳县域实践的考察

韩成艳[**]

"非物质文化遗产"是一个新的概念，它的对象来自民族民间文化。民间文化本来是相对于现代国家体制所支持的公共文化而言的，现在它借助非物质文化遗产保护工程的"代表作名录"这一筛选机制，部分地进入公共文化的范畴。民间文化一直是由社会自发地传承着，而公共文化是国家的教育部门、文化机构在现代逐渐引进、培育起来的。两者在传播上具有不同的主体，并且占据着不同的社会空间。民间文化见诸庙会、节庆场地、庭院、禾场、田间、墓地，公共文化见诸各类学校、图书馆、博物馆、交响乐团、歌舞团。在两者被政治的和学术的精英建构成对立关系的时期，前者是藏污纳垢的地方，是愚昧的标志；后者是知识的殿堂，是文明的象征。当前，中国各级政府正在建立"非物质文化遗产代表作名录"体系，从民族民间文化中挑选部分项目，命名为"非物质文化遗产"，成为国家体制所支持的对象。

民族民间文化被政府确认为非物质文化遗产代表作，也就拿到了进入政府的文化支持体系的入场券，成为新的公共文化。从 2005 年 3 月 26 日国务院办公厅向各级政府发出"关于加强我国非物质文化遗产保护工作的意见"开始，全国启动了建立非物质文化遗产代表作名录体系的工作，在省级和县级名录的基

---

[*] 本文已在《思想战线》2011 年第 3 期上发表，此次稍有改动。

[**] 韩成艳，中国社会科学院民族学与人类学研究所助理研究员。

础上，各地从中择优申报国家级代表作，国务院从 2006 年 5 月以来分三批共确认了 1200 多项国家级代表作。各省市区向文化部上报申请国家级代表作的项目已经超过 6000 项，还有相当一部分项目被列入省级和县级代表作名录而不曾上报。也就是说，迄今被各级政府认可为非物质文化遗产的民族民间文化项目已经成千上万。民间文化大规模加入公共文化，为中国社会的文化生活带来了勃勃生机，也给各级政府的公共文化服务工作提出了新的责任要求。

政府公布自己认定的非物质文化遗产代表作名录，其实都是以县域为基础的，因为国家级和省级都是对县级名录的再选择。而非物质文化遗产保护实质上就是保证它们能够继续在原地活态传承下去，也就是在其所属的文化社区继续保有活力。① 县级政府是最贴近文化社区而又具有综合的行政资源的一级政府，因而政府对非物质文化遗产是否能够承担起公共文化的责任，关键要看县域的保护实践。

一　"保护"：纳入公共文化进行传承

联合国教科文组织在 2003 年 10 月 7 日通过的《保护非物质文化遗产公约》第二条说，"'保护'指采取措施，确保非物质文化遗产的生命力"②。从联合国教科文组织的全球视野来说，非物质文化遗产保护要达到的目标是确保对象的生命活力。在现代化成为全球广泛的运动之后，工业化、城市化带来大量的、大范围的人口流动，传统的社区与社群被打破，人们传统的日常生活被改变，于是传统的社会生活、精神生活受到外来生活方式的冲击乃至代替，后果就是传统的活态文化在形式上失去体系性，甚至变得支离破碎，在社会位置上变为边缘现象。等到国际社会达成共识，开始严肃看待它们的价值，建立"非物质文化遗产"的范畴，它们在现代逐渐衰落的命运才出现转机。

虽然全世界的各个共同体的传统生活文化都是受现代化的冲击而衰落，但是每个地方的衰落历程都有自身的社会特性。高丙中曾经对中国的非物质文化

---

① 周星：《民族民间文化艺术遗产保护与基础社区》，《民族艺术》2004 年第 2 期，第 20 页。
② 见文化部非物质文化遗产司《非物质文化遗产保护法律文件汇编》，非正式出版，2009 年印发，第 395 页。

遗产做出一个发生学的论述①，传统的日常生活被学术和政治的合力打造成"文化遗留物"，传统生活文化不再呈现在社区中心的任何空间，其中的学理解释就是：它们已经不是社会的公共文化，而是主要限于农村的民间文化。新的公共文化是依托学校、图书馆、电影院为代表的新型文化空间的。

非物质文化遗产保护运动的兴起，恰恰是要赋予或发现散落在民间的传统活态文化的价值②，并且要重新让它们成为整个社会的认同对象。这样的目标是要通过一个系统的社会工程才能够达到的。当然，专业的、专门性的制度设计是这一社会工程整体的基本部分，这就产生了《公约》对"保护"的定义所代表的一系列举措。

《保护非物质文化遗产公约》第二条陈述了"保护"（safeguarding）的完整定义："'保护'指采取措施，确保非物质文化遗产的生命力，包括这种遗产各个方面的确认、立档、研究、保存、防护（protection）、宣传、弘扬、承传（主要通过正规和非正规教育）和振兴"③。这是以国家为主体的公约，界定的是政府和公共文化服务机构可以发挥作用的众多方面。大致划分起来，保护的行动涵盖四大类的工作。

其一是非物质文化遗产的普查与代表作名录建设。通过广泛的调查摸清非物质文化遗产在社会中的蕴藏量，编造基本信息的记录，再对它们进行研究，在研究的基础上筛选其中的代表性项目，向各级行政机关申报代表作名录，由这些机构组织评审、确定并发布名录。这就是"确认、立档、研究"的义项所指的工作。正是这些步骤赋予了非物质文化遗产以公共文化的地位。

其二是文化生态博物馆的理念与措施。非物质文化遗产涉及各种载体（实

---

① 高丙中：《日常生活的现代与后现代遭遇》，《民间文化论坛》2006年第3期。

② 乔晓光：《活态文化：中国非物质文化遗产初探》，山西人民出版社，2004。

③ 英文原文是："'Safeguarding' means measures aimed at ensuring the viability of the intangible cultural heritage, including the identification, documentation, research, preservation, protection, promotion, enhancement, transmission, particularly through formal and nonformal education, as well as the revitalization of the various aspects of such heritage." 一些中文译本把safeguarding和protection都译为"保护"。为了有所区别，后者可以译为"防护"，因为前者表达更抽象、更宽泛的意义，后者指防止具体危害的行动。中文译文参见文化部非物质文化遗产司《非物质文化遗产保护法律文件汇编》，非正式出版，2009，第395页。英文收入文化部外联局《联合国教科文组织保护世界文化公约选编》，法律出版社，2006，第95页。

物），需要以博物馆的手段加以保存；此种遗产因为在社会生活中存在，处于活态，还要引入文化生态保护的理念，把它们所处的社区作为保护场所，防止各种人为的（不管动机是恶意的还是善意的）消极影响。这是"保存、防护"的义项所指的工作。

其三是"宣传、弘扬"的义项所代表的公共领域的推介活动。"宣传"在这里所对应的英文是 promotion，其意思是采取措施，使对象扩大影响，被更广泛的范围所接受；"弘扬"的英文对应词是 enhancement，其意思是通过行动增加对象的价值。这里涉及的主要是（但不限于）大众媒体和会展，还有政府会设计像"文化遗产日"这样的特殊时间。在公共领域的推介是非物质文化遗产的公共文化属性的直接表现。

其四是利用各种教育手段进行人才培养和人际传递，也就是遗产保护终究要落实的人与人的"承传"（transmission）。传统生活中有技术难度的文化不能顺利在社会中传递，与现代的学校教育对它们的排斥大有关系。中国当代的正规学校被设计来传播现代的科学技术，并没有传统技艺的位置。非物质文化遗产保护与学校联结，让学校的教育功能为我所用，并同时为传习班之类的非正规教育注入活力，试图由此解决非物质文化遗产的传承问题。

综合上述四个方面的保护行动，归根结底要达到遗产的"振兴"，按照英文原文来翻译就是"使这类遗产的各个方面都重新焕发活力"。这是"保护"的定义在一开始就作为目标来强调的内容。前述四类的工作都是要为非物质文化遗产焕发活力创造环境，扩大影响，提供社会的支撑，但是否真正能够焕发活力，还要依靠项目具有内在的潜力和品质。譬如，节日传统要继续下去，需要它的核心活动有魅力；剪纸能够传下去，得靠它有自己的技巧和独特的审美品质。反过来看，遗产项目的内在潜质被确认，并且有人把自己的生命活动投入其中，遗产才能够在社会中"活"起来，这才是遗产焕发生命力的真正意义。因此，前述四类工作最终要落实在公众对遗产的认知、认同以及实际的参与上。而所有这一切都必须发生在一个具体的地方，一个文化社区。唯其如此，遗产项目才得以注入活力，重新具备旺盛的生命。

联合国教科文组织在 1998 年公布《宣布人类口头和非物质文化遗产代表作条例》，中华人民共和国政府正式参与其事，在 2000 年申报昆曲成为其中的代表作，至今已经十年。最初，国家的参与主要体现为在国际上争取国家的荣誉，但是随着联合国教科文组织对工作的调整并在 2003 年推出《保护非物质文化遗产公约》，激发起国内非物质文化遗产保护的极大热情，政府也开始把这项工作当作公共文化事业来开展，在 2005 年启动了全国的非物质文化遗产普查，并在 2006 年公布了《国家级非物质文化遗产保护与管理暂行办法》，成立了相应的专家委员会，成立了专职的行政机构。

把非物质文化遗产作为公共文化来保护，涉及国家制度和公共领域的各个方面，所以国务院主持成立的非物质文化遗产保护工作部际联席会议的成员机构要包括文化部、国家发展和改革委员会、教育部、国家民族事务委员会、财政部、住房和城乡建设部、国家旅游局、国家宗教事务局、国家文物局。国家十一五文化发展纲要专门列入了非物质文化遗产保护的内容，财政部给予了专项的资金支持。在公众参与的方面，"非物质文化遗产"在 2006 年成为年度关键词，从 2006 年开始，每年的"文化遗产日"的项目展示都吸引了大量的民众，主要的传统节日总是媒体关注的焦点。可见，从体制支持与公众参与来看，非物质文化遗产已经被承认是一类新的公共文化。但是，非物质文化遗产要与现有的公共文化服务体系达到良好的契合，让教科文组织所提出的保护要求得到全面落实并且真正发挥焕发项目生命力的作用，政府机构、学者队伍都有很多事情要做。

不管中央和省市区的政府部门打算做什么，这些举措都必须落实在县域才能够找到力道。中国社会的"非遗热"表达了"要保护"的全国意志，但是如何"有效保护"仍然是需要探索的问题。笔者在此介绍湖北省长阳土家族自治县的一系列举措，以之作为案例，希望能够获得有益的启示。

二　长阳的实践：制度创新与落实社区的保护

长阳土家族自治县对非物质文化遗产的保护特别重视缘于自治县对民族文化的发掘、认证、传播有强烈的内在需求。长阳在西汉就设县，县名是"佷山"，在唐朝改为"长阳"。1984 年 7 月，国务院批准将长阳县设立为土家族自治县。长阳属于宜昌地区（后改为地级市），人口的民族构成主要是土家族和汉族。从土家在 1957 年 1 月被国家确认为一个民族，到长阳被批准成为土家族自治县，再到不断证明自己既是众多土家族聚居县域中的一员，也是这些县域中具有独特代表性的一员，长阳上上下下都要在民族文化上有所作为。

长阳在成为土家族自治县的前后都要在公共认知上证明自己是名副其实的土家族地区，所以重视发掘本地的土家族文化是必然的。乐园乡是远近闻名的"山歌之乡"，从1973年成功举办首届赛歌会，已经连续举办了30多届。"为了使我县具有浓郁地方特色的土家民族民间文化得到不断的弘扬光大，县文化主管部门始终把搜集整理民族民间文化遗产当作文化建设的一项基本工程来抓"，先后收集整理出版了《长阳山歌》《长阳南曲资料集》《长阳俗谚集》《廪君的传说》《土家吹打乐》《长阳民族民间舞蹈集成》等20多种民族民间文化作品集。①

长阳引以为傲的巴山舞从创编到推广都颇能反映民族的文化自觉过程对认同符号的需要。巴山舞由曾任县歌舞团副团长而时任县文化馆馆长的覃发池在1979年根据传统的跳丧舞所创编。长阳山区的土家族人家在停丧期间有跳丧的习俗。覃发池大胆地把跳丧舞动作引入革命舞蹈，获得领导的好评。党的十一届三中全会以后，长阳群众纷纷议论着恢复民族成分，他才知道自己的祖先与巴人领袖廪君有关，在春秋之时就有蛮歌巴舞，那么，"自己继承、整理、发扬民族文化遗产就理直气壮了。于是，他怀着一腔饱满的民族感情，下定决心把家乡舞蹈跳丧舞改为娱乐舞搬上舞台"。1979年国庆节，他开始在公社文化馆推广自己改编的舞蹈。虽然有人因为跳丧舞只能在灵堂外、坟山或荒野跳的禁忌而反对，但是县长刘光荣②支持他，把这种集体舞命名为"长阳巴山舞"。县政府把巴山舞作为群众舞蹈在全县推广，成为一时之盛事。1982年7月4日的《光明日报》和同年的《舞蹈》杂志第6期都发表了评介性的文章。③ 1987年

---

① 刘喜一（时任长阳土家族自治县文化体育局局长）：《长阳文化五十年》（1999年），收入长阳土家族自治县民族民间传统文化保护中心汇编《湖北长阳土家族民间文化保护实践研究参考资料》，内部资料，2007。

② 1993年12月，"长阳民族文化研究会"成立，原县长刘光荣任会长。研究会纳入了此前为县域文化自觉做出贡献的人才，也在后来的民间文化搜集、整理中发挥了重要的作用。

③ 见《恨山新吐一枝花——访巴山舞的设计师覃发池》（未署作者），收入长阳土家族自治县民族民间传统文化保护中心汇编《湖北长阳土家族民间文化保护实践研究参考资料》，内部资料，2007。

12 月的《人民日报》对巴山舞进行介绍说，这个县已经形成自上而下的农村文化工作网络，基层文化骨干的一项任务便是传授巴山舞。例如，资丘镇 90% 的青年会跳巴山舞，70% 的青年跳得不错。巴山舞成了长阳县文化生活的重要内容。[①] 在长阳成为土家族自治县的 1984 年前后，一项残存在山村的文化活动派生出一项全县普及的公共文化，并且被推介出去，成为在全国定位自己的文化标志。

联合国教科文组织的"人类口头与非物质文化遗产代表作"项目在 2000 年进入中国之初，人们关注的是像昆曲、古琴这样专业、精英、高雅的遗产。而长阳能够早在 2001 年响应中国民间文艺家协会的号召，在全国率先实施"民族民间传统文化抢救与保护工程"，实在是得益于长阳已经走过的文化自觉的经历。2002 年，县委、县人民政府制定、下发《关于进一步加强文化工作的决定》，明确提出要抓好民族民间传统文化的挖掘、收集、整理与研究。2006 年 2～4 月，《长阳土家族自治县民族民间传统文化保护条例》通过了全部的立法程序，宣布从 6 月 10 日（即国家的第一个文化遗产日）起实施。该条例是我国第一部县级民族民间传统文化保护的地方法规，从口述文学、传统音乐、民族信仰等九个方面具体列举了法律所保护的传统文化项目[②]，并从成立保护机构、专项保护经费、保护措施及违反"条例"须承担的法律责任等方面做了明确规定。长阳实际上把县域内具有民族代表性却长期被边缘化的项目用人大立法的"条例"赋予了公共文化一定的地位和必要的制度保障。

有了法条的依据，就可以在公共平台上实施保护行动了。我们从联合国教科文组织的"保护"定义所引申出来的四类行动来看长阳的保护实践，大致能够呈现保护实践在县域的整体状况。

代表作名录体系的建立确定了非物质文化遗产项目的公共文化地位。2005 年 3 月 26 日发布的《国务院办公厅关于加强我国非物质文化遗产保护工作的意见》提出在认真开展非物质文化遗产普查的基础上建立国家级和

① 杜若原：《长阳盛行巴山舞》，载《人民日报》1987 年 12 月 14 日。
② 具体列举的项目包括：长阳南曲、山歌、薅草锣鼓、吹打乐、撒叶儿嗬、花鼓子、白虎神、向王天子等民族信仰。

省、市、县级非物质文化遗产代表作四级名录体系。长阳从 2005 年着手建立县级非物质文化遗产保护名录体系，率先在 2005 年 8 月印发了《长阳土家跳丧习俗五年保护计划》，把"跳丧习俗"（又称"打丧鼓"，后改用土家语"撒叶儿嗬"称之）当作巴文化的活化石进行系统保护。2006 年，县政府公布了首批民族民间传统文化代表作①五项：土家族撒叶儿嗬、长阳山歌、长阳南曲、土家吹打乐和十五溪故事（后改称"都镇湾故事"），又制订了后四个项目的五年保护计划。同年，这五项被宜昌市人民政府列入首批非物质文化遗产保护名录。2007 年 4 月，长阳山歌、薅草锣鼓、长阳南曲、都镇湾故事被省人民政府列入保护名录。至 2008 年 6 月国务院共公布两批国家级非物质文化遗产代表作，长阳的撒叶儿嗬、都镇湾故事、薅草锣鼓共三项被列入其中。这些特定的项目经过行政程序，成为法定的保护对象，政府承诺把它们纳入公共服务体系。

通过设立文化生态保护区的体制，把遗产保护工作开展在遗产项目的现实生活现场。从 2002 年开始，资丘、榔坪两个乡镇率先建立了以保护"长阳南曲""撒叶儿嗬""长阳山歌"等重要民间传统文化为主要内容的"土家族传统文化生态保护区"。这是全国最早的文化生态保护区，由资丘民族文化馆的田玉成馆长发起、推动，后由县政府挂牌成立。非物质文化遗产保护的核心理念是在实际生活环境中传承遗产，不让遗产脱离生活的母体。到 2005 年，县政府编制了长达 7 万字的《长阳土家族自治县传统文化生态保护区总体规划》。也就在这个时间，文化生态保护区的方式得到广泛的认可，各地政府都在提出自己的文化生态保护区方案。在特定项目被确定为非物质文化遗产代表作之后，文化生态保护区的设立是在本地社区落实项目的公共文化地位。

非物质文化遗产是"原产地"社区的公共文化，也是大共同体的公共文化。在这两个范围之间需要一个转化的过程。公共领域的推介就是完成这种转化的主要方式。在节会时间、公共场所进行展示，呈现在媒体上，都是在增加项目的能见度，增加为公众所认知的机会。长阳的相关部门为此开展了多种形式的

---

① 很能坚持主见的是，长阳在正式的文件中都使用"民族民间传统文化代表作"而非"非物质文化遗产代表作"。这可能是因为长阳开展相关的工作较早，希望保持用语的一致性。

活动。一是举办民间艺术比赛，如县内举办过土家族撒叶儿嗬大赛，长阳南曲、长阳山歌民间艺人师徒大赛，土家歌王擂台赛；也组队参加县外的民间艺术大赛，5 次组队参加宜昌市举办的民间艺术大赛并获得多个奖项。二是举办民间艺术展演。县文化馆土家族民间艺术团的多名民间艺人，专门演出《土家吹打乐》《长阳山歌》《长阳南曲》《撒叶儿嗬》《薅草锣鼓》《花鼓子》《毛古斯》《肉连响》等民间艺术节目，显著地扩大了相关遗产项目的社会接受度。三是举办"武汉土家文化周"大型宣传活动，让土家族原生态文化走进都市、走进高校。[①]

非物质文化遗产的保护无论采取什么措施，最终都是要落实在人与人、代与代的传承上。现代的学校及其教育方式是非常有效的知识技能的传承方式。这种方式以前通常被认为与传统文化的传承是分开的甚至是对立的，但是非物质文化遗产的保护却要大胆地借助这种方式。长阳在这个方面也是积极探索的。长阳从 2003 年起就开展了"民间文化进校园、民间艺人上讲台"的传承创新尝试。资丘镇民族文化馆建立了土家族撒叶儿嗬培训基地，全镇中小学校大都聘请了民间文化优秀传承人为兼职老师，在课堂、操场传授民间舞蹈、音乐。其中资丘小学将土家文化纳入校本课程，开设有山歌、南曲、撒叶儿嗬、花鼓子、土家刺绣等研修班，在校 620 多名学生参加。[②] 到 2008 年，全县接受撒叶儿嗬、花鼓子培训的老师、学生达 1400 多人，会弹唱一首至两首长阳南曲的老师、学生近 80 人，会唱一首或几首长阳山歌的老师、学生达 1200 多人。在全县中小学纳入民间文化的教学内容，是《长阳土家族自治县民族民间传统文化保护条例》的相关规定。[③] 与现代的教育教学体制衔接，是增加非物质文化遗产传承效率的机制。这种教学改革，在全面提高中小学生的文化艺术素养的同时，也传承民间文化，使孩子们更有机会成为新一代的文化传人。

---

① 张昌勤：《长阳采取八项措施保护非物质文化遗产》，http：//www. cy-tujia. com/，2008 年 1 月 31 日。

② 田琼珍、王静：《国家非遗专家盛赞资丘小学校本课程》，http：//www. cy-tujia. com/，2007 年 10 月 25 日。

③ 戴曾群（长阳土家族自治县民族民间传统文化保护中心）：《我县民族民间传统文化的保护跻身于全国民族自治县前列的思考》，http：//www. cy-tujia. com/list_ body. php？id = 1303＆news_ par_ id=21＆news_ son_ id=71，2008 年 6 月 25 日。

结语：文化自觉从社区到国家

　　长阳是经过努力才成为民族地区（土家族）的，为了证明是一个民族，就需要让那些基本的文化（民间文化）被突出出来，受到重视，逐步成为地方社会的认同文化。长阳的文化自觉是整个中国文化自觉的一个县域代表。中国是在近代列强侵入之后逐渐形成现代的中华民族意识的，但是，我们的民族意识以什么作为认同的对象，一直是一个没有很好解决的问题。现在，中国在经济发展和思想意识上越来越像一个现代国家了，但是她的"民族"在内涵上却让大众越来越焦虑，因为"民族"的文化认同的内容越来越稀薄，日常生活中有太多对西方时尚符号的追逐。社会中开始多年弥漫一种在民族文化上丧失自我的焦虑。在这个历史时期，费孝通提出文化自觉①的命题，是对于这种民族集体心理的回应。但是，通过什么达成文化自觉？这却是一个需要社会实践来回答的问题。恰恰在这个时候，非物质文化遗产保护兴起，中华民族的文化自觉有了一个便捷的路径。

　　长阳土家族自治县因为立县的文化需要而较早地重视民族民间文化，并顺应时代的发展，摸索出一套非物质文化遗产保护与发展的模式。华中师范大学的陈建宪教授多年追踪长阳的保护实践，把这一模式的要点概括为"以政府为主导，以文化人为中介，以老百姓为本体。发掘传统基因，保护整体生态"等内容。② 相对于各地通行的项目保护，长阳的保护实践比较好地体现为一种符合地方优势的整体性的社会保护，也就是文化生态的整体保护。从上述主要的保护行动来看，政府都在其中承担主要责任，提供法规、资源、组织上的公共物品，开展权威的认证与宣示，协调文化、教育、宗教、民族等各个部门形成新的文化体制，以便非物质文化遗产被纳入现代体制之内传承。从长阳取得的良好效果来看，县域是一个比较有效地对非物质文化遗产实施公共政策保护的平

---

① 费孝通：《反思·对话·文化自觉》，《费孝通文集》第 14 卷，群言出版社，1999，第 151 ~ 167 页；《人文资源在西部大开发中的作用和意义》，《文艺研究》2001 年第 2 期，第 4 ~ 10 页。

② 长宣：《"长阳模式"成为中国"非遗"保护学术研讨会关注焦点》，http://www.cy-tujia.com/，2008 年 8 月 28 日。

台，因为县域通常要么就是项目所属的文化社区，要么就是直接统属该文化社区的行政单位，而且县域是拥有完整的行政资源，能够自主推动公共政策的基层行政单位。诚如周星教授所说的"把民族民间的文化与艺术遗产保护在基层社区，好处很多"。首先，由于社区文化生态和社区人文背景的支撑，不仅有可能使"遗产"持久地"活"在民众的生活之中，而且在新的条件下，它还可能获得"再生产"的机会，亦即成为社区文化创造力的源泉。其次，不用花太多的钱，只要其意义被社区居民理解或认同，马上就可以做起来。最后，实施基层社区的遗产项目保护，还可促进社区乡土教育的发展，并有利于探讨使民间智慧在社区内获得世代传承的新路径。"国际组织和源于海外的各种相关项目或计划，应该像联合国教科文组织在中国实施的一些项目那样，既借助中国政府的行政支持，又深入扎根于中国的地方社区，目标是促使这些地方社区最终能够逐渐自主地担负起相关文化遗产保护的责任。"①

在长阳，非物质文化遗产已经从现代社会的异类（文化遗留物）进入主流的传播方式，转化为主流社会文化的有机部分。在县域，传统的民间文化比较容易通过地方公共文化的渠道变成地方的主流文化。如果有更多的乃至大多数的县域能够达到这个状态，中国的非物质文化遗产的保护以及中国的公共文化构成就会进入一个新的时代。长阳在县域能够达到的状态，也是国家范围内的非物质文化遗产保护终究要达到的阶段性目标：由对于民族民间文化的制度排斥转变为制度支持，重新调整反传统的社会意识，重新调整"教育"的内容，让非物质文化遗产成为公共领域的正常部分，是包括城市人口的百姓生活的基本内容，并且是被正面评价的内容。不过，这是一个相当长时间的公共文化建设和非物质文化遗产保护相结合的过程，由县域实践的经验和成效到全国性的效果，需要学术研究与公共部门互相合作推进。

① 周星：《文化艺术遗产保护与基层社区》，《文化研究》2004年第2期，第18~24页。

宗教扩大化与民众生活的相关性研究

王晓丽*

政府是依靠政治制度而非社会势力来治理国家的，国家机器是党执政所依托的行政附属部分。政治理论与发展理论，是国家实施改革动员、政治制度化的方法和公共秩序的基石，是在多元文化并存、经济条件有限、市场格局求变的情况下，实现国家稳定、共产党长期执政的重要策略。我国虽然存在多种宗教共生的社会现象（境内合法存在的有五种宗教），各种宗教以团体形式登记存在，地位平等，和谐共处，自主办理教务。但是，宗教从来不是国家制度的一部分，也从来不属于国家机器，甚至不是任何管理层面使用的理论指导工具。作为可控的社会意识形态，国家允许宗教的存在，是对公民权利和公民个人精神需求的尊重和保护，而不是因为崇尚宗教。宗教种类，以及宗教组织、宗教活动，是被局限在国家宪法、制度、法律框架之下的，是限定在"公民信仰自由"的尺度之内，是以不侵害公民权利、不影响社会稳定、不妨碍国家制度推行为前提的意识现象和社会组织。

《中华人民共和国宪法》第 36 条规定："中华人民共和国公民有宗教信仰自由。""任何国家机关、社会团体和个人不得强制公民信仰宗教或者不信仰宗教，不得歧视信仰宗教的公民和不信仰宗教的公民。""国家保护正常的宗教活动。""任何人不得利用宗教进行破坏社会秩序、损害公民身体健康、妨碍国家教育制度的活动。""宗教团体和宗教事务不受外国势力的支配。"这里对宗教的社会位

---

* 王晓丽，中国社会科学院民族学与人类学研究所研究员。

置、权限，以及活动范围，都做了明确的规定，是五种宗教在中国境内合法存在的标准。

社会上总有一种倾向，认为宗教问题是一个敏感问题，不敢碰，不能碰。事实上，这是自己将宗教神秘化了。宗教本身不是问题，而是社会存在的意识形态和信仰形式之一，是一种在国家制度监管之下的、在规定场合可行使规定职能的、信众参与的、公开的信仰模式。问题出在近些年，其组织和活动超越了法律和制度规定的职权范围，出现了一些宗教扩大化的现象，表现为宗教**在场**的扩大化和宗教职能的扩大化。加之，极端宗教思想趁开放之际渗透进来，在有些地区传播和进行非法活动，甚至挤占合法宗教的活动空间，导致宗教扩大化在社会上呈现出越来越多的负面现象，直接影响到社会的正常秩序和百姓的正常生活，有些还影响到地方的稳定和发展，已经对社会和民众的生活造成一定的侵害，这才是问题所在，需要引起我们的高度重视。负面影响的存在是事实，挑战是公开的，没有理由将其当作敏感、神秘的事物而回避。出现问题就必须解决，久拖不决，定为后患。

一 宗教扩大化对民众生活的影响

在调查时笔者了解到社会中存在的一些现象，如有些地方少数民族干部反映，在工作期间，作为党员干部，自己信仰的是共产主义和忠诚于党的事业，做到了不信教。但是，退休之后，往往又会在信教与不信教之间产生一些疑虑。因为，社会上出现对不信教者的"六不"传言，即对不信教的少数民族同志，"见面不说祝福语，有事不帮忙，有病不看望，年节不拜访，死后不送葬，相互不结亲"[①] 等说法，担心自己过世后，不能顺利葬入本民族的公共墓地，而且自己的家庭或子女可能会受到歧视，给生活和工作带来不便。同时，近些年一些地方出现的家庭式传教活动的存在，给社会稳定带来很大的隐患。例如，每个获得不同方式传教的信众，都认为自己才是正宗的，歧视和排斥其他传教方式的信众。调研时，笔者曾亲眼所见来自不同传教方式的同一宗教的普通教民，因强调自己的正宗性，相互

---

① 调研时，当地同志的反映。

争吵到不能在同一空间相容的情景。还有人利用宗教教义里的某些内容作为借口，对抗国家的婚姻法和计划生育政策，非法拥有多妻，导致无户口的非婚生子女大量增加，给今后孩子上学、工作造成极大的困难，也给家庭、社会的安定造成极大的威胁。

这些现象产生的根源，是多元化的意识形态空间缺少社会主导思想引导。非社会主流思想的宣传看上去是软传播，但在社会运行中，却对民主社会的存在和正常的社会秩序构成强硬的破坏性冲击。如果不对它实施监控和抵制，同样会瓦解社会的公共精神，政府的权威性、法律和制度的有效性就会遭到破坏，公民享用的社会秩序和政府执政的公务水平就要被削弱，社会基层的不稳定因素也会增加。

从存在的现象分析，造成这些问题的因素除了境外宗教极端势力的非法活动和非法传播外，近些年国内出现的**宗教扩大化**现象，将宗教的影响直接触及国家法律、制度、政策的层面，妨碍公民的正常生活，不能不说是问题的主要成因。更为潜在的危害是，外在过度强调信众的教民身份，从意识上强化信众个人身份的单一化，掩盖或模糊信众个人拥有的公民身份和公民权利（或淡化和排斥公民的其他社会身份）；内在则强化信众遵从"宗教生活高于一切"的意识，从而禁锢普通信众拥有的俗性生活自由，混淆宗教与民族的区别，用放大的宗教信徒的身份来替代信众对国家的认同和对传统文化、民族文化的认同，导致公民的权利、国家法律、社会制度的保护作用，以及对民族的优惠政策，因宗教的干涉而遭侵犯。这种不正常的现象，正从社会底层向整个社会翻动，在意识领域里不仅是在争夺群众、变相地剥夺公民"信仰自由"的权利，而且对社会的基本面形成控制态势。尤其是宗教极端势力的渗透和肆意活动，追逐的目标是将民族与宗教捆绑在一起，甚至将宗教覆盖在民族与民族文化之上，用追捧"极端"的方式，取代宗教教义的整体内容和宗教的修身功能，甚至取代合法宗教的话语权，压制民族文化的存在和发展，完全摒弃信众的公民身份，用宗教阻隔民族与国家、社会、民族自身发展的联系，甚至破坏多民族地区世代传承的各民族之间融洽、和谐的共生关系，直接干扰现代制度的正常实施。这样的行为违反了宪法的规定，体现的不是发展，而是倒退。

二　宗教扩大化引起的宗教职能潜变

宗教的扩大化，一是指宗教在场的扩大化，二是指宗教职能的扩大化，从而导致宗教对普通民众社会生活的干预扩大。

1. 宗教在场的扩大化

宗教**在场**指宗教本身在一个规定的合法的时空中实施其职能和组织宗教活动，而宗教在场的扩大化是指宗教性活动脱离了宗教场所，在任意空间中出现，对其他社会公共空间和社会活动渗透、挤占或干预。宗教通常由三部分构成：宗教信仰本身（包括教名、崇拜偶像、教义、宗教故事等），宗教组织（包括神职人员、神职机构、宗教建筑——这是宗教**在场**的合法空间），宗教活动［包括在宗教建筑里举行的祭祀、礼拜（宣讲教义、修功）、宗教节日庆典、祭奠宗教内的重大事件等——这些是宗教职能的主要表现形式］。尽管宗教通常宣传的是"神，无所不在、无所不能"的经言，然而，宗教**在场**的主要空间，还是在寺院等宗教合法的活动场所里，而不是在其他社会空间里。

任何一个现代国家，都不是只有一个公共的社会空间，而是存在多种社会公共空间，这些社会公共空间是实现民众公共利益的不同侧面。越是具备完善、稳定的政治制度，政府为民众提供的公共空间就越多，而民众享用公共利益的机会也就越多。同时，各个社会公共空间不仅拥有自行的规则，而且保持着相互间的距离和秩序。如经济空间、工作空间、生活空间、教育空间，包括宗教空间等公共空间的存在，都有着自行的在场内容、存在模式和发展规律，它们按照自有的空间规则、规律和相互协调的秩序运行，以保障整个社会的存在和稳定。

除了宗教空间之外，其他公共空间都不是宗教**在场**的空间，如果这些空间被宗教极端势力的非法活动挤占，或者说宗教渗透到这些社会公共空间中，导致不合法的秩序强行挤占合法秩序的空间，必然会影响、搅乱和破坏这些空间的自有秩序。例如，宗教挤占现代市场空间，那么在市场运行中，是遵循宗教秩序，还是遵循经济秩序？公民的经济利益如何保障？同样，如果宗教挤占教育空间，在教学中需要按照知识的逻辑关系实行教育，还是按照宗教的秩序实行教育？国家教育体系培养的目标又是什么？公民接受现代知识体系的权益由谁来保证？民族发展、社会发展、国家发展、公民的日常生活，需要有合法、合理的各类公共空间秩序的保障，需要宪法、法律和国家制度的保护，需要政策和各种空间规则的协调。合法的公共秩序一旦遭到破坏，不仅无法保障公民的各项权利，也无法保障地方的安全和稳定。

宗教**在场**的扩大化，事实上是将公民个人的"信仰自由"混淆为"宗教自由"，这是违背国家宪法、违背国家宗教政策的违法行为。"信仰自由"与"宗教自由"是在具体法律法规框架下的事实行为，但它们有着本质的区别。信仰什么是国家赋予公民精神依托的一种自由选择权，属于公民的**个人权利**；而哪种宗教的哪个教派可以存在、以什么方式存在、宗教组织的职能范围是什么，则是由国家代表公众利益来选择、以法律和政策的方式来具体规定的**国家权力**。这个权力不是属于个人，也不属于某个社会团体，并且，这个权力不是可以挑战、松懈、动摇或被取代的（这里有两个概念需要说明：第一，任何一种宗教，包括它的某个教派，必须通过正式登记，获得国家认可、取得合法身份后，才可在这个国家内传教和活动。国家没有认可的宗教或宗教派别，通过民间渠道渗透进来，从事传播和活动，就是非法的。这是区分合法宗教和非法宗教的基本原则，遵守这个规则在任何现代国家内概莫能外。第二，凡是以反人类、残害生命、破坏社会秩序为目的的意识活动和组织，就是邪教。邪教不仅是违法的，而且是任何一个国家都不能容忍其存在的严打对象）。同时，"宗教自由"是有前提的，必须是在获得合法身份之后，自觉遵守法律的前提下，才可谈其自由。"宗教自由"通常指两个方面的内容：一是指不论哪一种合法宗教的活动，都是按照各自的教义和传教方式，以及教派内部的规范来进行，并不以其他宗教或其他意识形态的内容为参照。二是合法宗教在合法的空间里，可以对任何一个民族的个人传教，不会因为信教者的民族属性不同而改变教义和崇拜偶像，也不会因为信仰同一宗教而改变信众个人的民族属性。作为社会意识形态之一的宗教，与所有的其他社会意识形态一样，不仅仅是在社会主义国家，在任何国家里都是要接受法律和制度的监管，不会放任其随意存在和随意在场的。因为在世界历史上，它有过冲破法律和制度防线、破坏社会正常秩序的事实和作用，必须引起社会的足够重视和警惕。

2. 宗教基本职能的扩大化与职能潜变

任何一种宗教，在不同的时期、不同的国家制度中，拥有不同的职能范围。特别是在现代国家中，相对于欧洲中世纪政教合一的宗教组织对信众、对国家的控制而言，今天的宗教组织职能是在国家制度之下或制度管理之下，在有限的范围之内发挥一定的职能。

宗教本身并不能自行实施其职能，宗教的基本职能是由宗教组织实施和执行的，而宗教组织是隶属于国家管辖的社会团体之一。与任何社会团体一样，宗教组织的职能权限不是无限的，而是有一定的权限范围。宗教职能的权限，涵盖在宪法、法律、制度规定的框架之内，而不是大于或超越宪法、法律、制度的框架对信众和信众的生活实施控制的作用，或者站在制度的对立面，与公民的权利形成对峙。在社会主义国家里，宗教组织所拥有的职能范围为：宣传爱国、和平、团结，维护基本信仰、功修制度，引导合法的宗教活动，建立与社会提倡的公共道德学说相结合的教诲形式，在保障公民权利不受侵害的前提下，对公民个人进行一般的修身教化。这样的基本职能，与宗教本身和宗教教义并不相悖，恰恰是宗教得以传导和涵养的条件。

至于在一般民俗活动中有宗教人士到场，这并不是宗教活动，其本身的意义与宗教无关，既不是某一宗教的礼仪，也不是宗教教义的部分，更不是宗教内容的延伸。例如，出生礼、婚丧嫁娶的礼仪等，与宗教本身并无相关性，它们是信教和不信教民众共同享用、参与的民俗活动的组成部分。如果刻意将这些民间俗事活动扩大为宗教活动的延伸，或用宗教禁忌来限制民族民间的俗事活动，甚至有意牵强地将其解释为宗教行为的一种，从而约束和控制包括不信教民众的民俗行为本身，这就超越了宗教的职能和权限，或者说是扩大了宗教职能范围，干涉和操控了普通信众的俗性生活和一般公民的生活方式。

这种利用对宗教的过度解释，将意识活动转化为对信众的实际操控权，并将其权限延伸到抵制社会制度层面，干涉公民的日常生活，直接侵害公民权利，就是宗教职能的扩大化。宗教职能扩大化的潜在功效是：默许了宗教在国家法规之外拥有特权。在不断强化教民身份的同时，导致宗教的基本职能发生**质**的转变，即宗教职能从一般的修身功能，向干涉民权的方向渐进，这是社会主义制度所不允许的，是宪法明确限制的。必须适度发挥宗教的职能，从实现现代化的角度出发，从认可现代社会崇尚文化多元、民主、平等和文明的理念出发，正面宣传宗教与现代社会的关系，正面宣传宗教与国家的关系，用现有的宗教管理体系，教育信众正确信教。宗教团体和宗教人士自觉实施合法宗教职能，坚守爱国尊教的信仰规范。

三　宗教扩大化在社会上显现出的负面影响

宗教扩大化是从社会行为上表现出来的，其负面影响也要从社会现象上去考察。

1. 宗教扩大化将民族与宗教等同

社会上曾存在"全民信教"的说法。这里的"全民"是指某一个民族的全体成员。依这个说法看，似乎谈宗教就是谈民族，谈民族就是谈宗教，或者说是将宗教信仰覆盖在某个民族之上。这样一来，民族中的每个人都应该是天生的教民。事实上这是一种公开的宗教扩大化的言论，是对群众有意识的误导，因为它简单地**将民族与宗教捆绑在一起**。

认同标准的不同，使得民族和宗教的涵盖范畴不同。民族是民族，宗教是宗教，界限明确，是分属于不同属性的两个社会团体。"全民信教"不仅极大地混淆了民族与宗教之间的界限，篡改了宗教的意识形态属性和民族的社会属性的不同特点，而且亵渎了宗教的神圣性，模糊了宗教是需要后天学习、认知、修功和觉悟的意识领域。任何一个人，从他出生的那一刻起，不需要确定他信仰什么，就可以确定他的民族身份，这是普遍认同的社会规则。而一个人是否信教，不仅需要具备认知能力、个人选择阶段，还需要有一个接受传教、领悟教义的过程。即便是某一个民族所有的成年人，都在后天的学习里选择信仰同一种宗教，至少孩子们是不信教的，没有人一出生就能选择信教。说"全民信教"难道还需要否定孩子们的民族身份吗？没有谁可以是天生的教民，没有天生的教民，哪来的"全民信教"呢？同时，"全民信教"，等于先行剥夺了其民族全体成员的信仰选择权，直接侵害了公民权利。因为，不论属于哪个民族的人，他的基本身份都是国家公民，而宪法规定的公民权利之一，就是信仰自由。这个权利和公民的其他权利一样，是受到法律保护的。

信仰哪种宗教不是划分民族的条件，不是确立一个民族的标志；也没有哪个民族可以代表某种宗教，或成为宗教的代言人。民族文化从来不是宗教信仰和宗教教义的翻版，任何一种宗教信仰和宗教教义都不能取代民族和民族文化的存在。

宗教信仰没有民族限制，没有种族限制，在一种宗教信仰内部，只有教民与教民、教派与教派之间的关系，没有民族、种族的划分。但是，不论一个民族中有多少人信教，宗教也不能取代这个民族的存在，不能取代这种民族文化的存在。民族与宗教有各自的认同标准，保持着各自的特征和划分界限，有各自的活动范围、发展道路、存在方式。将宗教与民族捆绑在一起，无非是为了排斥异族、排斥不信教的群众。更为重要的是，这样的捆绑，消弭了一个民族存在的意义，将民族的存在淹没在宗教的存在之中，实际上是将这个民族与社会的关系改变为宗教与社会的关系，将本民族与其他民族之间的关系改变为宗教教民与其他民族的关系，将本民族的社会话语权让位于宗教，把本民族随国家一起向现代化发展的凤愿，转移到为宗教教义而奋斗，削弱了本民族对国家的认同，削弱了本民族对社会的认同，破坏了本民族与其他民族之间共存共生和相互交流的基础。这种做法违背了本民族中大多数人的意愿，超越了宪法所给予宗教的权限，不适合社会主义国家中各民族和睦共存、繁荣发展的现实要求。

2. 宗教扩大化对公民多重身份的排斥

现代社会的多民族国家，每个公民除了具备公民身份外，还具有多重身份。如，某个公民是某个民族的成员，也是某个学校的教员或公司的职员、社会工作者、公务员、普通劳动者；可能是某种宗教的信众或是无神论者，也可能承担着社会义工的角色。在国家内部，普通公民拥有多重身份是现代社会中的普遍现象，并且是受到国家制度和法律认可、尊重和保护的，同时也是社会各个阶层认同和接受的现实。

同时，任何一个普通公民都平等地拥有多重身份下的多种权利，除了具有自由选择信教和不信教的基本权利外，有生存的权利、享有民族优惠政策的权利、受教育的权利，有劳动的权利，在法律规定的年龄里有自由恋爱、结婚生育的权利，有选举权与被选举权，有参与各种社会活动的权利等法律所赋予和保护的公民权利。自觉遵守、维护国家制度和法律对这些权利的保护，是公民的责任和义务。

宗教的扩大化，导致信众在任意空间和时间里被不断地强化其教民身份和教民对宗教的义务，不断地淡化其对社会、家庭所承担的责任和义务，用所谓的净化信众身份的宣传，迫使信众的社会身份趋向单一。而身份的单一，必然导致普通公民个人拥有的权利缩小，参与社会工作和社会活动的机会减少；责任的单一，又会影响社会关系的绝对化，以单边的教民身份面对繁复的社会关系，势必会束缚信众个人生活和社会生活的多元化，而且割裂了信众个人与本民族文化之间的联系，不利于民族文化的传承和发展。事实上，在社会生活中身份越单一，被操控的可能性越大；身份越趋于多重，公民的权利就越容易被实现，公民个人就越容易享用公共利益。民众个人身份的多重，是调节社会关系的润滑剂，是实现公共空间社会关系平等的条件，是民众之间在日常生活中和睦交往的基础。"信仰自由"包括拥有某种信仰的同时，不影响拥有多种社会身份的自由，因为，普通信众不是专职的神职人员。当然，专职的神职人员是自愿放弃其他社会身份、专门服务于宗教的人，即便如此，他们也必须是守法的公民。因此，信教不等于放弃公民身份，不等于放弃公民的基本权利和其他的附属权利，普通民众信仰宗教，不等于放弃多重的社会身份，不等于放弃所要承担的社会责任和义务。宗教也不能因为信众获得了教民身份，便由此剥夺或变相剥夺信众的公民身份、民族身份、社会身份，不能以教民身份排斥和不认可其他社会身份的存在。

3. 宗教扩大化对婚姻法的干预

制度和法律是维护和协调社会秩序的基本措施，是实现公民权益的基本保障。宗教的扩大化，必然会影响信众的社会生活，从而产生对法律的干预。如在一些地区的某种宗教信众中，出现事实上的多妻和非婚生子女增多的现象，这是对婚姻法和计划生育政策的公开抵制。我国是一夫一妻制的现代法治国家，婚姻法是维护社会伦理秩序谐调、家庭稳定、男女权利平等的保障，任何形式的多妻，都是法规不允许的非法行为。同时，公民的信仰自由是在法律框架内个人选择信仰的自由，信教不是对抗法律的理由，不是用以抵制法规和制度的借口。更为明确的是，宗教的教义不是法规，经文教义里有与法律条文不相符合的内容（比如某宗教教义里对多妻的提法），公民理当自觉以遵守法律规定来规避之，这也是公民应尽的基本责任和义务。非法多妻的行为，从事实上讲，就是破坏法规、破坏公共秩序的活动之一，是对女性的公开歧视，是对男女平等的挑战。非婚生且无户口登记的子女，给社会、家庭带来的隐患是不言而喻的。因为，他们的存在是公开的，而他们的社会身份和家庭身份却是隐性的、残缺的，这对他们的入托、上学、与人相处、心理健康等，以至于将来的工作都会产生困难，势必会成为不稳定的因素。

必须强调，宗教提供的一般性服务是教人修身的，宗教教义不是作为法规的对立物产生的，也不能成为法律和制度的对立物，而应该成为法律和制度落实的辅助体系。教民不是可以超越法律和制度的特殊公民，更不能利用宗教的某些教义作为保护伞，掩盖其不合法的行为。公民的所有行为必须以自觉遵守国家法规为前提，这是维护社会秩序和社会稳定、保障社会正常、健康运行的唯一通道。

4. 宗教扩大化对丧葬制度的干预

我国是多民族多元文化的国家，在少数民族中实行多种葬制并行的政策，是政府尊重少数民族习俗、保护少数民族利益的重要措施之一。例如土葬，就是为少数民族特别规定和实施的一种葬制，它同天葬、水葬、火葬、风葬、树葬，以及二次葬等一样，具有制度层面的权益保障和政策高度尊重、维护民族传统和民族利益的作用。

土葬有多种形式，在民族公共墓地内安葬，是一些少数民族恪守和传承的一种葬俗，也是政府在土葬政策中给予认可，并予以一定协助的习俗。如，按照民族习俗的要求，划定民族专用公共墓地的地点、占地面积等。同时，在葬礼上的一些特殊需要，政策上也给予优惠保障，即便是在国家经济困难时期，国家也从来没有减少对这些特殊需要的供给。

这里需要强调的是：**葬制属于国家制度**之一，而国家制度是协调社会秩序、保证社会稳定、促进社会发展的基本条件。制度所规定的内容（比如教育、养老、丧葬、救治等）是第一位要保障的，制度提供的权益是面对具体受益者——普通公民的。换句话说，实行什么样的丧葬制度是针对民族传统习俗而言的，不是对宗教而言的；遵守什么形式的葬俗是少数民族传统文化的内容之一。因为，信仰同一宗教的不同民族，是不能葬在同一个公共墓地内的；而都是实行土葬的民族，不一定信仰相同的宗教。可见，公共墓地是划给某个民族使用的，不是划给某宗教的教徒使用的。公共墓地的存在，是少数民族公共利益的一种需求和体现，凡属于该少数民族的成员，故去之后，都有平等使用公共墓地的权利。

葬礼是葬俗的衍生形式，葬俗是民俗的内容之一，而民俗是民族生活中形成的非文字规则，是民族生活特有的认同系统。葬礼不是宗教的衍生形式，也不属于宗教职能的部分。不同的民族通过不同的葬礼仪式，寄托生者对故去者的追思，表达对故去者的怀念和尊敬，却不能将葬礼仪式升级为宗教教义。宗教是神圣的，宗教教义不是由民间民俗活动的内容随意添加而成的，当然，也不能滥用宗教教义去解释民间民俗活动。任何对教义的感悟和个人修功的深化，都不是为了给某个俗事活动释疑或添加注解的。例如，宗教人士参与葬礼的过程不是宗教在场的过程，不是提供宗教性的修功、传教、供奉神灵、宗教祭祀等服务，而是向普通民众提供一般性的服务，是按照生者的要求，辅助和丰富生者对故去者的追忆和祈愿，用诵经的方式，协同生者送故去者最后一程。其服务主题是明确的，仪式上的主体和客体是确定的生者与故去者，与宗教本身无关，这一点是不能混淆的。

虽然，日常生活中，没有人会把葬礼当作宗教礼仪来对待，似乎这是一个简单的道理。但是，不诵经便不能顺利安葬，或者将宗教仪式延伸为葬礼中的重要环节，有意将普通的葬礼渲染上宗教色彩，就不能不说是宗教扩大化的表现形式之一。这样做的结果是导致不信教的生者与故去者，不仅在葬礼上会同时受到冷遇和歧视，连故去者进入公共墓地也成为一件不能顺理成章的困难事情。这意味着墓地变成宗教管控的地方，把宗教仪式当作墓地的附加"岗哨"，而要顺利通过这道"岗哨"就必须信教，这无疑是将信仰自由的权利围堵在公墓的大门外，是宗教在扩大化的状态下，干预国家的丧葬制度，借用人生的最后一个需求，来要求人们放弃信仰自由的权利。

葬制的正确执行，保障每个少数民族的故去者，拥有在葬礼上获得相同尊敬和礼遇的权利，拥有平等享用公共墓地的权利，解除民族干部和不信教群众的后顾之忧，保障民族干部队伍的稳定，保证多民族地区的社会稳定，保障信教和不信教民众之间的和谐共处。

5. 宗教扩大化对民族文化的干预

每一种宗教都有产生各种教派（包括极端主义思想）的可能，因为，宗教是要正宗还是要生存，如何正确理解、解释、宣讲宗教教义才是合理适度的解读，特别是面对现代社会的发展和进步，什么样的宗教释读更能适合信众的心理需求，更能跟得上社会变迁的需要，更能成为社会容纳的价值观，一直是宗教内部思考和争论的问题。因此，各国在选择可存在的宗教种类时，也会同时选择与本国国家理念相匹配的宗教派别，避免因选择过多的派别而引发信众意识上的混乱。由于极端宗教思想与社会发展的不可融合性，通常情况下，没有哪个现代国家会宽容其在本国的存在和活动。

合法宗教教派与极端宗教思想在教义解释和对待民族文化的态度上有很大的不同，对信众的约束力也不同：例如，合法宗教教派与极端宗教在信仰层级上存在变数，前者是自愿信仰，后者是被束缚式信仰。在对待民族文化时，前者是在认同民族文化存在的同时，结合民族文化的内容传播教义，目标是民族文化与宗教教义的传播共存；后者则是用被极端化的宗教要求挑剔民族文化的内容，排斥和割裂民族文化，目的是用极端宗教思想替代民族文化。宗教扩大化的结果，极易被极端宗教思想钻空子，利用和挤占合法宗教的传播领域，传播极端思潮，成为信众识别宗教合法与非法的障碍。

少数民族的民族文化，与世界上所有的民族文化一样，拥有极为丰富的内容，它涵盖了许多方面，如文学、音乐（包括乐器）、医药、天文、歌舞、陶器、农具、建筑、地毯、丝织、雕塑、绘画、服饰、饮食，等等。民族文化不仅绚丽多彩，具有鲜明的民族特色，还是民族历史、民族发展和民族个性的深厚积淀，是民族的财富，是民族传统的记忆，是民族情感的表达方式，是民族的骄傲。民族文化是民族认同的最重要基础，是能够代表民族特征的主要标志，同时，民族文化需要不间断地传承才能真正得到保护和发展。民族文化是人们劳动和生活的反映，一种民族文化的内容，大多是该民族独有的。

一种宗教，特别是一种世界宗教，是不同种族的人、不同民族的人都可以共同信仰的内容，拥有共同崇拜的偶像，吟诵同一个经文教义。宗教教义会有一些内容渗透到不同民族的文化和民族习俗之中，逐渐成为该民族民间生活的内容之一，成为该民族内部信教和不信教群众共同遵守的民约。但是，这些民约此时已经不同于宗教教义，其依据具体的生活条件和生活经验得以发展和充实，并转化为民族文化的组成部分。同时，这种传导方式并不是逆向的，宗教可以通过教民向民族文化传导某个理念，民族文化却不能通过教民的身份转化为宗教的教义条文，不可能成为一种宗教的信仰范式，宗教也不会按照哪个民族文化的内容改变原初状态。

由此可见，不论是性质还是功能上的区别，都决定了宗教与民族文化是不能相互替代的，也是无法相互取代的。但是，宗教对民族文化的干预，特别是极端宗教思想的渗透，对民族文化的排斥，或贬低、无视民族文化的存在，可能导致用宗教思想取代民族文化教育、挤占现代社会核心价值理念教育的言论的出现。

比如，在南疆一些地区，渗透进来的原教旨主义在百姓的日常生活中，刻意渲染和扩大宗教极端氛围，干扰百姓的文化活动，甚至出现禁止民族音乐、传统歌舞的娱乐活动，无视民族文化在百姓生活中的需求和作用。表面上是在引导教民禁欲，实际上不仅割断了教民与本民族文化的联系和传承，而且用极端主义推崇的宗教绝对性和唯一性，将民族文化的存在和继承逼向绝境，借宗教极端之手阻止民族的进步和发展。

再如，"有些维吾尔族妇女不再穿着艳丽的民族服饰，取而代之的是阿拉伯式的黑罩袍"。穿着什么样的外衣，对社会、对民族、对民族自尊本身并无大碍，但是，刻意将它作为政治工具来使用，或模仿或强迫穿着某种象征性的服饰，向社会释放其政治意图，那就要另当别论了。"哈萨克斯坦总统纳扎尔巴耶夫先后在多个场合表达了如下观点：'我坚决反对哈萨克斯坦妇女穿着阿拉伯黑罩袍。我们民族历史上从未出现过黑罩袍，它不是我们宗教传统的一部分。'他还说：'哈萨克斯坦妇女穿上黑罩袍是错误的，我们不能因为自身是穆斯林就回到中世纪，我们支持穆斯林的未来，但我们有自己的方式。'"①

原教旨主义极端思想不仅对民族文化进行渗透，刻意在信教与不信教群众之间，划割出清晰的界限，还要对信众的生活加以限制。如，维吾尔族是个热情、真诚的民族，日常生活中相互走动、互相关心是普遍现象。但是，原教旨主义极端分子则要求教民与不信教的同胞减少联系，甚至生病时不去

---

① 哈尔克木、张霞：《多样性的伊斯兰文化正面临挑战》，《乌鲁木齐晚报》2013 年 10 月 29 日。

医院探望。民族节日期间，教民不去不信教人家里问好。熟人相互见面，即便是与其他民族的熟人打招呼，如果不用宗教用语打招呼，就会被歧视。年轻人谈对象，信教的一方首先要过问对方家是否信教，不信教就不结亲等现象。在民族内部有意制造裂痕、隔阂，人为地划分小圈子，歧视和排斥不信教的同胞。

经济的增长要求文化的现代化，文化的现代化要求有效的政治权威支持，而有效的权威又必须植根于一个统一的国家共同体中。不管试图使用什么样的方法分裂民族、分裂国家，最终导致的必然是文化的停滞、经济的下滑、社会秩序的混乱、人民生活水平的降低，这样的教训在世界历史和现实中实在是太多了。

6. 宗教扩大化对教育的干预

宗教与教育的分离，是为了保障国家教育制度和国民教育计划的落实，保证国民素质与社会发展相匹配，是国家实现现代化的必要措施，是对公民受教育权利的保护。中国与世界许多国家一样，实行宗教与教育分离的原则，在国民教育中，不对学生进行宗教教育是明确的规定。然而，宗教极端思想之手，目前正在向孩子和学校渗透。

根据群众举报，某市公安局侦破一起非法教经点一儿童被非法学经人员殴打致死案件。除了对学生灌输宗教思想和宗教极端思想之外，对于从事教育工作的老师、校长等，他们也不放过。如，"以麦某为首的团伙受宗教极端思想的影响，认为'阿校长向学生说：人是由猴子变的。这种说法与宗教的旨意相违背'。在其煽动下，团伙成员将校长夫妇残忍杀害"①。显然，国家教育体系本身和规定的正常教育内容，是与宗教极端思想不相容的，是宗教极端思想反对的目标。老师是执行教学任务、传授知识的主体，杀害老师及其家属，使用恐怖和暴力阻止教学工作的正常进行，暴露了宗教极端主义对教育制度的干扰，就是使宗教高于教育、高于制度、高于公民利益、高于生命、高于一切的思想，妄图用对宗教教义的极端化、唯一化的传播替换知识、文化、科学的传授。

接受国民基础教育，是民众获得幸福生活的重要方法之一，是国家、民族获得在现代社会可持续发展的基本条件，是提升科技水平、提升国家实力、提

---

① 资料来源：新疆安全网。

升国民素质不可或缺的手段。破坏和干扰教育制度、教育环境和教学秩序，是对国家和民族的根基实施的攻击，其影响和破坏力是不能小觑的。

四 回归宗教的理性空间

首先，对于宗教扩大化的现象和影响，必须有高度的警觉，因为它关系到群众跟什么人、走什么道路的问题。

改革开放的同时，夹带进来许多我国原来没有的思想意识，在国内许多地方，也有民间信仰活动扩张的现象，甚至出现了无神论和宗教信仰之间庞大的信神不信教的第三类人群。但是，我们不接受对国家建设、经济发展、社会稳定、文化繁荣构成威胁和诋毁的意识形态的引入，不容忍腐蚀民众意识、鼓吹宗教极端思想、煽动分裂、抵制改革、破坏制度、搅乱公共秩序的异端邪说的存在和渗透。我们始终坚持爱国、团结、文明、进步等带有中华民族文化积淀的社会意识形态和价值理念，保持同心同德、共同建设共同繁荣、共同奋斗共同发展的中华民族一体化的传统，张扬奉献、勤勉、创新、实干的中华民族的优良品德，坚定不移地跟共产党走中国特色社会主义道路。

任由宗教扩大化的事实和倾向存在，就会出现极端宗教思想钻空子把控群众、摆布民众的状况，从意识上削弱国家的权威性，削弱国家的话语主导权。同时，分裂势力也会乘机钻空子，他们诽谤社会主义制度，夸大改革开放进程中出现的问题，抵制国家制度、法规、政策的落实，借用宗教之口排斥异教、排斥异族，蛊惑人心，拉拢群众，割裂本民族对中华民族和国家的认同，甚至使用恐怖暴力手段，达到分裂的目的，这对国家、对社会危害极大。容忍宗教扩大化的存在和泛滥，是目前民族地区极端宗教思想活动猖獗、社会治安不稳定、多种问题频发的内在原因之一。

其次，不能再用鸵鸟式的处置方式默许宗教扩大化的泛滥，要公开地指出宗教扩大化对社会的危害性，并对宗教扩大化的部分，进行持续、有效的清场。不论是教育环境，还是人们的生活环境，需要恢复制度在场、法律在场的公共秩序，回归宗教的理性空间。

宗教必须按照国家政策的尺度活动，必须在国家规定的框架内存在，不可越界或擅自解释政策、法规的内容，更不能随意扩大宗教在场和宗教的职能，不得干涉国家制度的正常实施，不得变相削弱制度和法规的执行效率。严格禁止包括极端宗教等一些国外的教派思想向我国境内的渗透，保障我国现有的宗教教派的合法地位不受侵占，保护规定的宗教和信仰秩序不受破坏。

我们正在进行的现代化建设，具备吸纳民众进入体制的能力，具备引导民众自觉参与维护制度、参与改革的能力。因此，要制止宗教扩大化的蔓延和摧毁极端宗教的渗透，防止分裂分子借机活动，需要动员的不仅是国家力量，还有全体民众，包括动员合法的宗教组织等社会力量，使其积极参与到摆脱宗教极端的控制中来，参与到与宗教极端势力分清界限的行动中来，参与到自觉维护国家制度的落实、遵守国家法律的实践中来。

宗教扩大化，特别是极端宗教思想钻合法宗教空子的事实给我们的教训是：给公众对改革有所准备的机会和时间，未必与变革的"有效性"和改革的进度有关。改革中出现的间歇，不仅可以被用来为下一步的改革做积极的准备，同样也能被其他社会组织利用作为公开消减改革成果的机会。因此，改革中的任何时机和间歇都是不能松弛和放任的，特别是对意识形态领域的重视，是改革顺利、健康推进，提升改革机遇的关键。

再次，利用媒体公开地、正面地谈宗教与民族、宗教与文化的关系，公开地讲解公民个人的信仰自由与宗教组织职能范围的区别，从概念和宣传上树立起每个人的基本身份是国家公民的意识，让群众熟知公民的权利、责任和义务，了解自己在社会生活中拥有多重身份的现实意义。

国家制定个人信仰自由与宗教按照法规管理的两条线制度，是为了让公民与宗教、民族与宗教、社会与宗教之间，保持一个合理的距离。这对社会稳定、各种社会关系的平衡是有益的。

社会文化和政治机构之间的关系是辩证的。社会文化的关键性职能就是增加公共权威在人们心中普遍存在的相互信任。相反，社会文化中对公共权威的信任缺乏，将给公共制度的建立带来极大的阻碍。如果我们将宗教作为社会文化的一种内容，它现阶段的职能，更多的是提供"一般性的服务"职能，着眼于教化信众个人的修身养性。宗教与制度、法律、政策等的相互关系，就是帮助民众树立对政府机构的信任，自觉遵守和维护制度、法律、政策，为社会的发展尽义务，这与宗教的初衷是不相悖的。但是，随意扩大宗教的职能，或者超越了宗教的基本职能，触及民族、民众生活、制度、法律等层面，乃至刻意强化教民身份，甚至要用"净化教民身份"来摆脱信众对国家归属感、民族归属感的认知，促使教民放弃公民权利和义务，就会使宗教的职能转化成社会制度和优惠政策落实的障碍，成为国家制度的绊脚石。我们相信，这不是宗教存在的目的。

最后，强化自我管理的约束力，完善宗教管理的制度细则。

不是宗教活动的场合却有宗教在场干涉，不是宗教管的事务而来自宗教的意见却占据主导，以及地下讲经、外来教派的渗透等非法活动等，这些现象如果没有准确的是否合法的定位，就难以做到处置有力。而最有力、成本最低的社会建构就是制度的完善。因此，制定管理细则，并在合法的宗教场所张贴这些细则的明文规定，禁止非法宗教的渗透，就成为必要的措施。同时，信众通过制度细则也能明确修功的目的、范畴和内容，了解宗教与教民的关系，以及自己如何正当使用信仰自由权。

政府制度具有道德和结构两个范畴。道德需要有信赖，信赖则源于结构的稳定和有效，结构是否稳定和有效又取决于存在一个规范化和制度化的行为方式。创建政府制度的能力就是创建公共利益的能力，保障制度的通行也是保障民众获得公共利益的前提。公共利益是兼顾每一个个人利益的集合，制度是维护和促进公共福利和民众利益，以及维护国家稳定与社会平衡发展的保证。一个拥有高度制度化管理机构和程序的社会，才能更好地阐明和实现其民众的公共利益。公共利益是增强政府机构权威性的因素，它是民众的利益，也是政府机构的利益，是政府组织实现管理制度化所创造的结果，是民众最普遍接受和期盼的东西。

完善宗教管理细则，不仅是现代社会发展的要求，是制度的执行力度和执行畅通的补充，也是民众明确享用信仰自由权利的需要，体现的是制度利益与民众信仰需要的一致性。如果没有强有力的政府制度和执行通畅的制度体系，社会便缺乏确定和实现共同利益的手段，而任何破坏和阻碍制度通行的行为，不论它来自哪里，都是对民众公共利益的侵害。通过国家制度的落实，把社会、文化和法制的改革施行于社会，社会稳定、法制健全、公民平等的模式才是实现中国特色社会主义现代化的最有效模式。

伊斯兰宗教传统的现代调适

——以义乌穆斯林宗教实践为例[*]

马 艳[**]

近年来，中国传统穆斯林聚居区的社会结构和生活模式正在因地缘结构的解体或改变而发生较大的变迁，随之而来的是传统穆斯林族群的宗教文化向现代化的转型。这部分穆斯林作为独立的少数民族集团，与其固有的社会生活的整体环境构成了漫长的时代变迁和文化调试的历程，也是学者们长期关注的领域。然而，作为移民群体对当地主导性经济文化体系的适应，不仅形成伊斯兰宗教传统现代调试的重要内容，而且还具有典型的个体性和革新的意味。义乌穆斯林群体的宗教实践正是作为移民群体的穆斯林同义乌当地的主导性经济文化体系相接触，并参与到义乌经济转型期特定的多元文化的社会生活中，而最终形成的既不同于阿拉伯伊斯兰教也有别于中国新疆和内地伊斯兰教传统的文化特质。

事实上，义乌穆斯林以文化调试和适应为基调的宗教实践主要表现为它对传统的革新。其"文化适应"也正如20世纪30年代中期，美国社会科学研究理事会的文化适应研究分支委员会给出的一个权威性定义：当具有不同文化的各群体进行持续的、直接的接触之后，双方或一方原有文化模式因之而发生的变迁。[①] 此外，其革新并非外力所推进，而是基于义乌穆斯林群体在宗教实践过

---

* 本文原载《北方民族大学学报》2012年第3期。

** 马艳，中国社会科学院民族学与人类学研究所助理研究员。

① 陈庆德：《经济人类学》，人民出版社，2001，第442页。

程中自内而外的探索。其性质是在坚持伊斯兰教基本信仰原则的基础上，只关乎宗教仪礼及仪式实践方面的具体内容。因此，其结果也正如马通先生所言：凡属宗教仪礼方面的变革，多出于自身需要，也易于实现。凡是涉及基本信仰的变革，都受到了抵制，最终多以失败而告终，这在伊斯兰教史上也无例外地存在着。[①]

义乌穆斯林的宗教实践总体上出于对文化适应的需要，不仅观照到对当地大文化环境的适应，而且以合理地整合自身内部文化资源为目的。实际上，义乌穆斯林具有宗教革新的实践活动在很大程度上表达了作为一个移民群体的穆斯林最基本的生存需求，同时也奠定了具有义乌文化特质的伊斯兰宗教的底色。

一　中和的主麻日仪式

外来穆斯林最早进驻义乌是在 20 世纪 80 年代，当时的义乌还是一个名不见经传的小商品集散地。直到 2000 年，来往于义乌的穆斯林基本上以流动的行商为主，人数增长缓慢，居留地也相对不固定，穆斯林商人多自行选择宾馆饭店居住，并分别在各自居住地礼拜。据义乌清真寺统计：2000 年，义乌的外来穆斯林人数总计 260 人。从 2001 年到 2004 年，义乌外来穆斯林人数开始快速增长，到 2004 年 4 月广交会、义博会（义乌商品博览会）期间，周五来义乌伊斯兰教临时活动场所参加聚礼的人数已达 2000 多人。随后，义乌穆斯林人数开始一路飙升，从 2005 年到 2007 年 4 月广交会、义博会期间，周五参加聚礼的人数增至 7000 人左右。而从 2007 年至今，受 2008 年金融危机等因素的影响，义乌穆斯林人数增长较为平稳，周五聚礼人数基本保持在 7000～10000 人。

对于伊斯兰教来说，每个星期五的主麻日聚礼都是一个典型的为强化自然秩序、社会生活秩序和价值、强化群体与神圣密切联系，以及强化群体和个人信仰的祝福、祈祷和沉思的强化仪式。[②] 义乌清真寺的主麻日仪式不仅强化了信仰本身，而且通过仪式表达了一种中和的态度。其主要通过对仪式程序的变革、仪式演讲（呼图白和瓦尔兹）内容的选择，以及阿拉伯语的发音习惯和发音规

---

① 马通：《中国西北伊斯兰教基本特征》，宁夏人民出版社，2005，第 135 页。
② 金泽：《宗教人类学导论》，宗教文化出版社，2001，第 226 页。

则三方面来体现。

　　每周五主麻日仪式的基本程序从瓦尔兹①——30 分钟的汉语演讲开始，其内容通常以训诫为主，接着进入呼图白②——15 ~ 20 分钟的阿拉伯语演讲，其主要包括传统的仪式性内容，有时也增加时事的评论。之后正式进入礼拜程序。这是义乌清真寺主麻聚礼的一个标准程序，在某种意义上它既与内地清真寺的聚礼仪式存在差异，也有别于阿拉伯世界的传统。在中国内地，传统的方式是从瓦尔兹——15 分钟左右的汉语演讲开始，接着进入呼图白——5 分钟左右的仪式象征性的内容演讲，之后进入礼拜程序；在典型的阿拉伯国家，程序通常是从瓦尔兹——30 ~ 40 分钟的演讲直接进入礼拜程序。

　　细细甄别起来：从礼拜之前奏的时间来看，义乌清真寺基本在 45 ~ 50 分钟；中国内地清真寺一般在 15 ~ 20 分钟；阿拉伯国家一般在 30 ~ 40 分钟。从演讲方式来看，义乌清真寺分为瓦尔兹和呼图白两部分内容；中国内地清真寺也分瓦尔兹和呼图白；阿拉伯国家一般认为瓦尔兹＝呼图白＝演讲。从内容来看，义乌清真寺分两个语种演讲，主要目的是针对不同的群体：针对国内穆斯林的演讲集中于瓦尔兹，多以现实生活内容为题材；针对阿拉伯穆斯林群体的演讲集中于呼图白，内容多以阿拉伯地区清真寺瓦尔兹内容为参考，不仅有仪式象征性的内容，也涉及国际时事。中国内地清真寺呼图白大多限于仪式象征性的内容。阿拉伯国家的瓦尔兹（呼图白）是既包含仪式象征性的内容，也涉及现实内容的演讲。虽然仅仅是一些细微的差别，但却体现出义乌清真寺聚礼仪式对阿拉伯穆斯林和中国穆斯林宗教文化惯习的一种兼顾。

　　访谈人：马春贞，时间：2010 年 9 月

　　主麻仪式的顺序和细节我都会十分注意，通常要兼顾国外和国内穆斯林群体的不同需求。我会尽量去淡化一些特殊的宗教仪式，而采用大部分年轻人可以接受的方式。这是一个国际化的城市，必须具备国际性的文化特质及很大的包容性。我们的宗教仪式也要做到最大的包容，忽略细节和差别，寻求共同的东西。义乌最大的优点在于，年轻人很多，他们很容易

---

① 瓦尔兹，指劝导和向善的引导，另译作卧尔兹。

② 呼图白，是主麻日聚礼入拜之前的演讲，主要是劝化的内容。

接受新鲜事物，开始有人不习惯我的做法，但他们会观察周围的情况，发现大多数的人都能接受，他们很快也就会接受。当然，开始的时候，无论是国外还是国内的穆斯林都会经常找我探讨一些仪式细节的问题，这些问题基本上集中在我们寺与他们自己传统做法之间的差异，而这些差异往往在经典上是被允许存在的。所以，只要不超出经典允许的范围，我一般都会比较坚持我自己的做法。

在瓦尔兹的内容选择上，阿訇有时候可能会格外地注意使它达到两个层次的内容结构：其一，是寻求不同的文化价值取向背后不同族群文化和心理上趋于一致性的东西；其二，是在不同的文化之间寻求理解、互补、共生的逻辑。对于义乌的伊斯兰教仪式来说，瓦尔兹首先注重促进族群之间和睦相处的一种文化认同的功能，其次才是内容题材上的训诫和褒扬，而这一功能的实现首先需要群体对其内容本身达成一定程度的认同。

访谈人：马春贞，时间：2010 年 9 月

在演讲的内容上，我也会避免引起不同教派异议的内容的使用。训诫和赞词都有很多可选择的余地，我会选大家都关心的或比较实时的内容。比如关于伊斯兰教的禁忌、自然灾害，等等。我每次准备瓦尔兹和呼图白，都要花较多的时间，这两部分我经常会准备不同的内容，而且因为义乌的外国穆斯林占大多数，我会特别关注阿拉伯国家清真寺里讲过的内容，还会在网上留意它们的实时性和发生的变化。总的来说，这样做的效果非常好，这里的外国穆斯林都反映很有亲近感，跟他们自己国家的差不多。聚礼后，他们常常会跟我进行讨论，有时也会给我提很好的建议。这样让我觉得有必要更加认真地去准备。

除此之外，在义乌清真寺礼拜，你也很难听到像中国内地清真寺那种诵读《古兰经》的惯用语调——悠扬婉转，仿佛戏曲腔调般的一种长音。这种具有特殊表现力的发音源自阿拉伯语音"汉语方言音位化"的一个特点，典型的如中国格底目派的穆斯林大多采用汉语的音位，按其所居地区的方言音位诵经，甚至有如单音节语诵读汉语古文的语调。① 义乌清真寺领拜的阿訇使用的则是更为标准的阿拉伯语的发音及措辞，缺乏戏剧性的表

---

① 冯今源：《中国的伊斯兰教》，宁夏人民出版社，1996，第 830 页。

现力，但确是一种更趋于国际化标准和要求的诵读《古兰经》的方式。同样开放的广州的清真寺，其诵读的方式仍多采用中国内地清真寺传统的发音习惯和发音规则。据反映，有很多广州当地的阿拉伯穆斯林参加聚礼时不知阿訇们所云为何，因此难以认同。但在义乌，情况恰恰相反。

访谈人：马春贞，时间：2010 年 9 月

我一直都用学校学过的纯正的阿拉伯语的发音。通俗一点说，就是阿拉伯语普通话。国内过乜贴、念赞词一般都带有旋律，西北的呼图白要拉长音，陕西有秦腔感、北京有京剧感、新疆有新疆腔。阿拉伯人很认真，如果他们认为你念错了，（聚礼）下来后就会直接给你纠正，如果用带有旋律的音调诵读，他们会觉得可笑。我的发音，有阿拉伯人反映，他们时常会觉得是阿拉伯人在领拜。

访谈人：伊朗人，男，贸易公司老板，时间：2010 年 9 月

我觉得阿訇诵读（《古兰经》）和我在国内听到的差不多，在这儿做礼拜有时很少感到跟在家有什么不一样，大多数时候我们会和朋友约好一起来，有时会在回去的路上一起讨论阿訇当天的呼图白。

访谈人：叙利亚人，男，贸易公司老板，时间：2010 年 9 月

有时候，阿訇的呼图白是我们阿拉伯国家的内容，一听就知道，他诵读的腔调也差不多，所以我听得很习惯。我很喜欢周五来清真寺，因为听得懂阿訇说什么。我在广州呆过，广州好像不这么容易，清真寺离我住的地方很远，而且即使去了也听不懂阿訇说什么。

宗教仪式是集体获得和维护共同的社会生活价值的一种最为直接的方式。正如杜尔凯姆所说：宗教的生命力不在于它的神圣启示，而在于它体现的社会核心价值。而这种核心价值的体现是通过无形的观念（信仰）和有形的行为（仪式）的强制性的要求而实现的。[①] 在这个意义层面上，义乌清真寺具有文化中和意味的主麻日仪式，表现出更为主动地冲淡义乌穆斯林群体内部文化差异的意识。通过仪式不仅加强了信徒和神灵的关系，而且也加强了每个信徒与社会组织，以及信徒与信徒之间的关系。

[①]　金泽：《宗教人类学导论》，宗教文化出版社，2001，第 86 页。

二 独特的宗教惯习

在世界各大宗教中，通过宣礼员的呼唤宣礼算得上是伊斯兰教独特的仪式制度。不同于其他宗教通过器乐等的发声传递召唤礼拜的信息，如教堂通过钟声、藏传佛教使用特制的喇叭。因此，伊斯兰教有自己独特的宣礼仪式和宣礼制度，且无论是阿拉伯国家还是中国国内，普遍通行的方法都是选择音色高亢、圆润，发音标准的男性穆斯林担任宣礼员，而且一旦其宣礼被大众所认可就会相对固定。至于宣礼的方式，伊斯兰教经典却没有统一定式和风格的要求，因此世界各地的宣礼基本上都是宣礼员按照自己的方式来进行。

中国国内和阿拉伯国家在宣礼仪式上的主要区别在于：国内的宣礼通常是宣礼员念两遍宣礼辞，而阿拉伯国家则有单念的传统，一般只念一遍宣礼辞。此外，国内外一般都采用相对固定的宣礼员，并形成成文或不成文的制度。相比之下，义乌一直采用阿拉伯国家单念宣礼辞的做法。而在宣礼员的任用上，2005 年之前，主要采用独特的轮换制，即随机轮换不同的宣礼员，其中有些是毛遂自荐，有些是通过别人推荐的；2005 年之后，开始采用相对固定的宣礼员宣礼，但轮换制仍旧并行，如有自荐或推荐的也可以随时任用。

采用阿拉伯国家单念宣礼辞的做法，主要是因为一直以来，义乌的穆斯林都以外国穆斯林为主，最初的礼拜点也是外国穆斯林自发筹建的，因此这种习惯也是对之前传统的沿用。对此，也有个别中国穆斯林对此有过微词，但终因不涉及经典定式而一直沿用至今。至于宣礼员的轮换制虽然是义乌清真寺独有的惯习，但也并非出自阿訇的主观定制，而是偶然形成的一种惯习的沿用。

义乌采用随机的宣礼员，主要是因为义乌有得天独厚的条件。首先因为义乌汇聚了世界各地的穆斯林，他们中间不乏非常优秀的宣礼员，而且阿拉伯人十分热情，也喜欢展示自己的才能和自己的文化特色，因此毛遂自荐的人很多，实际上他们的宣礼确实也很优美，常常给人以美的享受，同时也传递出不同的文化信息；其次由于义乌穆斯林的流动性很强，很多优秀的宣礼人才因为各种各样的原因不能长期担任这项工作，比如：义乌清真寺曾经任用过一位叙利亚宣礼员，他是信众评价较高的一位，但只担任了几个月就回国了。久而久之，义乌清真寺的宣礼成为一个独特的文化标签，人们习惯于听到世界各地不同文化特色的宣礼，渐渐认同了这样一种方式，以至于在 2005 年之后虽然有了相对固定的宣礼员，但仍会时不时采用轮换的方式。与此同时，大众也开始认为这是一种文化交流的方式，通过不同地域文化的宣礼员的参与，建立一种积极地参与清真寺活动的态度和观念，而同时也使得汇聚义乌的世界各地的穆斯林得以打开眼界，通过宣礼这扇"窗口"对丰富多彩的伊斯兰文化有一个初步的认识。

与独特的宣礼制度异曲同工的还表现在义乌清真寺的斋月仪式——封印《古兰经》上。本来封印《古兰经》是斋月的一种传统做法，因为通常认为《古兰经》是在斋月下降的，因此斋月又被称为《古兰经》的月份，穆斯林也都习惯于在斋月里通读一遍《古兰经》，有人甚至通读两遍或三遍。因此很多清真寺都会带领信众封印《古兰经》。义乌清真寺已经连续三年在斋月里封印《古兰经》，但与国内大部分清真寺不同，义乌清真寺封印《古兰经》都是选用能够通背《古兰经》的穆斯林来进行。据马阿訇介绍，在国内能够通背《古兰经》的人才较少，主要集中在新疆地区，而国外通背《古兰经》的人才相对较多，由于义乌的外国穆斯林较为集中、人数众多，因此在义乌找到这样的人才并非难事。从 2009 年开始，义乌清真寺连续三年实行了斋月封印《古兰经》的传统：第一年任用的是一位外国穆斯林，之后的两年任用的是我国新疆的维吾尔族穆斯林。由于义乌得天独厚的文化条件，不仅义乌的清真大寺，个别小礼拜点也有条件在斋月里任用通背《古兰经》的人封印《古兰经》，如红楼宾馆礼拜点和樊村礼拜点，诸如此类外国穆斯林集中礼拜的礼拜点，基本上能够很好地沿袭这一在穆斯林信众心目中至为神圣的传统。

这些因先天的文化条件而形成的宗教惯习虽然可能极为细微，但它却能很好地诠释义乌伊斯兰文化的特殊内涵和先天优势，是世界各地以及中国国内极具特色的宗教实践内容。它的形成不仅是文化汇聚与交流的自然结果，是世界伊斯兰文化集中浓缩的产物，而且也更进一步丰富了世界伊斯兰文化的内容和形式。

三 教派格局与观念

一直以来，关于义乌穆斯林群体的研究都面临着群体数量、文化构成、地域来源以及教派类别等实操性的量化难题，因此当地人们戏称义乌的清真寺为

"万国清真寺"。虽是戏说，却凸显对义乌穆斯林群体现状清醒而准确的认识，足见其构成复杂、派别林立的局面。笔者在相关宗教实践的调研中确实也切身感受到教派问题的棘手。然而综观整体，义乌穆斯林群体的教派格局的基调为共存杂处，却依然保持了明晰的界限，较少互动与融合；教派观念却又明显地表现出特定宗教生态氛围中的地域性变化和特点。总的来看，义乌的教派格局主要集中为伊斯兰世界文化及中国伊斯兰文化范围内宏观的派别层级关系，而信众的教派观念又基于以商人为主的群体构成，体现出更具务实精神和现实地域文化的基调。

概括地来看，义乌的教派格局为伊斯兰教世界教派文化和中国教派门宦分化之整体关系的一个微缩景观。而这一整体文化格局的形成，正如丁士仁在其《中国笋尼派溯源》及《中国穆斯林门派划分的新视角》两篇文章中的精辟概括：伊斯兰教自公元 7 世纪在阿拉伯半岛兴起以来，在不到一个世纪的时间内，以迅猛的势头传遍了东迄中国、西至西班牙的大半个世界，随即在北非、西亚、中亚和南亚的辽阔大地上形成具有浓郁伊斯兰特色的文化圈。这一文化圈的底色和基础是统一的宗教信仰和意识形态，因而既有非常顽强的生命力和相当坚实的防御性，同时在其内部具有很活跃的流动性和迅速的感应性。往往一波思潮兴起，荡起浪涛，引起圈内思想的涌动，形成一种思想特质的文化层面；另一波思潮涌起，浪涛再度席卷，覆盖前一个层面。随着各种思潮的风云迭起，文化特质不断地被覆盖，这样，多层次的文化积淀相继形成。加之各种思潮在不同的地区兴起，影响范围的大小不等，在统一的文化圈中形成层次不同、大小不一的文化板块，它构成伊斯兰教文化的多元统一局面，即文化圈内既统一又多彩的色调。

伊斯兰教文化圈经历了几次大的板块变迁以后，基本上奠定了内部的格局。其中影响最大的当数"什叶派"和"笋尼派"（另译作"逊尼派"）两大阵营的出现，然后分别在两大阵营中逐级分化为小的板块，如什叶派内部出现"伊玛目派"、"宰德派"和"伊斯玛仪派"的裂变，笋尼派内部四大教法学派的分化，以及艾什尔里派和玛突勒迪派的形成。所有板块或大或小，在地域上以片状形式存在，鲜明地构成了多层次的文化板块，我们不妨将它称作伊斯兰教"次文化板块"。[①]

① 丁士仁：《中国笋尼派溯源》，《伊斯兰文化》第四辑，甘肃人民出版社，2011，第 109 页。

中国的穆斯林派别观念，始于 18 世纪苏非教团的传入，其后一再强化，遂自身分门别派。到 20 世纪末，为数不多的中国穆斯林自觉不自觉归属于几十个大小不等的门派。丁先生继而提出目前较为科学和严谨的分法应该是"三大教团，四大教派"，其三大教团指目前存在的三个主要教团：奈格什班顶耶、嘎迪仁耶和库布仁耶；四大教派指格底目、门宦、伊赫瓦尼和赛莱芬耶。[①]

由于义乌穆斯林群体的来源不仅涵盖了世界上主要的穆斯林聚居区以及国内主要的穆斯林聚居区，甚至还包括了散居于世界各地及国内各省各地区的穆斯林，如欧美的穆斯林移民、国内东南地区的穆斯林。因此，义乌的穆斯林群体作为承载了从国外大的伊斯兰文化圈到小的伊斯兰"次文化板块"，及国内各教派门宦宗教传统和文化的载体汇聚于义乌，在从事商贸活动的同时，依然坚守着自我的宗教实践，由此也就使得义乌的伊斯兰教派形成一种"文化拼盘"样式的大格局——共存杂处、互不融合。不过，随着伊斯兰教在义乌的不断深入发展，"文化拼盘"的内部也发生了某种程度的分化：以外国穆斯林为主体的群体多以保持自己的宗教实践和局限于特定地域文化范畴的宗教活动为特色，表现出客居群体的谨慎心态，通常不参与其他群体的活动，也不轻易邀请其他群体参与自己的活动；而中国穆斯林群体相对更易打破地域文化和宗教传统的界限，展开彼此的互动和交流，形成商业信息上的沟通和生活领域内的互助，并在此过程中达成彼此教派观念上一定程度的认同和包容，不过在宗教文化的惯习上仍旧保持各自的特色，较少产生实质性的融合。

在以上教派格局的整体框架下，具体到细微的宗教实践中，教派观念又是如何体现的呢？毕竟关于教派的划分，归根结底是以其对教义教法的理解和实践之别为基础，因此，教派就是对教义和教法的理解和实践出现差异而产生的、有系统理论和社会影响力的穆斯林群体和组织。[②] 各具鲜明差异的教义教法指导下的派别观念，在崭新的整体大宗教文化背景环境下，其真实的存在状态又如何呢？对此，笔者进行了大量的访谈和细致的调研。

---

① 丁士仁：《中国穆斯林门派划分的新视角》，《不同而和》，建道神学院出版，2010，第 181 页。
② 丁士仁：《中国穆斯林门派划分的新视角》，《不同而和》，建道神学院出版，2010，第 181 页。

访谈人：回族，男，宁夏人，义乌某小礼拜点阿訇，时间：2010 年 4 月

义乌有这么多穆斯林，当然有教派问题，但教派问题基本上都不是什么大问题。这儿有逊尼派，也有什叶派，什叶派不来寺里做礼拜，他们自己礼拜。但这不影响逊尼派和什叶派成为老板和员工，或是成为客户和翻译。他们都是来做生意的，尤其是在国外，他们更希望的是能顺顺利利做生意，平平安安回国。而且，主麻日在寺里礼拜的人，除了朝向是一致的，仔细观察的话，能发现很多人礼拜的细节动作不一样，但这种不一样的情况太多了，就没办法去深究了。所以越多样越容易统一。而如果能在清真寺里统一，在市场里就更没有理由不统一了。

关于教派观念，笔者通过两种途径的调查得到了宏观和微观两个不同视角的结论。前一种途径是通过义乌诸多宗教从业人员的工作实践和总结，后一种途径则是建立在大量的针对穆斯林民众的访谈和多次参与群体聚会及集会所做观察的基础之上。

通过汇总和综合，前者的结论基本上可以概括如下：第一，义乌的穆斯林大都是来自于不同地区、国家和族群的外来穆斯林，相比之下，来义乌的中国穆斯林精英层，宗教修养和文化层次都较高，包容性也较大，集中在义乌主要是为了做生意，因此大多数不提倡教派之分。而外国穆斯林由于客居身份的特殊性，以及相同的追求经济利益的诉求，也具有很强的包容性。第二，来义乌的青年穆斯林占比较大，因此他们往往不同于地方上的乡老在教派问题上所存有的固守思想，而且通过长期与大量的国外穆斯林的接触，也使他们在举手投足间更注意各自所代表的地域及派别的形象，往往更趋于认同穆斯林的共性，且主动放弃了很稀少的地方性的传统。第三，在清真寺受过教育的人，虽然可能对某些现象和文化习惯看不惯，比如：戴不戴帽子的问题，在礼拜场所抽烟的问题……但在义乌较为复杂的整体宗教文化背景下，他们也能区分哪些是信仰中重要的部分，哪些是次要的，而对细枝末节的小问题采取弱化的态度。

从后一种途径，笔者更多感受到同一派别群体内部认同感的加强，比如：相同派别内的个体之间可能会习惯平时在一起礼拜，制造更多的沟通、见面、吃饭等的聚会。但这样的聚会更多的时候局限于个体之间，或小范围内，常常可能是弱化了宗教的意味，而更多出于生意上的联络及生活上的关照。然而，与此同时，一些不可忽视的客观原因的存在也在某种程度上减弱了教派群体的派别认同意识。其一是义乌穆斯林群体往往具有地域性与教派派别交叉存在的状况，比如：两个同教派的人不是来源于同一个地区，他们接触或相识的概率就会降低；而来源于同一地域的两个不同派别的穆斯林，可能因为同乡的亲近感而弱化了派别的排他性。其二是外国穆斯林群体与中国穆斯林群体的派别划分在分类体系①上存在较大的差别，这也在一定程度上冲淡了派别的认同感。因此，大范围的具有相互认同感的派别群体存在的可能性也就在无形中大大地降低了。

综上所述，从两种调查途径的情况来看，义乌穆斯林的教派问题基本上处于一种彼此承认、彼此淡化的情境。

访谈人：回族，男，西安人，贸易公司翻译，时间：2010 年 7 月

有一次，我跟一个客户出差，到了礼拜的时间，他先去洗，我在外面等着。没想到他洗得那么快，他一出来，我禁不住惊奇地问："怎么那么快……"我的话还没完，他就很干脆地回答我："我是什叶派。"我当时什么也没再说。事后，我们各自礼各自的。这是件很自然的事。

访谈人：回族，男，山东人，贸易公司翻译，时间：2010 年 5 月

我的老板是什叶派，他从不去清真寺，但我去清真寺做主麻他从不说什么。我们相处得很融洽，说实在的，如果在家乡，根本不可能这样，但在义乌就会感觉很平常。我们不仅相安无事，而且他对我还挺不错。

访谈人：约旦人，男，贸易公司老板，时间：2010 年 10 月

我们出来的商人，一般都不太会在意那个（教派问题）。义乌做生意的环境很好，我们生意人最需要这样安定的环境，所以我们最不希望出乱子，或是不团结。

---

① 阿拉伯穆斯林派别的划分主要是政治原因，或是教法理论方面的分歧。而中国穆斯林派别的划分主要不是从教法学理论的意义层面进行划分的，也不是政治主张上的不同，主要是因在宗教修持或具体宗教仪式上的差别产生分歧而进行划分的。

访谈人：伊拉克库尔德人，男，贸易公司老板，时间：2010 年 7 月

我们在国内属于不同的政党（伊斯兰政党和库尔德政党），因此，严格地说，我们内部的问题是政治问题也是民族问题，但这些都不影响我们来义乌和其他穆斯林做生意，这是两回事。

实际上，根据以往对穆斯林移民的相关研究来看，义乌穆斯林群体的教派观念具有一定的普遍性，在国际穆斯林移民的研究案例中也有类似的表现。如有研究表明：美国的穆斯林移民无论是什叶派、逊尼派还是苏非神秘主义，都相处融洽、相互支持和帮助，其原因可能是他们生活在基督教文化环境中，为保持宗教的独立性以及生存需要而采取求大同存小异的做法……①对于义乌的穆斯林来说，义乌的整体文化环境也具有显著的异质性，因此相对于外界，穆斯林群体内部同样也会采取求同存异的态度，以生存需要为第一要义和主要目的。

除此之外，从宗教管理的角度来看，义乌清真寺也严格地遵守伊斯兰教法的规定②，以最大程度加强穆斯林群体的整体认同感。类似的做法在中国内地的清真寺并不少见，比如：青海的东关大寺，由于其所具有的宗教地位，而使得周边寺都能够遵循主麻聚礼日来东关大寺聚合的规则。因此，义乌清真寺也有类似不成文的规定，即：主麻聚礼日以及所有会礼日，义乌穆斯林群体都应该自觉到共同的宗教活动场地——义乌清真大寺进行宗教活动，其他小礼拜点也都必须遵守。

义乌穆斯林群体的教派格局兼有国际伊斯兰文化圈、次文化板块及国内派别门宦共存杂处的特点，彼此在宗教信仰上注重保持自己内部的认同，相对独立和保守，较少互动与融合，形成类似于"文化拼盘"的整体格局。与此相反，其派别观念和派别意识在群体迁移的过程中却更易发生某种程度的改变。一方面，当群体移入义乌时，其大宗教意识就会自然而然地被唤醒和强化，以加强本宗教内部的认同和明确与义乌当地人及他族的界限，这使得义乌穆斯林群体整体的自我认同不断地加强，而派别意识相应地弱化；另一方面，经济结构的

---

① 白友涛、尤佳、季芳桐、白莉：《熟悉的陌生人——大城市流动穆斯林社会适应研究》，宁夏人民出版社，2011，第 192 页。

② 《古兰经》"聚礼章"对主麻聚礼有明文规定。

改变，尤其是经济活动方式的重大改变，突出表现为随着贸易经济的成熟而不断加强群体间的协作与互动，这些都必然导致群体生活方式在某种程度上的改变，而生活方式中恰恰包含着从"母体"文化中习得的某种具有传承性的教派观念和教派意识。

总的来说，义乌的伊斯兰教在思想和教义上表现出极大的开放性和宽容度，在宗教仪式上凸显一种鼓励文化交流和融合的态度。前者指只要以《古兰经》和圣训为信条，无论是哈乃斐还是罕百里教法学派或者是苏非主义思想等，只要是一家之说，都以折中调和的态度兼容并蓄。例如：主麻聚礼时，阿拉伯穆斯林大多只礼"主麻"拜，即礼六拜后就离开，而中国穆斯林大多除"主麻"拜还要礼当天晌礼的十拜。关于这一点，义乌的清真寺则主张各自遵循传统，为此并没有发生过教争。而后者呈现的正是义乌伊斯兰教在宗教实践中的创新之处，比如：义乌清真寺独具特色的宣礼制度，不仅使来自不同国家和地区的优秀宣礼员得以参与，而且使义乌清真寺的宣礼呈现不拘一格、多元文化纷呈的特色，既增添了文化交流的色彩，又最大限度地满足了广大信众的需求和喜好。

从中国伊斯兰教发展的历史来看，义乌穆斯林的宗教实践是具有革新意味的。综观中国一千三百多年的伊斯兰教史，重大的革新多是受世界伊斯兰思潮的影响自外而内产生的。明中叶（16世纪）以前的近千年，伊斯兰教的宗教实践几乎没有宗教创新可言。并非伊斯兰世界的派别、教团等的影响没有传入中国，其根本原因是由伊斯兰教传入中国的特殊历程决定的。这一时期，穆斯林从经商的外国侨民、被征服的移民，转变成为真正的中国公民；从各种不同民族的穆斯林，形成单一的回回民族；从"客户""编民"，到主户。这无疑是一个大的变革。在这一大变革中，由于他们所处的社会地位和从事的带有强制性的职业，决定了他们信仰的宗教及其活动在他们社会生活中的地位，是不可能也不允许从事教派活动的。① 由此可见，这一时期中国穆斯林的宗教实践是以"教义不彰，教理不讲"而保全自身为主要特点的。中国伊斯兰教的重点变化从明中叶之后新疆的依禅派及其教团的形成开始，至清初甘宁青地区四十多个门宦的形成为显著标志。新疆伊斯兰教的变化主要源于地域因素及察哈台后裔政

① 白寿彝主编《中国回回民族史》，中华书局，2003，第401页。

权的分裂和衰败。而甘宁青地区的伊斯兰教的重大变革，一方面源于新疆的影响，另一方面源于阿拉伯地区伊斯兰教世界教派分化运动的影响。尤其是康乾两代，海禁开放，国内的很多穆斯林得以出国朝觐，如马来迟、马果园、马文泉等就是在出国朝觐、留学回国后创建了宗教派别。因此，这一时期的宗教革新以被动地接受外来伊斯兰文化的影响为标志，并以小的教义和礼仪方面的差别而分化裂变出诸多的宗教派别为主要特征。这一时期伊斯兰教在宗教实践中所发生的变革一直影响至今。相比之下，义乌伊斯兰教的宗教革新是一次自内而外为适应特定宗教文化环境而进行的。它以文化的交流与融合为主要出发点，最大限度地冲淡了教派之间在教义、礼仪方面的分歧，并通过特定的宗教仪式的实践来强化这一特点。虽然它的革新内容本身可能微不足道，但却昭示了伊斯兰文化一个新兴的面貌。

中国赛莱菲耶的发展历程[*]

杜 娟^{**}

　　赛莱菲耶是阿拉伯语"Salafiyyah"的音译，源于阿拉伯语"赛莱夫（Salaf）"，意为"祖先的、始祖的"，或"前辈""先辈"。该词源于9世纪伊斯兰法学家伊本·罕伯理提出的以"廉正的先贤"的言行为行教根据的言论。"廉正的先贤"是指先知穆罕默德时代、再传弟子时代、三传弟子时代的名人和学者，简称"三代先贤"或称"前三代"。后来便将在宗教问题上主张严格按《古兰经》和"圣训"规定行教的人称为赛莱菲耶，有"遵古崇正"的意思，译为"遵古派"。

　　"赛莱菲耶"思想出现在10世纪。当时，阿拉伯帝国的第二个世袭王朝阿巴斯王朝已处于衰落期，法蒂玛王朝在开罗、布韦希王朝在巴格达掌握政权以后，政治斗争十分激烈。表现在宗教上，逊尼派、什叶派以及逊尼派内部各学派间在思想领域的斗争日趋激烈。当时在伊拉克出现了拥护伊本·罕伯理学说的一批人，他们要求严格遵守《古兰经》和"圣训"，恢复伊斯兰教法和伊斯兰道德准则的本来面貌。一时间，在社会上引起很大反响，遭到布韦希王朝的打击和镇压。12世纪前后，哈里发国家四分五裂，统治集团腐败无能，内讧不已，社会矛盾日趋尖锐，外来侵略乘虚而入。1096年十字军开始入侵中东；1258年蒙古帝国西征军占领巴格达，处死阿巴斯王朝的哈里发，阿拉伯帝国灭亡；西欧基督教联军已发动收复西班牙半岛的战争，大败

---

　　* 中国博士后科学基金第53批面上资助项目，项目编号：2013M530824。
　　** 杜娟，中国社会科学院民族学与人类学研究所助理研究员。

穆瓦希德王朝的军队。内忧外患使伊斯兰世界人民处于苦难之中，中央政府的衰败使伊斯兰教失去了统一的精神支柱和象征，导致了作为统一法治的教法的衰落。于是苏非主义从消极方面反映了人们对现实的不满和绝望情绪，用逃避现实的思想将处于社会下层的虔诚穆斯林群众吸引到各种教团中来，这等于从官方手中接过伊斯兰教旗帜，使其成为民间宗教。伊斯兰教通过苏非主义广泛传播的同时，印度教、祆教、基督教以及新柏拉图主义等反伊斯兰一神论的思想也通过苏非主义的渠道渗入伊斯兰教。苏非主义者提倡修道、崇拜道祖，寻求人神之间的中介，追求遁世潜修，静坐冥想，甚至提倡《古兰经》明文反对的"出家"。悲观厌世、消沉懒惰、托钵行乞的现象盛行，各种扎维叶、麻扎代替了清真寺的作用；苏非主义的穆尔施德（导师）、谢赫、卧里代替了教法学家和法官，参加各种苏非主义纪念活动和寂克尔聚会代替了正统的宗教功课和在清真寺内的学习和敬拜活动；而那些既不受教法约束、未参加苏非主义门宦的官吏和社会上层，文恬武嬉，追求声色享受，过着纸醉金迷的生活，对伊斯兰教和国家的命运以及广大社会下层的疾苦漠不关心。于是伊斯兰社会被忽视劳动、不事生产、消沉怠惰、战乱饥荒、追逐私利甚至道德沦丧等弊病所困扰，伊斯兰教早期所具有的纯朴和积极入世的教义已被各种不同倾向的苏非主义说教和崇拜所取代。伊斯兰世界陷于涣散、消极不振之中。在这种社会背景下，赛莱菲耶思想产生了。

18 世纪中叶阿拉伯半岛兴起的瓦哈比运动，被认为是近代伊斯兰教"托古改制"思潮的始祖。从一定意义上讲，瓦哈比运动其实就是罕伯理教法学派的复兴运动。罕伯理是产生最晚的教法学派，也是最严格遵循经训原旨的一派，一向被认为是"保守的复古派"。该学派主张一切事务皆应以《古兰经》、"圣训"为准则，纯洁信仰，反对崇拜圣徒、圣陵和圣物，反对苏非派对伊斯兰信仰和经训的解释。严格履行教法教规，严禁烟酒、赌博、淫秽、音舞，禁止妇女抛头露面、穿戴华丽服饰等有损伊斯兰教精神和背离教法的做法。

中国伊斯兰教的产生和发展与伊斯兰世界各种思潮和运动关系密切。19世纪后期开始，伊斯兰现代主义、新传统主义、新苏非主义等思潮纷纷出现，这些新的思潮被中国朝觐者、留学生、学者和媒体介绍到中国。伴随着罕伯理教法复兴思潮的兴起，国内一些去麦加朝觐过的穆斯林因受罕伯理教法的影响，加之哈乃斐教法在中国的变化，认为应该在国内穆斯林中大力宣传罕伯理教法，使穆斯林回到《古兰经》、"圣训"中去。在这种背景下产生了作为我国伊斯兰教教派之一的赛莱菲耶①。20 世纪 30 年代赛莱菲耶出现在甘肃临夏等地，70 年代末逐渐在西北各地传播。中国的赛莱菲耶受沙特瓦哈比的主张影响而形成。因在礼拜时抬三次手，所以有"三抬"之称。② 从其渊源上看，与伊赫瓦尼同属一个宗教学派，但后来从伊赫瓦尼派中分化出来，在发展中形成了自己的宗教特点和宗教制度，最终成为一个具有中国特色的独立的伊斯兰教派别。

一 "苏派"与"白派"之争

19 世纪 30 年代，现代沙特王国的建立者阿卜杜勒·阿齐兹·伊本·沙特吸取了第一、第二沙特王国灭亡的教训，改变了瓦哈比派的一些过激行为，对先知、先贤陵墓的拜谒表示一定程度的宽容，并对社会进行改革，改革的内容可归纳为两点：其一，以瓦哈比教义为旗帜，组织"伊赫万穆瓦希德"（敬奉唯一真主兄弟会），以此来建立和组织农耕区，力促游牧民定居；其二，把定居点作为瓦哈比派的布道据点，运用注入政治内容的瓦哈比教义"净化"和统一游牧民的思想，逐渐割断牧民与部落的关系，克服牧民的无政府主义，从而达到国家统一和民族融合的目的。③ 同时，沙特政府在世界各国穆斯林来朝觐期间派专人在汽车站、飞机场、航运码头等地发放关于宣传瓦哈比教义的资料，通过这种方式，瓦哈比思想向全世界传播。

1934 年阿拉伯人散以吉·布华拉来青海西宁传教，宣讲瓦哈比耶，并将教义登载报刊，进行宣传。同时与马步芳信任的阿訇建立密切关系，并在这些人

---

① "赛莱菲耶"在阿拉伯语中表示属于赛莱菲的一种主义、流派、方法、道路，所以"赛莱菲耶"后不需加"派"字。关于中国的伊斯兰教教派问题，长久以来争论不休。一些学者认为，赛莱菲耶是伊赫瓦尼的一个分支，不是一个独立的派别；另有学者认为赛莱菲耶与伊赫瓦尼属于不同的教法，所以是独立的派别。有"三大教派"、"四大门宦"和"四大教派"、"四大门宦"的争论。

② 三抬手是指礼拜开始念大赞词时举起双手，对准两肩膀，抬一次手；鞠躬前抬一次手；鞠躬起再抬一次手。学者普遍认为，"三抬"是在 20 世纪 70 年代前的叫法，70 年代后，改为"赛莱菲耶"。事实上，西北地区穆斯林至今仍习惯称其为"三抬"。

③ 彭树智主编《阿拉伯国家史》，高等教育出版社，2002，第 369 页。

的引荐下，深得马步芳的宠信。在散以吉·布华拉的宣传和鼓动下，马步芳不惜十万大洋，委派专人到阿拉伯购买《如海尼·默阿尼》百万册，发送给甘、青各大清真寺。后来经过临夏祁明德阿訇的论证，认为这是瓦哈比耶的经典，马步芳闻讯后立即下令收回并销毁该经书。散以吉·布华拉也因此离开西宁。尽管经书销毁、散以吉·布华拉离开，但是新的思想还是对部分阿訇产生了影响，他们开始对伊赫瓦尼的某些主张表示怀疑。

1936 年，青海省主席马麟①带领的朝觐团从青海赴麦加。随行人员中的马得宝、马正清等人在麦加谒见了沙特玉苏悟吉和瓦哈比耶的接待人筛海·艾卜·董拉希，并且马得宝拜筛海·艾卜·董拉希为师。回国时，他们瞒着马麟等人，带回了瓦哈比耶的经典著作。② 回国后，马得宝潜心研究瓦哈比派的经典著作，搜集了很多证据。同时，开始与马正清在信奉伊赫瓦尼的群众中宣传新的宗教思想。他首先以身作则，恪遵圣行，留起垂肩长发，奉行前三辈人干办，每日五时拜中入拜三抬手。当时，群众称呼这个新起的学派为"白派"或"三抬"。称"白派"，是因为该派早期主要传播人马得宝的祖籍在甘肃广河县河黄赵家白庄；称"三抬"，是因为该派在礼拜中连续抬手三次，不同于其他教派抬手一次。从此，伊赫瓦尼分为苏、白两派。苏派以临夏广河三甲集尕苏个为首，对马果园的宗旨奉行不渝，称为"苏派"或"一抬"，属于多数派。"白派"积极在群众中宣传，并与"苏派"的阿訇进行探讨、争论。

赛莱菲耶传播初期，信从者不多，受到各教派、门宦的反对，被视为"外道""邪教"，加以抵制。新疆著名的伊斯兰宗教学者、乌鲁木齐二十三坊穆斯林公举为全疆回族总掌教的马良骏大阿訇，在他的著作《清真撮要志》中，提出尖锐的批评："至于麦克天方国，麦地那圣陵国，目下被宛哈弊之徒占据，宛哈弊者乃表面虽谓'穆思里麻尼'，其实新立旁门之教也。……畅行异端，创立邪说，败坏清真教之箴规，反背圣人之模范，纵身嗜欲，循己之偏见。"诸如此

① 马麟，执政期为 1933 年 3 月~1936 年 6 月，是使伊赫瓦尼教派得到推行和发展的主要人物。
② 马通：《中国伊斯兰教派门宦溯源》（1995）中认为带回了三本经典，分别是筛海·艾卜·董拉希的《伊斯俩目助有什》、穆罕默德·艾米尼著的《海牙真理古鲁比》、胡赛尼著的《满克塔勒海》。勉维霖主编的《中国回族伊斯兰宗教制度概论》（1997）中认为除了上述经书外马得宝还带回《布哈里、穆斯林圣训集》和艾布·达伍德、铁密济、奈萨义、伊本马哲诸家的《圣训集》以及《努海白亚尼》（《古兰经》注释）。

类的攻击并不少见。① 国民政府借口防止引起教派纷争，也横加干预，在四面楚歌之中，赛莱菲耶的传播被迫中止。

二 白派的"八个问题"：赛莱菲耶公开传播

新中国成立，政府贯彻执行宗教信仰自由政策。以马得宝为首的白派阿訇以临夏八坊的新王寺为立足点公开传播赛莱菲耶。"到 1950 年 4 月，八坊十二个伊赫瓦尼寺中，就有新王寺、祁寺、北寺、尕南寺、铁家寺、木厂寺、韩家寺等七个寺的开学阿訇和一些群众，表示拥护白派"②。"分别在各清真寺宣讲《圣训》中的主要教律和礼仪，实际即瓦哈比派学说"③。同年 6 月，马得宝等人又召集八坊的十七个较有影响的伊赫瓦尼阿訇座谈，讲经论道，取得多数阿訇的赞同，并由马祥贞署名以公开信的形式向"苏派"提出八个教义问题④进行辩论。但是，多数伊赫瓦尼派的阿訇们认为，马万福生前所制定的教制完全正确，不能更改，指责马得宝、马正清等白派的人背叛伊赫瓦尼，传播"异端"，双方矛盾终于公开暴露。马得宝等人脱离伊赫瓦尼，正式宣告创立赛莱菲耶。⑤ "我国的赛莱菲在教法上既遵守罕伯理教法学派的主张，又在某些问题上实践哈乃斐教法的主张。赛莱菲向伊赫瓦尼就教义学提出的八个问题，归纳起来，反映了它的基本教义理论：真主在'阿勒什'（Arashi）之上；对隐意经文不妄加诠释；不能肯定某一'曼兹海布'（Madhhab，教法学派）的绝对正确性，从而确定追随一个教法学派；法学家的诠释不得违背经训宗旨。"⑥

---

① 勉维霖主编《中国回族伊斯兰宗教制度概论》，宁夏人民出版社，1997，第 383～384 页。
② 马通：《中国伊斯兰教教派门宦史略》，宁夏人民出版社，1980，第 148 页。
③ 勉维霖：《中国回族伊斯兰宗教制度概论》，宁夏人民出版社，1997，第 384 页。
④ 八个问题：①宇宙之内有没有"呼达"？②"木特沙比海"（真主的语言）的意义是什么？怎样成了"木特沙比海"？③"木特沙比海"分了多少份数（指伦理、天文等各学科的分类）？④"特夫西来"（天经注释之意）与"特阿维里"的区别是什么？天经、圣谕表面分了几份？⑤定"买兹海布"体系的证据是什么（第五章伊赫瓦尼109）？⑥言定"买兹海布"的断语是什么？天命吗？当然的？⑦天经、圣谕及注释者的话有抵触时，我们先遵什么呢？⑧圣谕×××真正的外道……我们遵了行不行？（原文意义不明——注）
⑤ 另说，20 世纪70 年代通称赛莱菲耶。新中国成立初期由今广河县城关乡白庄村"白庄哈智"马得宝和临夏市人马正清始传，1949 年12 月临夏市新王寺马祥贞阿訇首先宣讲，从伊黑瓦尼中分离出来。见临夏市地方志编纂委员会《临夏市志》，1995，第 790 页。
⑥ 哈宝玉：《伊斯兰教法：经典传统与现代诠释》，中国社会科学出版社，2011，第 213 页。

从此，开始了伊赫瓦尼和赛莱菲耶的公开斗争，表面上是教义的分歧，实质上是利益集团的斗争。羊毛商白洁如、王成安、毛守真等成为白派的后台。商人马凤伯、毛福亭和地主韩美如等，成为苏派的后台，为苏派出谋划策。马斌（巴苏池门宦负责人）、张乐山（格底目）、喇筱珊（大拱北）等宗教上层人士也支持苏派，反对白派。

两派互相诋毁、大肆攻击，积极准备械斗。在公开表示拥护白派的清真寺中，木厂寺、韩家寺的开学阿訇，迫于现实压力辞去了开学阿訇的职务。尕南寺和北寺，本坊群众对两派都没有表示反对或赞同，仍然按原来的伊赫瓦尼礼仪进行宗教活动。

新王寺、祁寺和铁家寺的群众，在宗教上层的煽动下，两派斗争趋于激烈。开学阿訇的去留，是这个派别在清真寺立足与否的关键，也是宣传自己主张的重要阵地。所以两派首先从争夺清真寺开始。

祁寺开学阿訇丁尔利与学董马凤伯不和。[①] 1950 年初丁尔利公开表示拥护白派，马凤伯借势打着反对白派的幌子，胁迫丁尔利辞学，让其弟弟当选开学阿訇，以便控制祁寺教、财两权。同年 5 月 30 日礼主麻拜时，丁尔利让北寺祁阿訇讲"卧尔祖"（教义），马凤伯借口祁阿訇是白派，指使王子良阻挠。当晚，马凤伯又联络毛福亭（新王寺学董之一）等外寺人员，以武力威胁。铁家寺在毛福亭等的煽动和策划下，由喇云武、马顺喜、沙占魁等出面，迫使开学阿訇郭干辞学。

新王寺是 1948 年从老王寺分出来的，有三十余石土地，铺面十余间，当时由地主毛福亭、白洁如、王成安管理。毛福亭与白洁如、王成安利用"苏派"与"白派"之争，争夺寺产的管理权。毛福亭以尕白庄是"外道"，逼迫马拜克辞学，而白洁如、王成安也以学董身份，站在白派一方，坚决不让马拜克辞学，同时想将毛福亭的学董职务挤掉，以便独揽该寺大权。由于有学董的支持，新王寺成为赛莱菲耶向临夏地区及全国传播的中心。

马得宝前后开学十二年之久，首任于临夏大西乡马家嘴清真寺，继任于前

---

① 在教务管理上采取教长或阿訇聘请制和伊玛目、海推布、穆安律"三道掌教制"。寺务管理多由有权势和有财力的上层分子充任，对外称作"乡约"，对内称作"学董"，下有"乡老"协助管理清真寺寺产、财务，调处坊内民事纠纷，筹办各种宗教活动。

川清真寺，三任于大西乡居家集清真寺，最后任于上五庄清真寺教长，培养和造就了为数不少的毛拉，其中有的成为著名阿訇。如马拜克、马祥贞、郭干、祁易布拉欣、丁尔利等，分散各地开学，赛莱菲耶也随他们在各地传播。从1952年到1958年，马正清在兰州东关清真寺开学，他为人平稳和气、老成持重，更兼知识渊博，讲经条理分明、循循善诱、以理服人。在开学期间教授了不少毛拉，有许多人后来成为赛莱菲耶发展的带头人。

赛莱菲耶50年代已传入新疆回族穆斯林中，但发展缓慢。赛莱菲耶处于极少数，没有立足的清真寺，不敢公开进行传教活动，传播处于隐蔽状态，"三抬"干办只能在自己家里举行。50年代后期以来，由于政治、经济和宗教的原因，陕、甘、宁、青的回族穆斯林不断向新疆迁移，随之迁移而来的赛莱菲耶阿訇有落户布察尔县回民庄的马索菲阿訇、落户伊宁县吐乎拉格乡的陈德贞阿訇、落户阿勒泰地区福海县解特阿热勒的杨彦科和马国贤阿訇、落户伊宁县的孕师傅、落户昌吉县二六工乡张家川的李贵和阿訇、落户米泉县毛卫乡的马贵和兄弟三人，这些阿訇在所到之处积极宣传赛莱菲耶的宗教主张。1966年，马得宝借探亲机会，在新疆伊宁地区居住达一年多，对当地穆斯林群众宣传赛莱菲耶教派理论。1978年，马得宝的长子马福禄（经名莫哈默德）由西藏迁至伊宁市郊区喀尔墩乡。马福禄自幼跟马得宝学习伊斯兰教经典，有较丰富的宗教知识，对其父的思想理论有深刻的理解。他到新疆以后，对周围穆斯林群众积极宣传赛莱菲耶的宗教主张。十一届三中全会以后，党的宗教政策得到全面贯彻落实，赛莱菲耶在新疆有了进一步的发展，同时有了自己的清真寺，宗教活动自由有了保障。

三　赛莱菲耶的发展

赛莱菲耶自1936年首先在临夏、兰州、西宁等地传播。目前赛莱菲耶信众已遍布全国各个地区。在1978年改革开放以前，赛莱菲耶的发展局限于临夏、兰州和西宁，自从党的民族宗教政策落实以后，赛莱菲耶获得了大发展，很多教众做聚礼的场所演变成为小型的清真寺，是为一个个"者麻提"，十几户人口或几十户人口的小清真寺发展壮大为上百户乃至几百户的清真大寺。赛莱菲耶清真寺及教众主要分布在以下地区。

第一，甘肃。主要分布在兰州、临夏、张家川、酒泉等地。在兰州先后建立了东关清真寺、安西路清真寺和柏树巷清真中寺，柏树巷清真中寺是该派最著名的清真寺之一。临夏市有三座清真寺，它们是清真新王寺、前河沿清真寺、香匠庄清真寺。在酒泉地区玉门市小金湾的东乡族乡该派也建立了两座清真寺，它们是花海清真寺、东戈壁清真寺。另外，和政县有寺 5 座，积石山县有寺 3 座，广河 2 座，永靖县也有 2 座清真寺。

第二，青海。西宁的树林巷清真寺，大通和民和县各有一座清真寺。近 10 多年来在青海发展较快，教宗主要分布在西宁市城东区，湟中县大才乡、汉东乡、鲁沙尔镇，民和回族土族自治县塘尔垣乡，平安县沙沟乡、古城乡和化隆回族自治县群科镇等地。

第三，陕西。阿訇乌振明于 1951 年把赛莱菲耶传播到西安，后由小学习巷营里清真寺阿訇定省三大力推行。目前，西安有两座清真寺属赛莱菲耶。

第四，新疆。1966 年，马得宝借在伊宁探亲的机会，把赛莱菲耶传播到了新疆。1978 年，马得宝长子马福禄由西藏移居伊宁市喀尔墩乡并在此传教，随之，伊犁地区不少阿訇都改奉赛莱菲耶，十一届三中全会以后，党的民族宗教政策全面落实，赛莱菲耶在新疆有了进一步的发展，同时在伊宁市喀尔墩乡建立了自己的清真寺，宗教活动有了保障。

第五，宁夏。20 世纪 80 年代初，由西吉杨万林阿訇传入固原。赛莱菲耶在固原地区有教民 1850 户 10242 人。其中西吉县 795 户 4542 人，海原县 638 户 3403 人，固原县 417 户 2297 人。① 西吉县有赛莱菲耶最大的清真寺马莲滩大寺。现今，宁夏拥有近两万人的赛莱菲耶信众。②

第六，其他地区，除穆斯林比较集中的甘宁青新外，陕西、河南，山东、云南等省也有赛莱菲耶教众。

改革开放以来，赛莱菲耶依靠前两个阶段积蓄的人才和优越的民族宗教政策，使其获得前所未有的发展。该派从最初的临夏八坊传播到临夏回族自治州的各县、兰州、张家川、平凉、徽县、武威、天水、银川、西吉、海源、固原、同心、西安、青海、新疆等地，甚至随着移民的迁徙在酒泉和内蒙古的沙漠中

---

① 安志平主编、固原军事志编纂委员会编《固原军事志》，宁夏人民出版社，2002。

② 数据来源于宁夏民族事务委员会。

也建立了者麻提。赛莱菲耶发展的速度和分布范围与改革开放前有了明显的变化，引起这些变化的原因有以下几个方面。

第一，中国穆斯林朝觐的人数逐年增长。改革开放以后，随着中国穆斯林生活水平的提高，交通的改善，以前一生很难去圣地朝觐一次的中国穆斯林，有了很多便利条件朝觐麦加。朝觐的穆斯林人数呈逐年上升趋势，朝觐者在圣地看到中国赛莱菲耶的礼拜方式和麦加人的礼拜方式一样，也看到各国的穆斯林在一些宗教礼仪方面有细微的差别，于是对国内的赛莱菲耶不再另眼相看或拘泥于一些细枝末节。甚至许多朝觐的阿訇从沙特带回宣传瓦哈比教义的经典。通过一年一度的朝觐，两圣地信奉的瓦哈比教义学说对中国穆斯林的宗教信仰无论从感情上还是从理性认识上都有很大的影响，对圣地宗教学说的认同感、亲近感、向往感成为赛莱菲耶在中国迅速传播的主要原因。

第二，党的宗教信仰自由政策为赛莱菲耶的发展提供了一个宽松的环境。在党的宗教信仰自由政策的引导下，各派别之间形成互不干涉的惯例。各个清真寺之间相互尊重、相互联系，笔者在青海调查期间，在清真寺的板报上常常看到者麻提之间的互请通知，这些通知或是为亡者举行殡礼，或是搬请阿訇，或是经生的毕业典礼等。

第三，经过几十年的发展，赛莱菲耶自身也变得成熟，不再拘泥于某些宗教礼仪的细枝末节，比如对男子留满头的主张，现在认为可留可不留，且认为剪短为宜，对某些宗教问题也不与人争长论短。

第四，穆斯林民间教育的发展，使穆斯林对伊斯兰教有了全面的认识，理性的信仰伊斯兰教已成为一种趋势。改革开放以后中国伊斯兰教各派别再一次掀起了穆斯林民族新文化运动，穆斯林民族教育事业获得蓬勃发展，穆斯林民族教育呈现出明显的多元化趋势。穆斯林民间教育的发展一方面是民国以来穆斯林民族新文化运动的继续，另一方面受到阿拉伯伊斯兰世界圣伽学复苏的影响。以《古兰经》、"圣训"为主要内容，以多种方式进行宣教，极力传达先知时代的伊斯兰精神，用理性知识启迪穆斯林，这继承了民国以来的穆斯林民族新文化运动，符合伊斯兰世界圣训学复苏、倡导理性信仰的潮流。在社会发展、科技进步的今天，推崇理性思维、重视宗教功修的社会实践意义，使宗教与理性、科学、文化、知识相结合，使伊斯兰精神体现在现代生活的各层面，使伊斯兰本来具有的用世思想更加具体化、明晰化，从而吸引了大批崇尚理性思维的信奉者。

小　结

赛莱菲耶派的兴起，既有其国际背景，又有内部原因，它的兴起是历史的必然：

1. 赛莱菲耶的产生，首先要归因于瓦哈比耶学说和思潮的影响。

赛莱菲耶的兴起是伊斯兰教复兴运动，具体来说是瓦哈比耶运动在中国的具体实践，但又具有中国化的特色。它在教义学说上接受瓦哈比耶的思想，履行其教义教旨，以革新的口号首先兴起于伊赫瓦尼教派，在某些方面，是对伊赫瓦尼教义的革新和加强，如加强教育、严格"五功"、简化部分宗教仪式，使伊斯兰教既能适应现代社会，又不至于在社会发展中失去本性。沙特阿拉伯作为穆斯林两圣地——麦加和麦地那所在国，其当今奉行的瓦哈比耶教义学说对圣地宗教学说的认同感、亲近感、向往感，是瓦哈比耶学说迅速传播的主要原因。

2. 赛莱菲耶的兴起，与中国当时的社会环境和历史背景密切相关。

始于20世纪初的国民革命，推翻了封建帝制，创立了民国，使民主共和观念深入人心，"五四"新文化运动也导致了回族文化运动的诞生。《醒回篇》等一大批书刊创办，学术团体建立，新式学校诞生，这一切都为一种思潮的传入提供了内部环境，为其在中国开拓了文化生存空间。社会的发展、科技的进步，引起了人们思想观念、认识水平的变化与提高，使崇尚理性思维、明明白白信教成为一种时尚。重视实践、理性学习的瓦哈比耶教义首先发起于伊斯兰宗教学者阶层，不久又吸引越来越多年轻穆斯林群众的加入。宗教与理性、科学、文化知识结合，使宗教适应了现代社会生活气息，具有透明性，是中国伊斯兰教派中富有朝气、勇于复兴伊斯兰教的派别，吸引了大批崇尚理性思维者奉行。

"赛莱菲耶派的形成，根源于瓦哈比耶的影响，他公开承认自己以瓦哈比学说为基本理论依据，在中国传播瓦哈比耶的主张。"[①] 但是正如马通先生所认为

---

① 勉维霖：《中国回族伊斯兰宗教制度概论》，宁夏人民出版社，1997，第385页。

的"中国的伊赫瓦尼和赛莱菲耶派是与中国的伊斯兰教的实际相联系的，阿拉伯的瓦哈比耶派是与阿拉伯伊斯兰教的实际相联系的。他们仅仅在各自国家的伊斯兰教中进行'改革活动'的愿望是一致的、相同的，而各自的宗教主张和仪式并不完全相同，革新的内容也是各有差异的。所以，只能说在伊斯兰教思潮方面，伊赫瓦尼和赛莱菲耶是受了瓦哈比耶运动的影响和启发，至少在反对苏菲（非）派的'人神合一'论和崇拜圣徒神墓这一点上是共同的。从这一点上看，伊赫瓦尼派和赛莱菲耶派的学说是源于瓦哈比耶学说的"①。追溯其源流，不难看出赛莱菲耶原与伊赫瓦尼同属一个宗教学派，由于观点互异，从伊赫瓦尼派中分化出来，在发展中形成自己的一些礼仪特点和宗教制度，成为独立教派。其宗教主张，丰富了中国伊斯兰教的内容。

① 马通：《中国伊斯兰教派门宦溯源》，宁夏人民出版社，1995，第197页。

佛教僧尼公民意识与国家认同

郭宏珍[*]

佛教僧尼有着出世的世界观、人生观和价值观。但是，作为现实社会的成员，佛教僧尼又不无例外地受到诸如国家力量、民族身份、社会结构等世俗因素及现代化潮流的影响。改革开放以来，急剧的社会转型及由此引发的各种社会问题，以及中西各种文化、意识形态的碰撞与融合，对佛教僧尼世俗国家观念和认同意识的形成、确立和变化造成了影响，使其呈现出多样、多元的特点。本文以部分佛教寺院僧尼为样本对象，采取问卷、座谈、访谈的方式进行了相关调查，其中之一是从国家制度、政治结构、主观归属感及历史形成等方面测试了僧尼对国家认同的意识、态度和行为。下文在引述学术界有关国家认同理论探讨的基础上，仅就调查中涉及的僧尼公民意识与国家认同的反馈结果进行讨论。

一 佛教僧尼普遍表现出自觉的公民意识

一般认为，公民意识是"公民依据宪法规定的基本权利和义务，对自己在国家政治生活和社会生活中的主体地位、主人身份的认识，对相应的责、权、利的认知和价值取向"。也就是公民"以自己在国家政治生活和社会生活中的主体地位为思想来源，把国家主人的责任感、使命感和权利义务观融为一体的自我认识"。[①]以公民身份为基础，公民意识体现了社会成员对自身政治、法律地位

---

* 郭宏珍，中国社会科学院民族学与人类学研究所副研究员。

① 叶媛秀、古小明：《浅析村民政治参与的主体障碍》，《农业考古》2010 年第 3 期。

的认识，表现为公民参与政治、经济、法律、道义等国家和社会生活各个方面活动的心理认同与自觉。

公民意识的内涵丰富，集中体现了公民对于政治系统以及政治问题的态度、倾向、情感和价值观，可以从个体意识和群体意识两个方面来考察。就公民的个人意识而言，一般认为应该包括平等意识、独立人格、公共精神以及自主与理性等。而就公民的群体意识而言，则把它概括为参与意识、监督意识和法律意识、责任意识等主要方面。① 无论从哪方面来看，民主法治、自由平等、公平正义理念构成并规定了当代公民意识的主要内涵。②

由于历史、社会等因素，在知识层面，部分佛教僧尼缺乏公民及公民意识概念，对公民的权利、义务认识模糊，加之传统社会长期对个体权利和个人价值的忽视，使他们不具备成熟的公民意识，影响到对政治权力的认知和国家认同。然而，调查显示，随着民族地区社会开放程度的提高和教育水平的提升，整个社会的民主法治意识、个体权益意识、社会正义意识等日益增强，僧尼作为公民的法律意识、责任意识、利益趋向以及政治、社会参与能力和参与程度也在提高和增强，表现出了良好的国家认同趋向。

首先，随着政府普法力度加大，僧尼法律意识普遍提高，能够知法守法，并借助相关法律规定，通过正当的途径和适当的方式维护个人合法权益。法律意识是指公民必须具备的知法、守法以及以法律为工具维护合法权益的意识。了解国家的基本法律法规是对公民最基本的要求，但是民族地区基础教育薄弱，而且僧尼在很小的时候便进寺院生活，对国家法律法规的学习和了解不足是客观存在的问题。

> 法制教育很有必要，僧众普遍不懂法、不讲法，甚至有人认为没有必要学习法律，法律是世俗人的而非出家人的。因此……许多僧尼不知道哪些行为是违法犯罪行为。以前相关教育形同虚设，法律法规虽然翻译成了民族文字，但寺院不组织学习，所以僧人还是不懂法。③

---

① 胡弘弘：《论公民意识的内涵》，《江汉大学学报》2005 年第 1 期。
② 王东虓：《把握公民意识教育的主要内涵》，《人民日报》2009 年 06 月 11 日。
③ 某宗教事务管理部门干部 B 访谈录。

为此，近年来政府加强了普法宣传力度，并结合寺院建设进行法制教育，僧尼对党的民族宗教政策、法律法规有了新的认识和理解，"寺院建设的中心之一是寺院教育，而其中的重点又是法制教育，僧人的法律意识有所提高，开始运用法律维护自己的合法权益"①。

其次，责任意识要求成员具有强烈的社会责任感，履行与公民身份相适应的社会义务，主动担当社会公共责任，自觉维护公共利益。公民意识以法律法规规定的权利、义务关系为基础，与责任意识相对应，公民意识也在一定程度上表现出了"利益诉求"的趋向。调查显示，通过社会力量的参与以及政府部门的宣传教育，佛教僧尼普遍表现出了正确的利益意识趋向，能够自觉维护公共利益；当个人利益与寺院、社会和国家利益发生冲突时，能够自觉维护寺院、社会和国家公共利益，自觉维护国家统一和民族团结，表现出了较强的政治认同。

最后，参与意识是公民积极参与公共权力运行和社会事务及活动的主人翁意识。寺院是社会的一部分，僧尼是国家公民。随着公民意识教育的开展，僧尼参与意识有所提高，"国家投资较多，寺院硬件建设有所提高，僧尼是公民，获得（与其他公民）一样的待遇，寺院和僧人都特别感激"。"（佛学院）毕业的学员中较多地成长为寺院骨干，除了担任各寺管会的主任、经师，有些甚至成为所在县政协、人大代表，成为国家干部。"②

公民意识是政治认同的思想基础，尽管受限于某些客观因素（如教育水平），僧尼公民意识较为淡薄，在某些方面（如政教关系）表现出较低的政治认同度，并影响到国家认同。但是，上述结果也表明僧尼认同意识领域的一些积极变化，表现出较为自觉的公民意识和政治认同倾向。

二 公民身份的错位与缺失：影响部分佛教僧尼国家认同的不利因素

"公民意识的核心是公民身份意识，只有公民身份意识，才能产生公民主体

---

① 某宗教事务管理部门干部 B 访谈录。
② 某佛学院学员 A 访谈录。

意识。"① 现代政治学认为，公民身份的本质是法律身份，在国家法律确认的框架内，公民的权利和义务是平等的。"所谓公民身份是指个人在特定的民族国家中所获得的成员身份，这种成员身份正是通过享有和承担为该民族国家的法律所正式承认的、具有普遍性的平等性的一系列权利和义务来体现，而且其权利具有平等性和普遍性特征。"② 作为多民族国家的成员，个人至少具有公民和民族二重身份，而就具体的成员而言，他的身份则是复杂多变的，例如僧尼就兼具宗教身份。"公民身份的变化不仅给以国家和权利作为言说对象的传统公民身份造成张力，而且还使公民的政治认同超越国家的层次，表现出多元化和复杂化的趋势。"③ 因此，对于佛教僧尼的公民身份，我们的理解是，它是僧尼与国家关系的基本的政治定位，既包含特定的规范约束，也包含特定的权利与义务；同时，它也富含了社会、文化、民族、宗教的要素，表明了多民族国家公民身份的复杂性。这种分析视角要求我们在考察僧尼公民身份及其意识动态时，不应局限于现实政治的规范性诉求，而应扩展到历史的、现实的广泛背景以及文化、民族等动态要素中。

而就国家认同而言，人们更多地认为它是一种重要的国民意识，是维系国家存在和发展的重要纽带，"是指一个国家的公民对自己祖国的历史文化传统、道德价值观、理想信念、国家主权等的认同，即国民认同"④。现实中影响佛教僧尼国家认同的要素是多方面的，如个体或者群体的民族意识、身份意识、宗教观念以及狭隘地域意识，等等。由于现代知识的匮乏及公民身份的部分缺失，部分僧尼对自身身份认识较为模糊，现代公民意识普遍淡薄。调查显示，多数僧尼缺乏必要的社会知识和科学知识，对公民的概念、内涵以及权利、义务不太了解，缺乏国家观念和公民意识，部分僧尼宗教身份意识强于公民意识。以下主要分析部分僧尼公民身份错位和缺失对国家认同的不利影响。

第一，部分僧尼缺乏主动的政治参与意识与实践，对政治参与的评价较为

---

① 胡弘弘：《论公民意识的内涵》，《江汉大学学报》2005 年第 1 期。
② 李向平：《伦理·身份·认同——中国当代基督教徒的伦理生活》，《天风》2007 年第 7、9 期。
③ 郭忠华：《动态匹配·多元认同·双向建构——再论公民身份与国家认同的关系》，《中山大学学报》2011 年第 2 期。
④ 贺金瑞、燕继荣：《论从民族认同到国家认同》，《中央民族大学学报》2008 年第 3 期。

消极，往往表现为被动、消极的公民，这种错位反映了僧尼国家认同的低效度。关于公民身份，存在两种截然不同的区分，即被动公民和主动公民，前者将公民身份看作国家框架内权利和义务的法律连接，不强调公民的主动行为，其身份是被动获得的；后者则主张公民身份的范围和质量取决于公民在政治共同体中的参与作用，将其视为一种"主动实践"。① 也就是说，两者的区别在于主体的态度。"它可能是个好公民，不犯错、履行公民应尽的义务；但这仅仅是消极的公民，并不是主动公民；主动公民是理性的、知情的、积极的、负责任的参与型公民。这里的参与既包括政治性参与，也包括社会性参与，尤其是政治性参与是衡量主动性公民的重要尺度。"② 以此来看，部分僧尼认为出家人不应该参与政治，即使基于历史传统参与政治，实践中也不应该对政教双方产生实际效应，"活佛参政议政是不应该的，活佛参与政治可以理解为宗教对政治的干预。但在以往的历史上，出现过这类现象，这样说来，也是可以参与的，不是好事也不是坏事"③，属于被动、消极的公民。

第二，政治权力层面的某些政策缺陷或者行政失误，造成了部分僧尼公民身份错位，某些权益的缺失和不公正待遇也降低了僧尼政治认同感，影响其对国家的认同程度。

首先，僧尼先赋性身份与获致性身份倒置。涵盖诸种权利和义务的公民身份是个人一出生就自然获得的先赋性身份，但在社会实践中，有些僧尼往往需要通过权益申诉，才能获得本应与公民身份相一致的某些权利，而这种诉求行为则使其身份表现出获致性特征。例如，经常有僧尼诘问行政人员说："我是国家公民，为什么享受不到公民的相关待遇？"④

其次，行政管理层面对僧尼先宗教后公民的身份认知，造成寺院和僧尼应该是被管理而不应是被建设、受服务的行政错觉。"政府对僧人管理较为严格。……寺院里开会全是批评之语，没有交流和沟通。"⑤ 以往过于强调行政管

---

① 饶从满：《主动公民教育：国际公民教育发展的新走向》，《比较教育研究》2006 年第 7 期。
② 施雨丹：《基于主动公民观的香港公民教育发展——国家认同的视角》，《华南师范大学学报》2011 年第 1 期。
③ B 寺 YDJZ 僧人访谈录。
④ D 寺 CDDJ 僧人访谈录。
⑤ D 寺 CDDJ 僧人访谈录。

理宗教事务，直接以寺院为行政工作重点和目标，采用的是"法律、工作队进驻寺院的工作方式"。相对于其他社会群体或社区的管理方式而言，这实际上是把寺院和僧尼异化为一种社会异己力量，从而产生的特殊的行政做法。另外，乡镇等基层行政组织比较软弱，日常工作以普通社区为主，医疗、教育等社会服务难以有效覆盖寺院和僧尼，也造成寺院、僧尼与政府关系日渐疏远，长此以往会出现寺院、僧人脱离社会、远离政治甚至出现某些僧尼不认同现实国家政权的现象，"对政府没有什么要求，政府有自己的利益，没有想过宗教的利益；没有站在寺院的角度保护、支持佛教传统和弘扬佛法"①。

最后，行政管理层面非制度性身份歧视造成了现实中部分僧尼公民权利的丧失，存在某些不公正待遇，影响到部分僧尼对现实政治和国家的认同程度。尽管国家政治层面并不存在制度性歧视僧尼的法律、法规或者政策，但由于制度建设的不完善，僧尼某些公民权利更像是模糊表述而不是具体存在，公民身份规定和应享有的权利不对等，某些公正诉求被抑制，在现实生活中经常会遇到社会性歧视和不公正的待遇。调查发现，僧尼遇到的歧视和不公正待遇主要来自日常行政管理层面和社会服务方面。例如，"办护照普通人容易办理，僧人不容易……寺院没有单独的医疗保险，生病后自己去医院治疗"②。再如，僧尼户籍迁转比较困难，导致某些惠民政策无法落实到个人，影响僧尼公民合法权益的实现。

> 有些身居大山寺庙的僧人终年侍奉神佛，难与当地政府的户籍管理部门联系，他们的户口（僧人户籍）隶属于原来的家庭，出家离开家乡后，户籍不能随之迁来，相关的惠民政策享受不到。（僧人户籍）目前只能按照流动人口的办法管理。在惠民政策的实施上，应该考虑到僧人的户籍管理问题，此外，有些僧人以后可能会还俗，也不能按照集体户口管理。③

相对于僧尼的抱怨，政府主导的社会服务能否经常地、全面地惠及寺院

---

① A 寺 CDZM 僧人访谈录。
② E 寺 GGJZ 僧人访谈录。
③ C 寺 QJDJ 僧人访谈录。

和整个僧尼群体，寺院基础设施能否像普通社区设施一样实现同等改造，政府资助经费在不影响其他群众利益的条件下能否均等地兼顾僧尼群体，不仅是考量基层政府行政能力的重要因素，也是影响僧尼政治参与和政治认同的重要方面。

20 世纪 80 年代，各地一时盖起了很多寺院，但是大多数质量较差，基础设施普遍落后，维持到现在约有 60% 的僧舍成了危房；另外，有的寺院僧舍不够，僧人没法住在寺里，只有在做佛事活动的时候才到寺院去，平时都回去了，到社会上去了，这也造成了管理困难。……现实中政府不能直接投资建设寺院，不能以政府的力量推动或者削弱宗教……即使有行政资助，寺院所获得的资助力度也不大，而且有一个前提，即不能影响到其他群众的利益。[1]

第三，社会认同的片面化异化了僧尼的公民身份，加之过度宣传的负面效应，容易引起社会群体相互认知的疏离，甚至可能会成为某些社会矛盾和冲突的潜在来源。社会学、心理学对公民身份的透视通常有两种方式，即社会认同和自我认同。"社会认同是别人赋予某个人的属性，基本上可以被看作是一个人的标志，并将该人与具有相同属性的其他人联系起来。因而社会认同包括一种集体的维度。"[2] 社会认同标示出个人与他人的社会关系。不同于一般社会人员，僧尼出世的生活目标、价值观和宗教体验是群体的身份标签，如果舆论宣传和引导失当，容易造成僧尼错位身份的标签化，引发不良后果。近年来见诸报端的僧侣自焚事件不断，在很多人的观念中，自然而然地把自焚、暴力等与佛教联系起来，其实佛教并不鼓励自焚，也不讲自杀，反而认为自焚是严重的犯戒行为。这就要求针对相关事件的宣传报道要注意方式，尊重僧尼的公民身份，减少社会对僧尼身份认知的错位。

第四，教民和公民的双重身份造成了部分僧尼自我认同的错位，"信教公

---

① E 寺 GGJZ 僧人访谈录。

② 李向平：《伦理·身份·认同——中国当代基督教徒的伦理生活》，《天风》2007 年第 7、9 期。

民""法外公民"的自我身份认知限制了部分僧尼自身与社会的交流与沟通，并有可能加剧与政治权力的张力。自我认同是个体对自身及其同周围世界关系的认知，它既能把自身与外部世界如家庭、社会、宗教、政治权力等紧密联系起来，也可能会把自身与外部世界片面地孤立开来，这取决于自我与外部世界是否形成了持续的、良性的互动。调查显示，有些僧尼首先认为自己是某某族，其次是佛教民，最后才是国家公民，这种身份认知在一定程度上阻碍了僧尼政治层面的交流，自我意识局限于民族和宗教框架内，在面对利益诉求时才会意识到并利用自己的公民身份，而在面对与公民权利相对应的公民义务时则可能会持回避态度，重申自己是"信教公民"或者应该是国家法之外的"法外公民"。

需要指出的是，"信教公民"目前已经成为包括佛教徒在内的宗教信徒的一种法律诉求与表达，它既包含宗教信徒身份与公民身份的重叠，也暗示要求政治权力对信徒先民族、宗教后公民的自我身份认同的认可。然而，这种认可会使政治权力处于一种尴尬的地位，因为在"信教公民"表述中，僧尼公民身份认同只是一种基于权益的有限认同，碍于民族宗教因素，政治层面降低了对僧尼公民义务的要求。教民身份认同是局限在宗教团体内部的成员资格认同，作用于宗教团体之内，与外部世界缺乏必要的沟通和交流，这就造成了僧尼公民身份社会认同的窘境，甚至会出现与政治权力的紧张张力。"有些寺院、僧尼觉得自己高高在上，不认可政府和群众的监督。"① 法律进寺院尽管暗示了针对僧尼公民身份的政治确认，但也反映出僧尼对公民某些义务的回避甚至抵制，试图使其自身的行为有可能超出政治层面许可的范围，"寺院普法教育基本是缺失状态，基层人力有限，而普法工作是难点和重点，僧侣自认为自己不是公民，而是法外公民，普遍不懂法……对于法制教育，部分僧众也有抵触的现象"②。

第五，民族身份影响了僧尼公民身份认同的自觉性，显露了民族文化强势认同下的公民身份危机及国家在僧尼政治认同构建中的局部性失利。首先，民族身份弱化了僧尼公民身份和国家认同。一般认为，国家认同涉及民族、文化和政治认同三个方面。民族和文化是国家认同的基本面，发挥着基础性支撑作

---

① D 寺 CDDJ 僧人访谈录。

② 某宗教事务管理部门干部 B 访谈录。

用；政治认同是国家认同的终结点，是国家凝聚和统一的关键。① 在对自我身份的定位与追求上，在部分僧尼看来，他们首先属于某某民族群体，同对某某民族的认同相联系。其次，部分僧尼对国家某些制度尤其是涉及民族文化发展的制度安排不满，以至对国家政治层面的活动不感兴趣，甚至采取拒绝合作的态度。佛教寺院是佛教文化的集大成者，僧尼对民族历史和集体文化权利的诉求比普通群众更为强烈。在一定程度上，他们对本民族在中国历史、文化功能等方面的认识和理解不全面，其民族的、宗教的观念与中华民族多元一体文化理念存在紧张和冲突。最后，就僧尼群体而言，与以利益诉求为基础的公民身份相比，以文化与地域为基础的民族身份表现得更为真实具体。

三 提高佛教僧尼公民身份意识，增强对多民族国家的国家认同感

佛教僧尼作为佛教寺院的主体，既是信仰文化的载体，又是维护当地社会稳定和民族团结的重要力量。然而，现实中的民族、宗教、地域以及身份等的观念因素都可能对僧尼多民族国家认同造成消极影响。目前，要解决好僧尼国家认同的这些意识障碍，既需要完善的制度设计和合理的建构理念，也需要坚持正确的政策引导和长期的宣传教育，不断提高僧尼的公民身份意识和思想觉悟及政治立场。

第一，逐步完善制度设计，增强佛教僧尼的公民身份性，保障他们合理的权利诉求，通过政策引导和宣传教育增强僧尼的政治认同。

首先，增强对社会主义意识形态的认同。社会主义意识形态是维护和巩固社会主义基本政治经济制度的精神力量。目前，在西方资本主义及敌对势力渗透常态化的情况下，西方资本主义的个人主义、自由主义、民主人权等价值观及其生活方式在国内逐渐占据了一定的市场，社会主义意识形态体系受到了威胁。包括部分僧尼在内的很多人开始有意识地把价值观放在资产阶级思想体系中加以体认，逐步形成了否定甚至反社会主义意识形态的认知框架。在这样的

---

① 王建波、曹新群：《国家认同构建中的加拿大教训（1968—1984）——以魁北克问题为视角》，《河南社会科学》2012 年第 1 期。

社会认知体系中，如何重塑社会主义意识形态、增强僧尼的国家认同就显得尤为重要。

其次，增强对执政党的认同。"我国建党在先、以党建国、党政同构和党国同构的鲜明特点，决定了实现制度性国家认同必须以执政党认同为基础。"① 就佛教盛行的民族地区而言，通过贯彻实施党和国家民族政策，以及近年来在民族地区推进相关重大工程，当地社会经历了翻天覆地的变化和长足发展，党在这些地区拥有较为广泛的群众基础和较高的评价，广大民众对党的社会主义道路理想和认同度没有改变，这为新时期建构良性制度认同提供了坚实的群众基础。继续坚持正确的政策引导，有利于增强包括僧尼在内的广大民族地区民众对执政党的认同度。

再次，增强对政府政治权力的认同。国家认同的建构过程中，作为国家权威代表的政府权力始终是在场的，并延伸到人们日常生活的各个方面，这种渗透性使得人们越来越把国家权威和政府权力看作生活中的事实存在。因而，人们对政府权力的认同直接反映了政治认同的程度。在这方面，就佛教盛行的民族地区而言，各级政府的相关工作已经取得了积极效果。随着工作理念的改变，政府工作在公共服务上大做文章，普遍注重工作方法的提升，"社会化管理以后，政府各部门都在改变观念"②。"改变了以前管理的方法，不再搞法律进寺院了，而以进社区的方式，进行社会管理，把僧尼作为普通公民，对于贫困者，采取同样的照顾标准，给予优先的照顾，僧尼感到自己的地位提升了，解决了他们的一些困难。"③ 政府的这些措施也收取了良好的社会反响，增强了广大僧尼对政府政治权力的认同度。

最后，增强对党在民族地区各项政策的认同。在民族地区，"公民是以原生性特征为基础还是以执政党及其制度为基础来进行认同，取决于二者谁更能深入持久地积极影响和改变少数族群的生活"④。作为构建政治认同的一种手段，

---

① 欧阳景根：《社会主义多民族国家制度性国家认同的实现机制》，《浙江社会科学》2011 年第 5 期。

② 某统战部门干部 C 访谈录。

③ 某统战部门干部 C 访谈录。

④ 欧阳景根：《社会主义多民族国家制度性国家认同的实现机制》，《浙江社会科学》2011 年第 5 期。

工具主义是政治权力塑造政治共同体的主要理念。所谓工具主义，就是指国家利用行政机构、司法体系、教育和通信网络等手段进行的广泛的政治动员及政策实施，具体到佛教僧尼，就是要更好地贯彻落实各项民族宗教政策，让僧尼切实体会到国家的关怀和包容、关心和照顾，从而增强对国家和政治权力的归属感。

第二，加强政府的主导作用，积极引导地域间、阶层间、族群间、僧俗间的交往与互动，促使包括广大僧尼在内的各群体间的整合成为社会常态，提高公民身份的社会认同的强度。

首先，重视民族地区社会及经济的均衡发展，增强地域间的人员互动。一方面，逐步缩小民族地区与发达地区的发展差距，实现区域社会的均衡发展，让民族地区"人民更多地感受到国家关怀，更多地感觉到国民的自豪，从而实现自觉自愿的国家认同"①。另一方面，区域社会及人员经常性的流动会增强地域间的社会认同感。调查显示，去过内地的僧尼视野相对宽广一些，相对于宗教认同而言，他们首先会认同自己的民族身份或公民身份，而没有到过内地的僧尼宗教认同感更为强烈一些。"到内地以后，很多人信仰佛法，人们认为僧尼是菩萨，非常崇拜僧尼。"②

其次，增强僧俗社会间的交往与互动。宗教团体与世俗社会、社团之间的经常性互动，可以增强群体间的社会认同。这意味着需要重新界定佛教寺院及僧尼与传统社会组织（如部落、村落等）以及新兴社区（如居民小区、慈善组织等）的关系，定义佛教宗教组织、信徒与世俗社会的种种关系，协调共有的利益和价值目标，保障常态的交往和互动，消除隔阂与猜忌，增强僧俗社会认同。

再次，促进民族之间的交往、交流与交融，民族交融的深化有助于民族社会对国家认同感的培养和增强。调查显示，民族地区尤其是较为闭塞的地区与其他民族之间的交往不够频繁，交流领域有限，明显的表现是人口向外流动很少，地域间的民族交往不多，缺乏民族交融的机会。应该采取各种措施促进民

---

① 肖锐、胡琦：《伊犁跨界民族的国家认同与民族认同调查研究》，《黑龙江民族丛刊》2011年第1期。

② C寺堪布EJZZH访谈录。

族地区的人口与其他民族的交往、交流，如让更多的民族青年包括青年僧尼有机会到内地和其他民族学生一起学习，在生活实践中培养国家认同感。

复次，消除阶层间社会流动的壁垒，保证社会成员流动渠道的畅通，增强阶层间的社会认同。整体而言，民族地区社会尚处于传统社会向现代社会转型的开始阶段，社会分化不严重，民风较为朴实，社会的整合程度较高，阶层对立不太明显，底层阶层有上升的空间与渠道，有利于民族内部社会认同的提升。但不利的因素在于，民族地区与内地交往过程中，因内地贫富分化和阶层固化严重，本地区内底层成员上升渠道基本堵塞，如果缺乏特殊途径，民族地区成员在内地基本上没有攀升的机会，更不要谈地域间社会认同的增强。这种情况的存在，一定程度上强化了他们回归本土社会的意识，增强了民族内部社会认同而削弱民族阶层间的社会认同，甚至造成民族和阶层隔阂，最终不利于国家认同的提升，这当然影响到广大佛教僧尼对国家的认同程度。

最后，重视僧尼与政府间的沟通与互动。僧尼个体或群体对国家的政治赞同或认同很大程度上也取决于僧尼群体与政府政策和制度设计之间的互动，政府管理和服务的政策、制度应该涉及僧尼的利益，积极的导向促成对僧尼正当权益的保护和福利的提升，这就要求政府和僧尼走出传统的藩篱，以平等的身份参与到社会和国家制度设计中来，促进身份、政治认同的自觉发展。

第三，增强僧尼宗教职业身份教育。宗教生活是僧尼的职业生涯，在历史上，佛教寺院及僧尼曾从事政治、文化、教育等社会事业，在社会上扮演着经师、政治家、文化人、教育者等多重角色。如今，僧尼主要从事习经奉佛、普济众生的精神领域的事情，不参与政治及社会事务，绝大多数僧尼能够安于自己所选择的宗教职业生活，不但严于律己，而且遵纪守法，自觉维护社会安定。在与现实社会的关系上，佛教寺院僧尼大都具有积极的态度和有所为的精神，对他们而言，出家并非消极遁世，部分僧尼积极上进，追求个人的进步和发展；虽然身在寺院，但关注现实社会。但是，由于部分僧尼在政治思想、文化知识、佛学修养等方面的素质普遍偏低，极大地影响和限制着宗教积极作用的发挥，难以扮演好僧尼应扮演的角色，制约着宗教自身的健康发展，影响着宗教正常秩序的建立，也增加了宗教事务管理部门的工作难度。更重要的是，由于部分僧尼的综合素质偏低，一些僧尼缺乏明辨是非的能力，容易被人蛊惑利用。因此，对僧尼进行经常性的职业身份教育就显得很有必要。

结　语

　　多民族国家公民身份与国家认同充满复杂性。多民族国家认同内涵广泛，涵盖了国家观、民族观、宗教观、历史观、文化观等，并主要通过民族认同、文化认同、政治认同得以体现。公民国家认同更多指政治认同，公民意识是国家认同的政治思想基础，完整的公民意识源自于充分的公民身份。但是，公民身份"具有双重特征，一种是由公民权利确立的身份，另一种是文化民族的归属感"①。在涉及公民国家认同时，这两大要素可能会共同发挥作用。一方面，公民在认同国家时会要求享有一定的政治权利，满足相应的利益需求；另一方面，他们又"通常归属于不同的文化群体，如民族、种族或者族群，导致他们对于国家的政治认同和文化认同经常脱节，甚至是背离，从而使公民身份与国家认同的关系变得复杂化"②。

　　佛教僧尼身份具有多元性，在国家权力框架内，由于公民身份的部分错位与缺失，以及传统社会长期对个体权利和个人价值的忽视，加之对宗教观念和地域关系的强调，部分佛教僧尼对民主、法律、公共和参与等意识淡薄，从而不具备成熟的"公民意识"，使得其在制度层面的国家认同中可能会表现出某些意识危机。随着民族地区经济社会的繁荣发展和政治制度改革的不断深入，以及政府主导的公民意识教育的广泛开展，包括佛教僧尼在内的民族地区民众的公民意识日益增强，僧尼普遍表现出了良好的国家认同趋向。但应认识到，公民身份与公民意识以公民在国家中的社会地位以及法律法规规定的权利义务关系为基础，这就使公民的国家认同在一定程度上表现出了"利益诉求"趋向。当利益诉求不能得到满足或与国家利益相悖时，公民意识可能会与民族主义一起，对政治和国家认同产生消极作用。

① 〔德〕尤尔根·哈贝马斯：《包容他者》，曹卫东译，上海人民出版社，2002，第133页。
② 郭忠华：《动态匹配·多元认同·双向建构——再论公民身份与国家认同的关系》，《中山大学学报》2011年第2期。

蒙古文《索勒哈尔乃故事》的
叙事结构分析*

宝　花**

20 世纪初，德国探险队在我国新疆吐鲁番发现了一批文献资料，现收藏于德国科学院东方学图书馆。其中编号为 TID155 文献①的开头和结尾部分用回鹘文、中间部分用回鹘体蒙古文书写，共 17 叶 34 面。7b～13a 面有一则回鹘体蒙古文民间故事，佚名，无标题。文本残缺不全，尤其前面部分文字遗失极其严重，拼凑其能识别的字词，可以得知大概情节：

上古时期，在呼罗珊地区密西尔城里，有一个名为索勒哈尔乃的人，他活了几千年。有人告诉他如果得到上天的恩赐，（获得生命水），便可以长生不老。于是索勒哈尔乃开始寻求上天的恩赐，希望能永远活在世上。他召集民众，宣布自己的意图，并且派人四处搜寻生命之水。但是他（们）直到筋疲力尽，也没能获得（生命水）。索勒哈尔乃与五十个同伴一起越过一座桥，受上天之命，只有索勒哈尔乃登上须弥山顶，看到

---

* 本论文为国家社会科学基金项目"蒙古文《索勒哈尔乃故事》的文化背景研究"（12CZW087），内蒙古自治区高等学校科学研究项目"蒙古文《索勒哈尔乃故事》与波斯文亚历山大传说的比较研究"（NJSY12018）的阶段性成果。

** 宝花，内蒙古大学民族学与社会学学院讲师，中国社会科学院民族学与人类学研究所博士后。

① E. Haenish, Mongolica der Berliner Turfan Sammlung Ⅱ, Mongolische Texte der Berliner Turfan Sammlung in Faksimile, Abhandlungen der Deutschen Akademie der Wissenschaften, Berlin, 1959, pp. 39-48.

了四面八方的海洋、陆地以及周围的群山。随后他看见山上悬吊的一条绳子，想要顺其而下，便走近那条绳子，恰好此时大鹏金翅鸟见到索勒哈尔乃的此行为，赶忙阻止他说："你是疯狂粗野的人吗？从高峰顺绳子而下，（也不会找到）生命水。"随后索勒哈尔乃第二次召集民众，传达想要潜入海底的意愿，他的大臣们劝他说，好不容易登上了须弥山顶，现潜入海底的行程将更为艰难，海里可能会遇到各种恶魔怪兽等。他们想方设法阻止他，但索勒哈尔乃没有听取臣下的意见。为了避免在海底遭到邪恶力量的灾祸，（他命人）制作了一条能乘坐两个人的小舟，装满食物及航海必备品，小舟外面罩上网子并用无数条绳子捆住，使之牢固，用长绳吊挂小舟（将其）慢慢下放到海底。在那里，索勒哈尔乃遇见了一个神人或天使，索勒哈尔乃描述自己登上须弥山的经历，并表达了自己潜入海底寻求生命水的意图。那个（神）人告诉索勒哈尔乃如此冒险的危险性和不祥之兆，再三劝导索勒哈尔乃赶快回到陆地。听完此番话，索勒哈尔乃摇动捆绑小舟的麻绳，（给陆地上的大臣们信号），返回陆地、上升到地面的航程持续了一个月。索勒哈尔乃从海里出来以后，给臣下们讲述了自己在海底所见到的一切，大臣们和索勒哈尔乃一样大为惊奇。之后索勒哈尔乃又一次召集民众，宣布他的另一个愿望，即要前往日落的地方，与太阳一同潜入黑暗，看看它是近是远。他的民众听说索勒哈尔乃刚从充满危险的海底回来，现在又要去黑暗世界，议论纷纷。索勒哈尔乃下令大臣们必须跟随地一同前往，他的忠臣们异口同声说好。如其所愿，索勒哈尔乃进入了黑暗世界，深信自己能够得到上天的恩赐。（有人说）你的所有这些伙伴们都没有你的高龄，看到太阳（——在世）（的日子有限），不能让他们（在黑暗里）遭到灾祸，劝他立刻回去，说至今你已征服了所有的国土。听完此番话，索勒哈尔乃对他的伙伴们说："如果从这里回去，上天赐予我的生命将会结束，所以要祈求（上天赐予）生命泉水。"他们祈祷着，（从黑暗往回走。）当他（们）即将要走出黑暗世界的时候，一个隐身人给了索勒哈尔乃满满一杯生命水，并说喝了之后他将获得永恒的生命。索勒哈尔乃问他的伙伴们自己是否应该喝下生命之水，他们说："等您从黑暗世界出去以后，与您的大臣们商量了再喝也不晚。"出来后（索勒哈尔乃）向他的大臣们讲述了在黑暗世界所见到的一切，并问他们自己该不该喝生命水，大家开始讨论这个问题：有些人希望他喝生命水，因为它是上天的恩惠；有些人却困惑，不知道如何是好；其中有一个英明的大臣告诉索勒哈尔乃说："喝了生命水便会得到永无止境的寿命，直到天崩地裂都不会死去，因为生命之水是死亡的阻碍。当所有的民众都死去了，独自一个人活在世上有何用途，不再拥有侍从你的公众时，你若仍不后悔，那么你可以喝生命水。"听了这番话，索勒哈尔乃说"如果是这样，喝了它又有什么用呢"，就把手中的生命水泼在一棵柏树上，从此以后柏树就变得四季常青、永不枯萎。最后索勒哈尔乃返回密西尔城，又一次召集他的伙伴们，宣称说上天创造大地以来，曾有过多少个国王；从今往后又将会出生多少个国王，而唯独他被赐予和享受了三千高龄，这一生中遇见了世上所有的公民（世上没有未被我看见的人）。他悉数了自己下降到海底，登上须弥山顶峰，前往太阳降落的地方，在黑暗中走了两年、第三年获得永恒水，幸活三千年的种种奇遇，说自己是目前世界上唯一的国王，也从未有过像他一般享福的国王，嘱咐当他死后将他的遗体在大地上巡行一周。最先让一千个少女献上金银珠宝，随后选派一千名二三十岁的摔跤手、歌手和杰出的琴手，让一千个白发老人走在其后，向天祈祷，手持矛剑。让他的手露在（棺材）外面，如果能够进入……珠宝将会保护这些少女；如果能进入……上天会保佑这些白发老人。人生下来必将会死去，即使活了三千年也必定要死去，不管是什么时候（或早或晚）都将死去。从前曾有过多少个国王，将会有多少个国王诞生。哎，人在世的时候该尽情享受生活，死去了就没什么用途，这样说道，结束，尽情享乐，死去了就没什么用途，这样说道，结束。

故事主人公索勒哈尔乃［阿拉伯语，ذوالقرنين，头上（有）双角的］为"双角英雄"亚历山大大帝，最早由旅居美国的著名蒙古学家尼古拉·鲍培断定蒙古文《索勒哈尔乃故事》就是亚历山大寻找生命泉水传说的变体（翻译）[①]。之

[①] Nikolaus Poppe, "Enie mongolische fassung der Alexandersage", *Zeitschrift der Deutschen Morgenlandishchen Gesellschaft*, 1957, pp. 107、105–129.

后美国蒙古学家柯立甫①、蒙古国科学院院士呈·达木丁苏荣②和道·特木尔陶高③，我国学者道布④、双福⑤、格·纳木吉拉⑥等曾对《索勒哈尔乃故事》进行过介绍和研究。这些学者基本上都认为蒙古文《索勒哈尔乃故事》是翻译作品，并与其他民族语言的亚历山大传说中相似情节进行比较，试图找出蒙古文《索勒哈尔乃故事》翻译的底本，但始终没有得出确切、一致的结论。毫无疑问，在对《索勒哈尔乃故事》进行文本分析的时候必须要参考相关的平行文本，因为从故事主人公的名字到故事讲述的情节内容，我们可以得知它与阿拉伯、波斯等中亚地区亚历山大寻找生命泉水的故事有一定的联系。但是在过去的研究中，学者们主要是通过对母题和个别细节的对比来解释不同版本之间的差异，因而将完整的故事拆成了一个个孤立的母题，忽略了故事叙事的整体结构。本文将在前人的研究基础上，对《索勒哈尔乃故事》的深层叙事结构进行分析研究。

一　"缺憾"的"弥补"

索勒哈尔乃被上天赐予了几千年的生命，征服了整个世界，见过所有的公民，但他仍不满足于此，想要永远活在世上，因此他唯一的遗憾就是，终究有一天要放下生前所拥有的一切，离开人世。他"如果得到上天的恩赐，（获得生命水），便可以长生不老"，换言之，获得生命水，是弥补他缺憾的唯一办法。

---

① Francis Woodman Cleaves, "*An early Mongolian version of the Alexander romance*", Harvard Journal of Asiatic Studies, 1959, Vol 22. pp. 1–99.

② Шинжлэх Ухаан, No. 3, 1954, pp. 22–29.

③ D. Tumurtogoo, Mongolian Monuments in Uighur-Mongolian Script, XIII–XVI Centuries, Taipei, 2006.

④ Dobu, Uyiɤurjin mongɤol üsüg-ün durasqaltu bicig-üd, Ündüsüten-ü heblel-ün horiya, 1983, pp. 419–466.

⑤ Shonhor, "Uyiɤurjin bičig-ün oldaburi eča ali ni hamug un ertem-ü hi büi: Sulqarnai-in Tuguji-in tuhai sudulul", Mongɤol hele bičig, 1985, pp. 32–43; Shonhor, Erten ü Mongɤol helen-ü sudulul, Öbür mongɤol-un surgan hümüjil-ün heblel-ün horiya, 1996, pp. 617–657.

⑥ G. Namjil, "Sulqarnai-in Tuguji-in ehe johiyal-un mösgilge", Mongɤol hele udha johiyal, 2004, pp. 27–31; G. Namjil, "Mongɤol-un erten-ü utha johiyal-un sudulul", Töb-ün ündüsüten-ü yehe surgaguli-in heblel-ün horiya, 2009, pp. 114–149; 那木吉拉：《中国阿尔泰语系诸民族神话比较研究》，学习出版社，2010，第 418～424 页。

故事中"生命水"的功能乃是使人能够获得永恒的生命、使他们最大限度地享乐人生，即可谓是人们"欲望""对生活的追求""享乐主义"的代码。意图获得"生命水"，就是想获得永无止境的生命，对生活的不懈追求和欲望。在故事主人公看来，生活就是享福，能获得永恒的生命是他的终极追求。故事因"稀缺"① 和对永恒生命的"追寻"而开展。

他先"派人四处搜寻生命之水"，但"直到筋疲力尽，也没能获得（生命水）"。索勒哈尔乃"与五十个同伴一起越过一座桥，受上天之命，只有索勒哈尔乃登上须弥山顶"并潜入海底，也就是说，永恒的生命并不是每个人都能够得到，它是个稀缺物品；只有受到上天恩赐的人才能越过桥、克服困难，获得永恒之水。"生命水"的获得，似乎与个人的智慧、才能没有直接关系，而是由上天赐予的、身外之物。"与太阳一同潜入黑暗"后，"当他（们）即将要走出黑暗世界的时候，一个隐身人给了索勒哈尔乃满满一杯生命水，并说喝了之后他将获得永恒的生命"，可见，唯独索勒哈尔乃被赐予了生命水。

那么，获得了生命水，主人公的缺憾是否因此而获得弥补呢？索勒哈尔乃虽然受到上天的恩赐，被赐予了几千年的寿命和永恒之水，但他显然不是受尊重的智者。他不顾下臣们的再三劝导，三次冒险去搜寻生命水；被赐予了永恒之水后，也不知道如何是好。是他英明的大臣，让索勒哈尔乃感悟了生命的意义，即和民众一起享受活着的每一天才是幸福，而独自一个人获得"超常""非凡"的生命，直到天崩地裂，反而是另一种灾难和悲哀。

在故事结尾，矛盾的化解，不是因为生命水的获得，而是对生命水的理解的转变。因此我们可以得知，主人公索勒哈尔乃真正稀缺的，并不是生命之水或永恒的生命，而是对它的正确理解；能够弥补该缺憾的是智慧（对生命意义和自然规律的正确理解），而不是物质（获得永恒生命的泉水）本身。在故事末尾，索勒哈尔乃收获的不是永恒的生命，而是认识到"人生下来必将会死去，即使活了三千年也必定要死去，不管是什么时候（或早或晚）都将死去"。

在"最后索勒哈尔乃返回密西尔城"，冒险的、"暂离"的紧张而激烈的事件终于结束，回归到宁静、和平的日常生活中。他开始嘱咐他的后事，说明他

① 本文中类似"暂离""极远之地""禁令"等概念及研究方法参考俄罗斯学者弗·雅·普罗普的《故事形态学》《神奇故事的历史根源》。

已坦然接受"死亡"——当初他不愿接受的事实，强调人们在世期间应该尽可能地享乐，不再奢望享有超乎现实的"非常"幸福，只求好好享受上天赐予的、有限的生命。感悟永无止境的岁月、没有亲人没有公民的生活毫无意义，否定"跨时代的幸福"，就是说人在属于自己的、自然给定的岁月里生活着才是一种幸福，像索勒哈尔乃一样想要永无止境的生命，反而会成为一种危险、可怕的行为，因为所有的人都生活在"人生必死"这样一个大的秩序里，他们必然按照这个原理，都将死去，最后什么都不会留下，世界是"空"的。同时他也否定了自己原来的意愿，即"生命水"的永恒功能反而将带来痛苦，探求生命水的历程也是痛苦的（"欲望"是痛苦的根源）。从叙事结构而言，"稀缺"的"弥补"，因对生命的理解和对真理的感悟而得以实现。

二　跨越"边界"是"危险"的

根据故事内容，生命之水在极远之地；故事主人公索勒哈尔乃为了寻求生命泉水，历经种种困难，登上须弥山、潜入海底、前往黑暗世界。每次启程前，索勒哈尔乃都要召集民众告知冒险行程，大臣们对索勒哈尔乃说他拟定的行程异常艰难，可能会遇到各种恶魔怪兽，想方设法阻止他。因此我们可以得知，寻找生命泉水的行为可谓是一种"灾难"，非常艰难和危险。

首先，远走天涯的路途遥远且充满风险。登上"能看到四面八方的海洋、陆地以及周围群山"的须弥山顶需要越过一座桥，普通大臣无法通过这座桥，唯独索勒哈尔乃能登上须弥山顶，因为"越过桥"已跨出日常、平安世界的边界；潜入海底的行程遭到更强烈的反对，索勒哈尔乃"为了避免在海底遭到邪恶力量的灾祸，（他命人）制作了一条能乘坐两个人的小舟，装满食物及航海必备品，小舟外面罩上网子并用无数条绳子捆住，使之牢固，用长绳吊挂小舟（将其）慢慢下放到海底"，准备行程、索勒哈尔乃的暂别对民众而言都是一种负担、灾难和担忧，乘坐小舟过渡到另一个世界，"返回陆地、上升到陆地的航程持续了一个月"，可知路程的遥远和艰难。"之后索勒哈尔乃又一次召集民众，宣布他的另一个愿望，即要前往日落的地方，与太阳一同潜入黑暗，看看它是近是远。他的民众听说索勒哈尔乃刚从充满危险的海底回来，现在又要去黑暗世界，议论纷纷。索勒哈尔乃下令（大臣们）必须跟从"，给民众和他本人造成了灾难、风险。他的每一次冒险行动都是对"常态"的超越，违反"禁令"、跨越"边界"的，都是"危险"的、"灾难"性行为。

其次，索勒哈尔乃每到一个地方，都遇到一个人或动物，他（它）会告诉他如此行动是危险的，并劝导他趁早回去：在须弥山顶，索勒哈尔乃看见山上悬挂的绳子，就想顺其而下，此时大鹏金翅鸟看到他这种行为阻止了他，因为索勒哈尔乃已经到达了他所拥有和控制的世界的边界，再往下走就会侵害异域（或另一个世界）主人的权威，那里是"上帝的""受保佑的地方"，或者"恶魔的"领土，进入那里将会遭到上帝或另一个世界主宰者的反抗，因此这种行为是很危险的、灾难性的；他在海底亦见到某个人，这个人告诉索勒哈尔乃如此行动的危险性，再三劝导索勒哈尔乃赶快回陆地；索勒哈尔乃在黑暗世界行走两年期间遇到某个人，这个人对他说他的所有伙伴们都没有他那样的高龄，不能让他们在黑暗这样危险的地方行走，以免遭到灾祸，劝他立刻返回。也就是说，索勒哈尔乃每到一个"异常"的、被禁止的地方，都有人（或鸟）提示他继续往下走的行为是极其危险的，这是索勒哈尔乃的世界与神圣（或邪恶）地方的边界处，遇到的那些人（或动物）、他们的劝导，是给索勒哈尔乃发出的最后警告：不能往下走，你即将要进入一个不属于你的世界，那里将会有危险。

因此，我们可以得知，"这边"的、人们（包括索勒哈尔乃）行动的世界是安全的，而索勒哈尔乃想要去的、违反禁令即将要进入的世界则是危险的。索勒哈尔乃想逾越安全的、属于他的世界，到他人的（或神圣的）、不属于他的、危险的世界去，寻找生命水。或许我们可以说索勒哈尔乃探求生命水，得到永恒生命的事件本身就是一种危险的行为，自然生命才是安全的，超出它获得了永无止境的寿命，将会变成灾难性的事件。任何事情都有尺度和自然规律，包括生命；超越生命的界限，获得永恒的生命是危险的。

三 "生命"与"死亡"相互矛盾的同时相互依赖

该故事中，索勒哈尔乃为了实现长生不老的愿望，历经登上须弥山顶、潜入海底和去往黑暗世界的三次冒险，最终获得生命水并感悟生命的意义，可谓典型的蒙古民间故事的基本结构，三次磨难在一定意义上可以被看作成年礼。

而"生命水"寄存的地方，其实就是"黑暗世界"。故事讲述的最主要矛盾是"生命"和"死亡"、"安全"和"危险"、"光明"和"黑暗"，矛盾的两个对立面同时也相互依赖。生命水寄存于黑暗世界，想要获得永恒的生命，必须前往黑暗世界、经历死亡。"喝了生命水便会得到永无止境的寿命，直到天崩地裂都不会死去，因为生命之水是死亡的阻碍。"死亡是对生命和幸福生活的威胁，与此同时，生命之水也是死亡的阻碍。"当所有的民众都死去了，独自一个人活在世上有何用途"，这时永恒的生命、超乎自然规律反过来是一种灾难和不幸。故事主人公一心追寻的永恒和幸福，其实是另一种死亡和绝境。

被赐予生命水之后，听取英明大臣的一番话，索勒哈尔乃感悟到生命的意义不在于永恒，而在于遵循自然规律，教导自己和伙伴们说："人生下来必将会死去，即使活了三千年也必定要死去，不管是什么时候（或早或晚）都将死去……人在世的时候该尽情享受生活，死去了就没什么用途"，这是对最初愿望的反思和否定。故事特别描述主人公索勒哈尔乃"受上天恩赐""幸存三千年""拥有整个世界""唯独他能够登上须弥山和被赐予生命水"，突出他神圣地位和超乎寻常的力量，借此来宣扬索勒哈尔乃最后遗言的权威性，即特别强调"人生下来必将会死去，即使活了三千年也必定要死去，不管是什么时候（或早或晚）都将死去"的真理。

TID155 文献中《索勒哈尔乃故事》后面有三叶蒙古文，讲述："各种各样的人，生下来（以后）有欲望，（为此）艰难地去追求，就会陷入困境。在人道的多种生命形式中，人身难得，得到了这种生命形式，（就该）不间断地努力。得到这样的身体，如果做善业，必定对自身有益。得到宝贵的身体，就（应该）遵从善道，一旦死去了①，又（不知）将去向何处。艰苦的学习……如果不能努力……仿佛（因为）听了老师的教诲，除去了眼中的翳障②……专注一心，以平等心对待一切，为众生做善……。不撒谎、不盗窃、不说诳妄的话，便会成为没有懊悔的上士。得到了人身，如果经常研习学问……会成为没有……的上士。说谎偷盗……死亡、恶果接踵而至。多种生命形式中，得到人身，如果放弃学问，则连牲畜都不如。……对众生行善，处心平等，探求学问，

————————

① 直译："如果闭上黑眼睛了。"
② 直译："仿佛从老师那里听了（教诲），黑眼发亮。"

则会成为上中之上。不说谎，不偷盗，能抑制贪心，必定很快就能到达善界。忠于主子，孝顺父母，和兄弟和睦相处，这就是没有缺点的上士。被夸奖也不骄傲，永不背弃朋友，学而不厌，这就是无误的上士。通达天地人三者（的关系），结交高尚的人，这就是最好的人。能控制私欲，实践诺言，经常努力学习，这就是真正的上士。若能控制自己的欲望和贪心，犹如抑制谎言，很快就能到达善界。人若无知、愚蠢，即使生活一万年，（也不如）做有知智者，寿命有长有短，唯有死亡是无关紧要的①"。

该文献每则故事的最后一两句话被重复了几遍：索勒哈尔乃的遗言"尽情享乐，死去了就没什么用途，这样说道，结束"，和其后面这段文字的"唯有死亡是无关紧要的"一句。一方面，这是因为写满纸张的需要（下一则故事另起一页，而不能从哪一个纸张的中间部分开始）；另一方面，重复的这段文字恰好也是故事所要表达的核心思想：人生下来以后必将会死去，无论活了多少年，终究都会死去。我们认为后面三叶文字和前面的《索勒哈尔乃故事》所表达的意思互为表里，都是明显的佛教思想（不仅是这一观念，《索勒哈尔乃故事》后面文字讲述的都是佛教的戒律、教义），也就是"人生必死"，"世界是空的"，"永恒的生命是一种磨难"，是比死亡更可怕的绝境。生命和死亡相互对立、相互依赖，也有可能相互转换。

结　论

蒙古文《索勒哈尔乃故事》的基本结构为"缺乏（永恒的生命）——获得（生命水）——矛盾（饮用与否）——化解（坦然接受死亡）"：得不到永恒生命，对索勒哈尔乃而言是一种缺憾——历经过渡仪式（登上须弥山、潜入海底、前往黑暗世界），超出自然、平常的界限（上升、下降、到另一个世界），他最终被赐予生命水——不知道应该接受还是拒绝永恒的生命——感悟遵循自然规律才是最幸福的，独自一个人活在世上将是莫大的痛苦。

为获得生命水的过渡仪式和"超越"现实的行为本身就是一种危险行为，索勒哈尔乃每到一个顶点，都会有人（或大鹏金翅鸟）阻止他，因为违反禁令、

---

① 直译："死亡是多余的。"

再往下走、超越自然边界就会进入危险的世界，所以人们生活的世界是安全的、光明的，而有可能寄存生命水的世界都是危险的、黑暗的。每个人的自然生命是安全的，超出了它将是危险的，索勒哈尔乃受到上天的恩赐，生活了三千年，这是安全的，但他还奢望永远活在世上，其实这等于向"危险"伸手。最后他听取大臣的意见，收回"贪婪"的、"超越"的念头，感悟对生活的过多奢望是危险的（独自一个人活在世上，反而会变成一种痛苦），自己否定了想要获得永恒生命的愿望。

蒙古文《索勒哈尔乃故事》原文后面还有三叶蒙古文内容，主要讲述人生下来以后因为有欲望，会走进困境。人应该重视学问，不说谎，不偷盗，其最后一句话与前面的《索勒哈尔乃故事》中亚历山大感悟的内容相对应："人若无知、愚蠢，即使生活一万年，（也不如）做有知智者，寿命有长有短，唯有死亡是无关紧要的"，其主题与前面的《索勒哈尔乃故事》相同，都是明显的佛教思想。后面的这段文字将"寻求永恒生命"与"愚蠢无知"联系在一起，很显然是把索勒哈尔乃当作不晓世情、不懂"人生必死"的反面例子来讲述。我们也许可以用在《苏巴喜地》的故事后加训言诗的模式来理解它，即用故事（《索勒哈尔乃故事》）解释佛教箴言诗的主题（"人生必死""生活苦难""应通过苦行摆脱现实痛苦"等）。

索勒哈尔乃作为自古以来，唯一一个幸活三千年，征服所有国土的国王，却没有意识到"即使活了三千年，最终都会死去""无知、愚蠢地存活一万年，不如聪慧、明白地活着，能活多少年无关紧要"这样的道理。索勒哈尔乃接受其大臣的意见，暗示着他对佛教思想的转向和接受。蒙古文《索勒哈尔乃故事》取材于当时广泛流传的中亚地区亚历山大寻找生命泉水的传说故事，用佛教思想重新改编，否定了"生活即是享乐"的思想。

陈赓雅对青海民俗记载的研究

杜　娟[*]

上海《申报》记者陈赓雅，于 1934 年 3 月至 1935 年 5 月对西北各省进行了考察采访，历察、绥、宁、甘、青、新、陕、晋、冀、豫等省，作万里行。其考察通讯在《申报》上连载，后以《西北视察记》为名正式出版。遍览此文，可以大致了解 20 世纪 30 年代西北的社会状况，对其有一总体了解。其中关于青海民族风俗民情的记载，笔者甚感兴趣，现将其中有关之笔，择作介绍并参照自己实地调查的情况聊发感想。

一　写作背景与国人的西北观

青海古陈"边外"之地，中原王朝鞭长莫及，文献资料罕见，国人对于青海的认识寥寥。明清以降，地志编修之风大盛，明朝刘敏宽和龙膺的《西宁卫志》、清代苏铣的《西宁志》，均以堡寨、城池等军事情况的记载为主。近代国人认识西北，首先强调的也是其国防价值。南京国民政府时期，西北边疆的形势仍然严峻。早在"九一八"事变之前，政界中就有人关注西北的国防问题。戴季陶认为，西北地区"文化物质过于欠缺，人口过于稀少"[①]，是经济文化发展的大危机。但是其时国人对于西北这块广袤的土地，并没有深入的了解，仅

---

* 杜娟，中国社会科学院民族学与人类学研究所助理研究员。

① 戴季陶：《开发西北工作之起点》，戴季陶等：《西北》，南京，新亚细亚学会，1933，第 35 ~ 37 页。

仅有资源丰富可供开发、民族复杂、宗教殊异、地域广大可解决东南人口过剩和失业问题的浅显认识。"九一八"事变和"一二·八"事变是国人对于西北社会认识的分水岭。此后一些国民党要人、报社记者、有志民族复兴事业的知识分子等，纷赴西北考察，对西北的自然、政治与社会环境的情况，有了深入的了解。

陈赓雅考察西北的活动，就是在这种民族危机重重，边疆告急的局势下进行的。此行，他有《申报》报社赋予的重任，他本人也表示"期以所得，贡献国人，以资确切认识边疆状况，并促开发计划之早日实现"①。他从兰州到青海的考察路线，为兰州—永登—民和—乐都—西宁—湟中—湟源；在文中，他着重描述了各地的物产资源、教育状况（尤其是少数民族地区的教育）、交通状况、人民生活状况以及风俗习惯，等等。

二　青海的时局与社会状况

1929 年前甘青宁三省在政区上是一个整体，同属于甘肃省。西宁道辖七县（西宁、碾伯、大通、湟源、贵德、循化、巴戎）隶属甘肃，其西部蒙藏游牧区即青海，清代设青海办事大臣，北洋时期改为青海办事长官，1915 年改称蒙番宣慰使，均驻节西宁。民国十七年（1928 年）建省后，西宁道属七县划归青海省，后来又增设了门源、同仁、民和、互助、玉树、都兰、囊谦等八县。

青海在形式上为国民党政权的组成部分，但中央还需要借助诸马力量来共同维护。在青海内部，诸马军阀具有绝对权威，其党政军权最终集于马步芳之手，在他的军事威权下的社会控制，严密得犹如蜘蛛网。美国著名学者鲍大可认为："在当时回族只是一个少数民族的情况下，回族血统的马氏家族能够那么长时间地控制着这个地区，而且能够建立一个那么自治的地方政权，的确是不比寻常的。显然，一个重要的因素是他们控制了强大的、独立的军队。"②

据青海省民政厅民国十九年（1930 年）的调查，青海省人口"连寺庙喇嘛在内，合计一〇五六〇七二人，汉人占三九〇二七九人，回人一一八八二二人，

---

① 陈赓雅：《〈西北视察记〉序》，甘肃人民出版社，2002。
② 鲍大可：《中国西部四十年》，上海东方出版社，1998，第 79 页。

藏人一八一四七六人，蒙人二三八八五人，果洛二〇〇〇〇〇人（?），土人五一七二三人……"①，而西宁县"全县人民约十七万余人，记汉族占百分之六十四，回民占百分之二十，土藏二族，各占百分之八"②。面对复杂的民族宗教问题，马家军阀采用保甲制度的系统统治，严密控制青海基层民间社会。但是不可否认的是，虽然青海地区的土司制度随着社会的发展已经日渐衰微，但穆斯林民众以宗教为纽带形成了一个相对封闭的自治体，当时政教合一的宗教政治势力与国家政权系统的磨合仍在继续。

在民族关系方面，陈先生记载："青海省民族，虽称庞杂，风俗特殊，然省当局二十年来一贯之主张，即采宽大政策，雍容应付，始克收相处泰然，和睦无间之效。"③ 但是此说似乎不妥。在 20 世纪 30 年代，西北民族与宗教问题凸显，其中最主要的是回汉间的隔阂与冲突（"回"包括信仰伊斯兰教的回族、维吾尔族、撒拉族等少数民族，但不同时期的侧重点不同）。西北民族"除新疆外，以青海最复杂，蒙藏回汉俱有，而汉人且最少。回汉回藏间隔阂误会时起，生命财产，动被巨大之牺牲。故民族问题，在青海尤甚而要"④。

三 陈赓雅对青海风俗的记载

正是在这样的时局之下，1934 年 5 月 21 日，陈赓雅先生晨发兰州，途经崔家崖、西柳沟、青石关、山寺沟、达家川、永登平安堡，后渡甘青之界河连城河，至青海省民和县亭堂镇。连城河上之亭堂桥，为甘青界桥，上有马步芳所题"陇海通达""令居古塞"等字。明朝称西蒙古为"海虏"，又有"松虏""套虏"之说，其中的松虏，指的就是活动在永登一带的蒙古。而"套虏"往往可经由永登到达青海，使西部蒙古和北部蒙古连成一体。由此可见永登在历史上的军事地位与交通地位之重要。

"甘界水深土厚，青境地味肥腴，又有'甘肃干，青海青'之谚。"⑤ 青海

---

① 陈赓雅：《西北视察记》，甘肃人民出版社，2002，第 135 页。
② 陈赓雅：《西北视察记》，甘肃人民出版社，2002，第 139 页。
③ 陈赓雅：《西北视察记》，甘肃人民出版社，2002，第 131 页。
④ 马鹤天：《建设青海与开发西北》，《新青海》（南京）第 3 卷第 1 期，1935，第 9 页。
⑤ 陈赓雅：《西北视察记》，甘肃人民出版社，2002，第 125 页。

省海东地区"采花铺黄，豆麦油绿，树林成荫，渠流不断，景色宜人，一如江南"。但青海省地处边陲，高寒山地，民族分布复杂，风俗与中原迥异。在建筑民俗方面，"甘青两省之乡村，民间居屋，大多覆土，而不盖瓦。建筑之法，亦较简单：柱梁架椽，椽上铺草，草上垩泥，厚约三寸即成。屋顶微作倾斜，其平若坪，以曝马牛羊之粪……少则三年，多则五年，即须扫除旧土，另置新泥；否则微雨即透，动成陋室矣"①。笔者于今年8月初到青海互助县乡村调查，所见乡间房屋，屋顶依然不铺砖设瓦，仅仅垩一层厚约几寸的泥而已。据当地人说，少则一年，多则两年，就须重新铺泥。究其原因，是由于土多瓦贵，为了节省费用，各家各户均不用瓦："造屋一院，不覆瓦，不垩灰，三方九间，仅费工资十余元，即可安居新屋，盖常事也。"② 70年后的今天，青海乡村建筑依然没有什么大的变化，夏秋季大雨之时，屋顶黄水倾泻，而室内也偶有漏雨现象。

在宗教以及民间信仰方面，陈赓雅过老鸦城到乐都第一大镇——高庙镇之时，曾在镇西堡上看到"建有痘神殿，村民颇敬仰之。盖愚夫愚妇之儿童，不知预种牛痘，一俟天花传染，则诚惶诚恐，不辞以锦帐、花屏、花鞋等物，供奉于神座之前，满目红绿，神像为蔽。迷信程度之深，可谓达于极点矣"③。这种痘神崇拜，不能仅仅看作迷信行为，它一方面反映了青海省医疗条件的落后，另一方面也表现出人民寻求灵异力量的保护的心理。而今汉族地区这种痘神崇拜已经少见，但是在少数民族地区尤其是信奉藏传佛教的民族中，生病之后依然不去求医治疗，而信奉请神求佛的办法。

乐都张家镇有娘娘庙。"中供女神两尊，若雨雹伤禾，村人鸣锣而集，轿抬娘娘遍游四山，甚至久置雨下，以求天晴；如遇久旱，则移娘娘于烈日之下，或久置于泉源之旁，祈祷大降甘霖。以故娘娘之抬出迎进，年必数十次。"④ 陈先生认为，乡人的这种做法是自欺自扰的行为。但是汉族的这种娘娘崇拜和土族的"转山"活动有所相似。其一，它们都是为了禳灾而求诸于神的活动，其目的都是避免雹灾，防止干旱，以求生产的风调雨顺。其二，这种活动都历时

① 陈赓雅：《西北视察记》，甘肃人民出版社，2002，第125页。
② 陈赓雅：《西北视察记》，甘肃人民出版社，2002，第128页。
③ 陈赓雅：《西北视察记》，甘肃人民出版社，2002，第127页。
④ 陈赓雅：《西北视察记》，甘肃人民出版社，2002，第128页。

较长，并不像一般的庙会活动一样短暂。其不同点在于，"转山"活动从请神开始，要转神于许多村庄（虽然这些村庄之间的联系还不甚明了，但这毕竟和古代民族的交往活动有密切的关系），最后再返回原来请神的那个村庄。这两种活动，同样是在青海特定的地理环境和经济条件之下产生的，但不同民族对于天灾问题却有不同的反应模式。

青海湖产鱼，藏民冬夏多捕捉击钓，但捕获之后并不是自己食用，而是转销其他地方。这种忌讳和藏传佛教的教义有关。佛教戒律，认为肉食仅及偶蹄，而当地人民也多把鱼当作龙种，故不吃鱼。"海中有二山，一若螺壳，一若驼峰，分列东西，厥名海心山。"①《西宁府志》记载："青海周围千余里，海内有小山，每冬冰合后，以良牡马置此山，至来春收之，马皆有孕，所生得驹，号为'龙种'，必多骏异。吐谷浑尝得波斯草马，放入海，因生驹，能日行千里，世传'青海骏'者也。"由于青海的民族多是游牧民族，或者其先代曾逐水草而居，马匹的多少往往能反映出一个部族的强大与否，因此马与其日常生活联系紧密，他们认为马是很忠诚的动物，不轻易杀马。而今的土族，对于圆蹄动物如马、骡、驴等动物的肉，依然忌讳食用。

青海地区民族众多，其风俗现象复杂，一个民族的风俗，往往浸染了许多民族风俗的因素。在 20 世纪 30 年代，由于政治和经济条件、交通状况的限制，民族交往尚不甚多，对于各个民族风俗的认识，也不是很全面。陈赓雅先生的考察，并没有详尽地记述各个民族的风俗。这一方面是客观原因所致，另一方面也受他考察西北的主观目的限制。但是当时人的考察记载，由于是亲身经历，其记载可信，也使今人的研究有所查证和参考。尤其宝贵的是其中关于少数民族地区风俗的记述，对于研究和探寻西北社会文化变迁的脉络和规律有极高的文献价值。

---

① 陈赓雅：《西北视察记》，甘肃人民出版社，2002，第 141 页。

乾隆朝《西域闻见录》中库车
"户口"记载辨析[*]

王 耀^{**}

　　《西域闻见录》成书于清乾隆四十二年（1777 年），是记录清统一新疆初期新疆舆地、建置、民俗等状况的重要私修史籍，因为当时有关新疆著述较少，所以该书是后世学者研究新疆状况的重要参考资料。笔者在撰写文章时，曾使用其中关于天山南路城镇户口数的记载，发现该记载颇谬，与其他同期文献记载以及当时实际人口数量出入颇大，而当前学人研究新疆人口问题①时，往往不加辨析直接引用，导致部分研究失实。因此，有必要对《西域闻见录》中城镇人口数值做一研究，以辨明相关记载的正误，进而正确评估该书的史料价值。

一 库车的"户数"与"口数"

　　库车是新疆南路地区的重要城市，在平定大小和卓之乱中，曾遭受战火洗礼。据《西域闻见录》记载："库车之在回疆，名城也。回人三、五万户，经霍集占之乱，城中几无孑遗，所余仅千户耳"②，其中涉及战前"三、五万户"和

---

　*　本文已被《历史档案》采用，将于 2015 年第 1 期刊出。

**　王耀，中国社会科学院民族学与人类学研究所助理研究员。

①　袁祖亮：《丝绸之路人口问题研究》，新疆人民出版社，1998，第 270～271 页。作者直接引用《西域闻见录》中库车、阿克苏的人口数据，未加辨别。

②　（清）七十一：《西域闻见录》卷二"新疆纪略下"，日本宽政十二年刊本，第 8 页。

战后"仅千户耳"这两个人口数值。

（一）"千户"与"千口"

库车战事发生在乾隆二十三年（1758 年），据大约成书于乾隆二十八年（1763 年）的《西域地理图说》记载："库车城内居住回民，三百二十三户，男妇大小一千三百二十一口。各属乡村居住回民，五百三十一户，男妇大小一千四百三十二口"①，可见在库车战后人口应为"仅千口耳"，城乡所有居民户数不及六百户，更不及"千户"之数。

另外，据《西域图志》记载，乾隆四十七年（1782 年）库车人口"一千一百一十二户，四千二百六十口"，战后二十年的人口才达"千户"。这二十年间库车没有发生大的动荡、战事或大规模移民等，按照人口自然繁衍的规律逆推，二十年前的人口数值应该不及"千户"。如果根据《西域地理图说》记载，此处改为"所余仅千口耳"更为切实。

（二）"三、五万户"与"三、五万口"

《西域闻见录》记载平叛前库车"回人三、五万户"，如果以每户三人计算②，则平叛前库车人口当达到 9 万至 15 万人口，似乎不太可信。就南路地区的城市规模而言，《西域闻见录》记载"叶尔羌最为大城"③，《西域图志》记载"回部名城不一，而喀什噶尔为之冠"④。叶尔羌、喀什噶尔在历史上都曾作为叶尔羌汗国首府，同时是准噶尔汗国时期和卓家族的传统势力范围，这两座城市无疑是南路地区的区域中心城市，城市等级和规模在库车之上。据记载乾隆

---

① 阮明道主编《西域地理图说注》卷一"城村户口·库车"，延边大学出版社，1992，第 22 页。

② 根据正文前段中引文，《西域地理图说》载库车"城内居住回民，三百二十三户，男妇大小一千三百二十一口"，则户均 4 口人；《西域图志》载库车"一千一百一十二户，四千二百六十口"，则户均 3.8 口人。另据苗普生《清代维吾尔族人口考述》（《新疆社会科学》1988 年第 1 期，第 71 页），其中根据《大清会典》整理出乾隆二十六年各地户口列表的统计，该时期户均人口 3.5 人。本文取较低数值，户均 3 人。

③ 《西域闻见录》卷二"新疆纪略下"，第 14 页。

④ （清）傅恒等：《西域图志》卷一"天山南路图说四"，国家图书馆藏乾隆四十七年刊本，第 41 页。

中期喀什噶尔"一万四千五十六户，六万六千四百一十三口"①；叶尔羌"一万五千五百七十四户，六万五千四百九十五口"②。在平定大小和卓之乱中，喀什噶尔、叶尔羌并未遭受长困久围，战争进程较快，人口并未发生大量消减，因此上述战争二十年后的人口数值，根据自然繁衍规律逆推，应该超过之前。因此推测统一前喀什噶尔、叶尔羌的人口数值不会超过一万五千户。据此反观库车"三、五万户"的记载，结合库车城市地位和规模逊于喀什噶尔、叶尔羌的事实，"三、五万户"的人口数值应该有误。

另据《西域闻见录》记载，叶尔羌"人丁七、八万户"③，阿克苏"回子一大城也，人两万余户"④，而据《西域图志》记载，叶尔羌"一万五千五百七十四户，六万五千四百九十五口"；阿克苏"七千五百六户，二万四千六百七口"。⑤ 两相对比，上述记载之间明显存在出入。试想，如果将《西域闻见录》中叶尔羌"人丁七、八万户"改为"人丁七、八万口"，阿克苏"人两万余户"改为"人两万余口"，则与官方文献记载数值相近。

另一处可以佐证上述推测的是关于乌什人口数值的记载，《西域闻见录》载乌什"户口本数万"⑥，而在《平定准噶尔方略》正编卷六十二中记载有乾隆二十三年九月庚戌兆惠的奏疏，"现在招降乌什城回人五千户，二万余口"。在平叛中乌什属于归附清廷，并未发生战事冲突，上述"二万余口"应为符合实际。《西域闻见录》中乌什"户口本数万"，应该理解为口数而非户数。据上述综合分析推测，平叛前库车人口数值当为"回人三、五万口"。

基于上述分析，笔者推测七十一在著书过程中，出现错误理解并使用"户""口"的现象，造成书中记载人口数值时的差误。这可能与作者七十一⑦的满人身份有关，与其汉语水平有关。

因为《西域闻见录》是记载乾隆中前期新疆状况的重要史籍，所以该书

---

① 《西域图志》卷三十三"屯政二"，第20页。
② 《西域图志》卷三十三"屯政二"，第21页。
③ 《西域闻见录》卷二"新疆纪略下"，第15页。
④ 《西域闻见录》卷二"新疆纪略下"，第12页。
⑤ 《西域图志》卷三十三"屯政二"，第20页。
⑥ 《西域闻见录》卷二"新疆纪略下"，第10页。
⑦ 《西域闻见录》作者七十一，字椿园，姓尼玛查氏，满洲正蓝旗人，乾隆十九年进士，曾任职于新疆。

传抄流传较广,进而使该书书名众多、版本各异。上述"户""口"不分现象是普遍存在于各版本中还是孤立地属于某些版本的传抄错误,还需要考证。据研究,该书的同书异名者共计8种,分别为《西域闻见录》《西域记》《西域总志》《新疆纪略》《新疆舆图风土考》《西域琐谈》《异域琐谈》《遐域琐谈》。① 据笔者查阅,现藏于国家图书馆的乾隆四十二年(1777年)刊本《西域闻见录》与刊刻于嘉庆十九年(1814年)的《西域记》、日本宽政十二年(1801年)刊本《西域闻见录》以及光绪八年(1882年)刊本《新疆舆图风土考》,这四种版本中城镇人口数值的单位均为户。虽然未能查阅所有版本,但是上述四种版本均为具有代表性的版本,同时根据前人研究,"八种同书异名的刊本在内容上基本相同,仅书名、序跋、目次不同"②,所以可以断定各版本均存在"户""口"不分的现象,存在记载新疆南路城镇人口错讹的问题。

二 《西域闻见录》的史料价值

因为清乾隆中期记载新疆状况的史籍较少,加之《西域闻见录》作者曾亲履其地,所以该书不仅在清代传抄甚广,而且在当代仍是研究乾隆年间新疆状况的重要史籍,其史料价值应予肯定。

然而对于该书的评价历来褒贬不一,嘉庆十九年刊本《西域记》中阮灿辉跋文称:"椿园先生居西域有年,建制沿革风土人情,皆考据精确,记载详明,诚有功边陲之书也"③。而嘉庆、道光年间著名学者祁韵士则称:"所载不免附会失实,有好奇志怪之癖。山川沿革,按之历代史乘,皆无考据。又于开辟新疆之始末,仅就传闻耳食为之,演叙讹舛尤多"④。《西域闻见录》卷六"西陲纪事本末下"之"布拉敦霍集占叛亡纪略",记载平定大小和卓之乱的状况,笔者在使用此记载时,亦发现与史实不符之处,如祁韵士所说"又于开辟新疆之

① 高健:《〈西域闻见录〉异名及版本考述》,《中国边疆史地研究》2007年第1期,第119页。
② 《〈西域闻见录〉异名及版本考述》,第119页。
③ (清)七十一:《西域记》跋,国家图书馆藏嘉庆刊本,第1页。
④ (清)祁韵士:《西陲要略》自序,道光十七年刊本,《中国方志丛书》西部地方第二号,台北,成文出版社影印,1968,第1页。

始末，仅就传闻耳食为之"而已，可见，该书错讹之处颇多。

因此，私人著述的《西域闻见录》，受作者水平影响，部分记载失实，研究者应审慎使用该书中的记载，至少应与其他文献对照使用，以免造成不必要的研究错误。上文辨析该书"户""口"问题，用意也在于此。

图书在版编目（CIP）数据

宗教信仰与民族文化．第6辑/郭宏珍主编．—北京：社会科学文献出版社，2014.7

（中国社会科学院重点学科．民族学人类学系列）

ISBN 978-7-5097-6300-1

Ⅰ.①宗…　Ⅱ.①郭…　Ⅲ.①宗教信仰-关系-民族文化-研究　Ⅳ.①B92②G03

中国版本图书馆 CIP 数据核字（2014）第 175440 号

·中国社会科学院重点学科·民族学人类学系列·

宗教信仰与民族文化（第六辑）

主　　编／郭宏珍

出 版 人／谢寿光
项目统筹／宋月华　周志静
责任编辑／周志静

出　　版／社会科学文献出版社·人文分社（010）59367215
　　　　　　地址：北京市北三环中路甲29号院华龙大厦　邮编：100029
　　　　　　网址：www.ssap.com.cn
发　　行／市场营销中心（010）59367081　59367090
　　　　　　读者服务中心（010）59367028
印　　装／三河市东方印刷有限公司

规　　格／开　本：787mm×1092mm　1/16
　　　　　　印　张：18.25　字　数：306千字
版　　次／2014年7月第1版　2014年7月第1次印刷
书　　号／ISBN 978-7-5097-6300-1
定　　价／89.00元